不教一日闲过

启功 李可染 等著

回忆

齐白石

中国文史出版社

百年中国记忆·文化大家

主　　编：　刘末鸣　韩淑芳

执行主编：　张春霞

编　　辑：　（以姓氏笔画为序）

　　　　　　卜伟欣　牛梦岳　李军政　李晓薇

　　　　　　赵姣娇　高　贝　徐玉霞

齐白石（1864—1957）

虾趣图

松鹰图

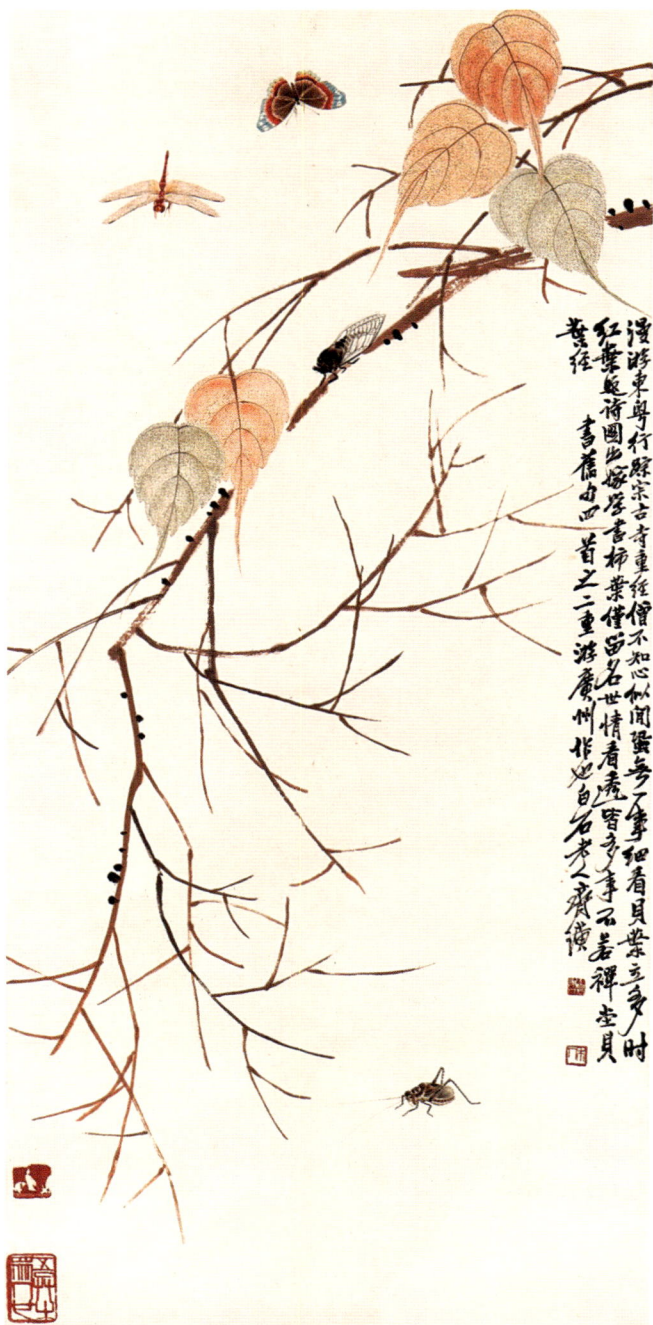

漫游東粵行蹤宗古寺重經僧不知心似聞蠻無了事細看貝葉立多時
紅葉題詩圖此嫁接書柿葉律留名世情看透皆多事不羨禪堂貝葉經
余舊有四首之二重游廣州非迎白石老人齊璜

贝叶虫草图

4

葫芦螳螂图

石榴图

喜上眉梢图

长寿图

相法之貌与人可憎相法之形百事无妙若闭目读他书若曰道经白如山翁高造开题新句

读书图

8

CONTENTS 目 录

第一辑 画坛巨匠：胸中有所见，下笔如有神

1

第二辑　故旧之思："你再来，我已不在了"

第三辑　桃李情浓："我爱您的画，想拜您为师"

第四辑　眷属缅怀：为他抓痒，为他打扇

附　录

百年中國記憶
BAINIAN ZHONGGUO JIYI

第一辑

画坛巨匠：胸中有所见，下笔如有神

谈齐白石老师和他的画

李可染[*]

不少的青年美术工作者参观了齐白石遗作展览会，要我谈谈白石老师的生平和他的艺术。我是白石老师的一个小学生，也应该对这个展览会进行一次认真的学习。我前后在展览会上看了五个整天，对着老师的遗作真是思绪万端，不知从何说起。现在就谈谈我的一些感想的片段。

一

我想不论是谁，当他走进了会场，站在白石老师的作品之前，都会感到有一股清新蓬勃之气，雄强健壮的力量扑入眉宇，心胸为之一快，精神为之振奋。更可贵的是这些作品的思想感情与我们的思想感情息息相通，感觉没有什么疏远和隔阂，仅这一点就与一些其他老的传统国画有所不同。

---

[*] 李可染（1907—1989），江苏徐州人。1946年师从齐白石，擅画山水、人物、水牛，兼工书法。曾任中央美术学院教授、中国美术家协会副主席、中国画研究院院长。

我很喜欢白石老师九十几岁画的一棵棕树。棕干笔直冲天，棕叶下垂，笔力之雄健真可说是"如能扛鼎"。这里我不想说这张画的棕皮、棕叶的质感如何的神似，我感到的是一种震撼人心的气魄，正如画上题字"直上青霄无曲处"的那种雄迈昂扬不屈的精神。

有风园柳能生态，无浪池鱼可数鳞。
此是人生行乐事，夕阳闲眺到黄昏。

这是老舍先生收藏的《钓丝小鱼图》的题句。画的上部占着很大的篇幅，只画一根被微风吹动的钓丝，下边几条淡淡的被钓饵所吸引的小鱼。看来画面似乎没有什么东西，但是，我们很难用语言表达那绝妙的意境——晚凉风中，一天的暑热刚刚过去，还留着一线余霞，人在塘边观看游鱼，满纸是诗的意境。我站在画前，不禁忆起了自己的童年，说忆起了童年似乎还有点不大恰当，应该说是嗅到了童年时代的气息。画上那一根线，看来是一根真实的线，但又觉得不应该说它是一根真实的线，哪有一根真实的线能给人那样美妙的感觉呢。这张画使我们深深感到白石老师的感觉敏锐和感情的真挚。

白石老师的作品，哪怕是极简单的几笔，都使我感到内中包含着无限的情趣。过去他曾给我画过一幅小画：玻璃杯里插着两朵兰花，花头上下相向，上边题着"对语"两个字，真使人感到是"含笑相对，窃窃私语"。画展中有一小幅放牛图，前面一片桃林，草坪上几头水牛或卧或立，老牛的背后还跟着一头小牛，寥寥几笔就描画出一片春色的江南。老师画的花卉迎风带露，欣欣向荣。记得一次我陪一位印度的著名诗人去访问老师，老师画了一幅牵牛花送他。诗人站在画前激动地说："这花的艳丽生动使我感到在枝叶间就要穿出一只蝴蝶……"等了一下，他又说："这不仅是一枝花，这是东方人对和平美好生活的歌颂。"

二

白石老师晚年作画，喜欢题"白石老人一挥"几个字，不了解的人就会联想到大画家作画，信笔草草一挥而就。实际上，老师在任何时候作画都是很认真，很慎重，并且是很慢的，从来就没有如一些人所想象的那样信手一挥过。他写字也是一样，比如有人请他随便写几个字，他总是把纸叠了又叠，前后打量斟酌，有时字写了一半，还要抽出笔筒里的竹尺在纸上横量竖量，使在旁按纸的人都有点着急，甚至感到老师做事有点笨拙，可是等这些字画悬挂了起来，马上又会使你惊叹，你会在那厚实拙重之中，感到最大的智慧和神奇。

从这里，使我想到了老师的为人。他平时不喜欢讲话，也不大会应酬，没有一点那种艺术家自视不凡的气派。我想任何人最初和他会见了，都会感到他是一个朴朴实实、平平常常的人，可是同他处得久了，就会认识到在那平平常常里面包含着很不平常。

在我与老师十多年的相处中，深深感到老师所以不平常，不仅因为他有非凡的天才和高超的艺术修养，更重要的是他具有劳动人民俭朴、勤劳、正直、真诚、善良的品质和思想感情。

白石老师到了晚年，虽然名满天下，受到人民的敬爱和尊崇，但他一直没有忘记劳动人民出身的根本，我们看他"鲁班门下""木人"等印文，可知他从来不避讳过去木匠的身份。平时在生活上自奉非常刻苦俭朴，记得有一次我买了一点菜食送他，菜是用一块白菜叶包着的。老师叫人把菜拿到厨房后，自己把那一片菜叶用布擦得干干净净，他说这块菜叶切碎用酱油调了可以下一餐饭。平时他常把一些有棉性的包物纸理平收藏起来，并且很喜欢在这样的纸上作画。我就见过他在老式鞋店包鞋的皮纸上作画，画上还隐隐可见朱印的鞋的号码。他作画后，常常把笔上余色用清水冲下，留作下次再用。从来不肯把星星点点有用的东西，随便抛弃。过去有人把他这种劳动人民珍惜物质的俭朴作风说成"吝啬"，实在是不应该的。

白石老师曾生长在晚清国家危难动荡的时代，但他的作品充满了坚强不屈、昂扬乐观的精神，一点没有灰暗颓废的气息，这一点就与士大夫文人画家有很大的不同。他歌颂生活中的美好事物，同时讥讽当时社会的丑恶面。观众对他用不倒翁嘲笑当时的官僚、通过画算盘讽刺剥削者的作品感兴趣，不是无因的。他曾画过一幅无叶松，上边题着这样的诗句：

> 松针已尽虫犹瘦，松子余年绿似苔。
> 安得老天怜此树，雨风雷电一齐来。

把官僚剥削者比作虫子，人民的脂膏（松针）被吃尽了，还不满足（虫犹瘦），他盼望能来一次雨风雷电，把这些害民的东西消灭干净，这是何等强烈的反抗精神！

在新中国成立以前我曾见老师在一幅倭瓜的画上边写着这样动人的题词："此瓜南人称之曰南瓜，其味甘芳，丰年可作菜食，饥年可作米粮。春来勿忘下种，慎之。"在那苦难的岁月，南瓜可以救济饥荒。谆谆叮嘱"春来勿忘下种"，表现了他的劳动人民的情感又是何等真挚！

"寻常百姓人家""杏子坞老民""星塘白屋不出公卿""中华良民也"，老人在旧时代里不止一次用这样的词句刻成印章，表明自己的身份不同于官僚士绅阶级。为什么白石老师的作品那样亲切感人，为什么他画的一些极为平常的事物如萝卜、白菜、竹耙、锄头之类都能深深打动人心，我看最主要的就因为他是一个寻常的劳动人民，因而才能对这些与他的生活有亲密关联的事物，寄以深厚真实的感情。

古人说"画如其人","笔格高下，亦如人品"，我们国画传统是很重视品质修养的。白石老师的成就固然条件很多，但劳动人民纯正善良的品质和思想感情实是最根本最主要的。其他如艺术方向、苦功、毅力等等也无不与这有着密切的关系。

当一个艺术家动手创作时，他的目的是什么呢？他是不计个人得失，竭尽心力把自己的正确的思想传达给人，并企图把作品做到尽善尽美，给人以丰富的滋养呢？还是带着欺骗的手段，以表面华丽炫人借以攫取个人名利呢？这一点，我看不仅是分辨艺术家人品高低的关键，也是分辨画品高低的关键。白石老师有两块印文是"心耿耿""寂寞之道"。他对人民的艺术事业是忠心耿耿的，但当他在创造的途中，人们一时还不能完全理解或为保守思想所反对时，他就不计个人得失，甘守"寂寞之道"。我们知道，他过去在北京多少年来一直为一些得势的保守派所攻击，甚至在新中国成立以后还有人骂他的作品为"野狐禅"。过去他有一块印文是"知我者恩人"，可知当时真正能认识他的并无几人。展览会上有一幅《芙蓉小鱼图》题着这样的一段话：

余友方叔章尝语余曰："吾侧耳窃闻居京华之画家多嫉于君，或有称之者，辞意必有贬损。"余犹未信，近晤诸友人面白余画极荒唐，余始信然。然与余无伤，百年后来者自有公论。

于此我们可以看到他当时的处境，然而他始终像一座山似的，兀立不动，从来不肯低头屈服。白石老师另有两方印文是"宁肯人负我""我不负人"。这种品质难道是一些带着流氓或市侩品质的艺术家所能有的吗？美术界封建把头徐燕孙有两块印文是"小字阿瞒""天下英雄惟使君"，徐燕荪竟以"宁负天下人，不使天下人负我"的曹操自喻，与白石老师恰好成了鲜明的对比。

三

白石老师平时作画，既不看真实的对象，又不观看粉本和草稿（除了特殊的题材），就是那样"白纸对青天""凭空"自由自在地在纸上涂写；但笔墨过处花鸟虫鱼、山水树木尽在手底成长，而且层出不穷。真是到了"胸罗万象""造化在手"的地步。

有次我在江南写生，一天午后躺在一棵大松树下睡着了，醒来仰观天际伸出的松枝，忽然感到似在哪里见过，想想才恍然知道那分枝布叶及松子的神态，原来就像一幅齐老师的画，这使我感佩老师作画不仅是从造化入手，而且观察认识是那样细致深刻。过去也曾有人认为国画家"凭空"作画，就是不重视生活，殊不知我们优秀的传统画家都是把研究生活、认识生活，作为修养的一个极其重要的部分；但当他正式进行创作时，认识生活的阶段已经成为过去。我们不能设想白石老师一边执笔一边观看，能画出今天这样生动的虾子。中国画家在长期不断的观察及不断的习作中，逐渐全面深入地认识了对象，等到"成竹在胸"的程度，才能进行真正的创作。作者到了这个境地才有可能不受约束或少受约束，将全部或较多的精力经营意匠加工，充分地表达事物的神气和自己的思想感情，因而达到艺术上感人的化境。由此可知，中国画家在创作时不再看对象是高度熟识了对象的结果，而不是脱离了生活。

白石老师在50岁以后才定居北京，在这以前他几乎有半个世纪的时间居住在农村。早年在他的生活稍稍宽裕后，就在家园四周种花种树，养虫养鸟，朝朝暮暮饱览饫看，把这些景物都稔熟在胸中。40到50岁之间五次出游，"身行半天下"，更进一步扩展了眼界和胸襟，为他的艺术奠定了一个强固的生活基础。

四

　　白石老师在他的艺术修养中，除了向生活学习外，还深入地研究了传统。他的绘画是从民间艺术开始的，如做雕花木匠学画花样，以后做了画工兼画神像衣冠像等等，民间艺术健康朴素的特色，一直保持在他后来的作品里，成为他独特风格的一个重要部分。到了27岁以后，才逐渐与古典传统绘画接触，并同时钻研诗文、篆刻、书法，丰富了他的艺术天地。

　　白石老师生长的年代，正当中国画衰落而又混乱的时代，死气沉沉，离开古人不敢着一笔的复古派与主张突破成法提倡有独创精神的革新派相对立。白石老师对待传统并不是认为任何古代的东西都是好的，而是有所批判有所抉择的。他所承继的是后者，反对的是前者，他最崇拜的画家是徐青藤、石涛、八大山人和乾隆、嘉庆年间的金冬心、李复堂，以及后来的吴昌硕等等。

　　青藤、雪个（八大山人）、大涤子（石涛）之画，能纵横涂抹，余心极服之。恨不生前三百年，或为诸君磨墨理纸，诸君不纳，余于门之外，饿而不去，亦快事也。

　　青藤雪个远凡胎，老缶（吴昌硕）衰年别有才。
　　我欲九原为走狗，三家门下转轮来。

　　我们从这些诗文里看到他对这几位画家是何等的尊崇，他的画在很多方面与这些画家的作品是有血缘关系，我们也可说，如若没有这些前代的画家，就没有今天的齐白石。

在民间艺术传统的基础上又钻研了古典绘画传统，这本来也不算什么稀奇，可贵的是，民间艺术和古典艺术本有很多地方是互相矛盾，格格不入的，但通过白石老师的天才和努力，在他的作品之中却把二者统一了起来。

我们在展览会上看到白石老师的作品，从早期20多岁到97岁止，一直在不断地变化着，从来就没有停止过，如在90岁以后还改变了虾子的画法，去掉了虾子头上几根短须，使造型更加单纯有力了。我们假如把前后作品对比来看，就会使人吃惊，他的变化真是到了"脱胎换骨"的程度。由此也可以使我们认识到，白石老师在他的艺术道路上，并不是盲目地跟随着古人，而是为了达到自己的理想，批判地学习古人。我们不难看出他的变化，是一直在与困难矛盾作斗争，克服了困难，解决了矛盾，促进了艺术的发展。我这里只想谈谈在他一生的许多变化中比较重要的两次。

前面讲过，白石老师的绘画是从民间艺术开始的，后来他离开了偏僻的家乡，五次出游，尤其是初到北京，比较广泛地接触了古典绘画传统，因而感到自己的作品的缺点有改变的必要：

> 余作画数十年，未称己意。从此决定大变，不欲人知；即饿死京华，公等勿怜。乃余或可自问快心时也。
>
> 获观黄瘿瓢画册，始知余画犹过于形似，无超凡之趣。决定大变，人欲骂之，余勿听也；人欲誉之，余勿喜也。
>
> 《老萍诗草》

为什么要变，因为看到一些优秀的古典绘画感到自己的作品过于形似，无超凡之趣，简单地说就是太像太俗了。太像太俗，不能说不是民间绘画短处的一面。怎样变呢？更加深入地潜心钻研古典绘画传统，从中吸收更多的东西。当他钻研了青藤、八大山人、石涛等人的作品以后，画风由俗日趋于雅了，尤其是他曾经特别沉溺于八大山人的作品，并在作风上受了他很大的影响。但是新的矛盾又产生，这时他的画虽为少数高人雅士所赏，然而与广大群众的欣赏趣味却有了距离。在他定居北京后，要靠卖画、刻印生活，这样的画很难在市上换得柴米之资。于是他的好友陈师曾又劝他改变。"余50岁后之画，冷逸如雪个。避乡乱窜于京师，识者寡，友人师曾劝其改造，信之，即一弃。……"（见《白石老人小册》跋语）他对这冷逸的作风，当时及后来虽然仍有所留恋，但却毅然地变了。怎样变呢？他把人民群众朴素健康的思想感情与古典艺术高妙的意匠努力糅合起来，一方面尽力满足群众的要求，一方面又提高这些要求。他为这样的目标，埋头辛勤努力实践了很多年，到了60岁前后才逐渐得到了成果，形成了自己的作风，70岁左右这种作风发荣滋长达到了高峰。把民间艺术大大地提高，把古典绘画颓废灰暗的一面去掉，因而他的艺术得到了健康的成长。这样就把传统上民间艺术和古典绘画上格格不入的雅与俗统一起来，把形似与神似统一起来，把思想性与艺术性统一起来。最为重要的是，把数百年来古老的绘画传统与今天人民生活和思想感情的距离，大大地拉近了，为中国画创作开辟了革新的道路，这一点我认为是大大了不起的，划时代的。

白石老师生长在那样的时代，为什么在艺术的道路上能有这样的正确的方向呢？我想这与他的劳动人民健康纯朴的思想感情是分不开的。热爱生活，同时又有长期深入生活的基础，于是就产生了强烈的要正确反映生活的欲望，要求传统为反映生活感受服务，而不是盲目地学习古人，因而落在古人的窠臼里。写到这里我想起老师给我讲过的一件事了：陈师曾在日本为他带来几本吴昌硕的画册，他看到后非常欢喜，翻阅到深夜不能罢休，可是第二天却画不出画了，他说："我乡居数十年，又五次出游，胸中要画的东西很多，但这次看到吴的画册，却受到了约束。"因之他把画册送给他儿子子如了。我们听了这个故事，当然不会误解为他不要研究前人的作品，而是认识到，他一方面尊重和学习传统，一方面又不受传统束缚，这种正确对待传统的态度实在是值得我们好好学习的。

五

白石老师在艺术上的高度成就，是与他一生辛勤的劳动实践分不开的。

记得有一次在老师家里，一位客人问老师说："我想学画，请您讲讲学画最重要的是什么。"当时躺在藤椅上的老师还未答话，站在旁边的老尹却插嘴说道："喝！您老要学画，赶快用大板车拉满一屋宣纸，等把纸画完啦，再来说罢。"老尹说的虽像是笑话，实则是他跟老师工作日久，看见老师作画之勤苦，因而有感而发。白石老师有句诗道"采花蜂苦蜜方甜"，好心的艺术家往往只愿把有丰富滋养芳甜的成果分享给人，却不愿人知道自己所受的辛苦。假若有人问白石老师在他艺术的修养上，用过多大的苦功，我想以俗谚"铜梁磨绣针"这一句话作比并不怎样过分。就以老师画案上那块砚台来说，那是一块又粗又厚的石砚，我不知他是从何时用起的，但以老师作画之勤，经过千万次的研磨，砚底有的地方已经很薄，近年别人给他磨墨时，总是嘱咐墨往厚处磨，不要把砚底磨穿了。老师曾经对我说过，他一生十日未作画，一共只有过两次，一次是太师母逝世的时候，一次是他害了重病，此外总是天天作画，功夫从不间断，把画画作为日课，哪天因事作画数量不够，次日还要多画补足，白天时间不够，晚上张灯继续。所以我们在老师的画上也常常可以看到"白石日课"和"白石夜灯"的题字。听说他早年在北京，为了潜心用功，牺牲一些个人娱乐享受，摆脱掉一些不必要的社交关系，为了杜绝当时社会一些无意义的干扰，白天也把大门落锁，甚至在门外贴上"齐白石已死"的字条，因而传为逸闻。他平时主要的时间是作画，其次是刻印，他说他利用出门坐车及睡醒尚未起床的时间作诗，这样他似乎还嫌时间不够，我们看他"痴思长绳系日"的印文，可以体会他是如何珍惜时间。

白石老师晚年为青年题字好写"天道酬勤"这一句话。他逝世的前一年给我写的最后一张字是"精于勤"三个字。勤学苦练，功夫不可间断，是我们艺术传统中历代匠师传下的名言，白石老师就是终生遵守这些名言的典范。在我与老师的接触中，我深深体会到，艺术不仅要苦学，更重要的是苦练，学而不练，所学必然都落了空。

由以上种种看来，白石老师能有今天的成就岂是偶然。新中国成立以后，老师以90多岁的高龄而在思想感情上能与新社会和谐合拍，也绝不是偶然的。记得一次老师参加人民代表大会回来，大家谈到新中国的建设及社会风气时时刻刻都在改变的情况时，老师感动地说："毛主席和共产党是真正给人民做事情的，可惜我的年纪太大了，不能做什么了，我若年轻几岁，我也要加入共产党。……"实际上老师到了新中国成立以后，精神上是已经年轻得多了，创作的情绪也陡然愈加旺盛起来。为了和平运动不断地画和平鸽；为了响应党的文艺政策，画百花齐放；不避繁重地书写《共同纲领》等等……老师这时的作品真是到了如他所写的一副联语"漏泄造化秘，夺取鬼神工"的境地。一些看来平常的事物到他手底似乎都可"点石成金""化腐朽为神奇"。有人说白石老师的艺术所以伟大是他的根底太厚了，我觉这话实在很有深刻的意义，白石老师的根底确实是太厚了。厚在哪里？厚在他的艺术代表了数亿劳动人民的思想感情，同时还包含了中国数千年的文化传统，他的作品不仅代表了广大劳动人民爱祖国、爱生活、爱和平、爱一切美好事物的善良心愿，同时还体现了中华民族伟大的气魄、坚强不屈的精神和欣欣向荣的朝气。最为可贵的，白石老师到了他逝世的前一二年，还能经常不断地创作，而这些作品精力饱满一点未见衰颓之气。试看他96岁画的一幅秋海棠，红光满纸，神采焕发，浓艳至极。另外一幅万年青那真是一种永不衰竭的生命力。我站在画前感到老师虽逝世，但他的艺术定是同这幅万年青一样：长生不老，青春永在！

我们若能认真学习白石老师的作品，就会在他劳动人民的品质、思想感情、生活作风、艺术方向、苦功等方面得到深刻的教育。因而使我们的中国画在今天的社会里得到更高、更光辉的成长。

亲聆齐白石先生谈艺

启 功[*]

　　齐白石先生的名望，可以说是举世周知的，不但中国人都熟悉，在世界各国中，也不是陌生人。他的篆刻、绘画、书法、诗句，都各有特点，用不着在这里多加重复叙述。现在要写的，只是我个人接触到的几件逸事，也就是老先生生活中的几个侧面，从这里可以看到他的生活、风趣，对于从旁印证他的性格和艺术的特点，大概也不是没有点滴的帮助吧！

　　我有一位远房的叔祖，是个封建官僚，曾买了一批松柏木材，就开起棺材铺来。齐先生有一口"寿材"，是他从家乡带到北京来的，摆在跨车胡同住宅正房西间窗户外的廊子上，棺上盖着些防雨的油布，来的客人常认为是个长案子或大箱子之类的东西。一天老先生与客人谈起棺材问题，说道"我这一个……"如何如何，便领着客人到廊子上揭开油布来看，我才吃惊地知道了那是一口棺材。这时他已经委托我的这位叔祖另做好木料的新寿材，尚

　　* 启功（1912—2005），北京人。中国当代著名书画家、教育家、古典文献学家。曾任北京师范大学教授、中国书法家协会名誉主席、全国文物鉴定委员会主任委员、故宫博物院顾问、国家博物馆顾问。

未做成，这旧的也还没有换掉。后来新的做成，也没放在廊上，廊上摆着的还是那个旧的。客人对于此事，有种种不同的评论，有人认为老先生好奇，有人认为是一种引人注意的"噱头"，有人认为是"达观"的表现。后来我到过了湖南的农村，才知道这本是先生家乡的习惯，人家有老人，预制寿材，有的做出板来，有的做成棺材，往往放在户外窗下，并没什么稀奇。那时我是一个生长在北京城的青年，自然会"少见多怪"了。

我认识齐先生，即是由我这位叔祖的介绍，当时我年龄只有十七八岁。我自幼喜爱画画，这时已向贾羲民先生学画，并由贾先生介绍向吴镜汀先生请教。对于齐先生的画，只听说是好，至于怎么好，应该怎么学，则是茫然无所知的。我那个叔祖因为看见齐先生的画大量卖钱，就以为只要画齐先生那样的画便能卖钱，他却没想，他自己做的棺材能卖钱，是因为它是木头做的，如果是纸糊的即使样式丝毫不差，也不会有人买去做秘器。即使是用澄心堂、金粟山纸糊的也没什么好看，如果用金银铸造，也没人抬得动啊！

齐先生大于我整整50岁，对我很优待，大约老年人没有不喜爱孩子的。我有一段较长的时间没去看他，他向胡佩衡先生说："那个小孩怎么好久不来了？"我现在的年龄已经超过了齐先生初次接见我时的年龄，回顾我在艺术上无论应得多少分，从齐先生学了没有，即由于先生这一句殷勤的垂问，也使我永远不能不称他老先生是我的一位老师！

齐先生早年刻苦学习的事，大家已经传述很多，在这里我想谈两件重要的文物，也就是齐先生刻苦用功的两件"物证"：一件是用油竹纸描的《芥子园画谱》，一件是用油竹纸描的《二金蝶堂印谱》。那本画谱，没画上颜色，可见当时根据的底本并不是套版设色的善本。即那一种多次重翻的印本，先生描写的也一丝不苟，连那些枯笔破锋，都不"走样"。这本，可惜当时已残缺不全。尤其令人惊叹的是那本赵之谦的印谱，我那时虽没见过许多印谱，但常看蘸印泥打印出来的印章，它们与用笔描成的有显著的差异，而宋元人用的墨印，却完全没有见过。当我打开先生手描的那本印谱时，惊奇地、脱口而出地问了一句话："怎么？还有黑色印泥呀？"及至我得知是用笔描成的，再仔细去看，仍然看不出笔描的痕迹。惭愧呵！我少年时学习的条件不算不苦，但我竟自有两部《芥子园画谱》，一部是巢勋重摹的石印本，一部是翻刻的本板本，我从来没有从头至尾临仿过一次。今天齐先生的艺术创作，保存在国内外各个博物馆中，而我在中年青年时也曾有些绘画作品，即使现在偶然有所存留，将来也必然与我的骨头同归腐朽。诸位青年朋友啊，这个客观的真理，无情的事例，是多么值得深思熟虑的啊！这里我也要附带说明，艺术的成就，绝不是单靠照猫画虎地描摹，我也不是在这里提倡描摹，我只是要说明齐老先生在青年时得到参考画的困难，偶然借到了，又是如何仔细地复制下来，以备随时翻阅借鉴，在艰难的条件下是如何刻苦用功的。他那种看去横涂竖抹的笔画，又是怎样走过精雕细琢的道路的。

齐先生送过我一册影印手写的《借山吟馆诗草》，有樊樊山先生题签，还有樊氏手写的序。册中齐先生抄诗的字体扁扁的，点画肥肥的，和有正书局影印的金冬心自画诗稿的字迹风格完全一样。那时王壬秋先生已逝，齐先生正和樊山先生往来，诗草也是樊山选定的。齐先生说："我的画，樊山说像金冬心，还劝我也学冬心的字，这册即是我学冬心字体所写的。"其实先生学金冬心还不止抄诗稿的字体，金有许多别号，齐先生也曾一一仿效。金号"三百砚田富翁"，齐号"三百石印富翁"；金号"心出家庵粥饭僧"，齐号"心出家庵僧"，亦步亦趋，极见"相如慕蔺"之意。但微欠考虑的是：田多为富，印多为贵，兼官多的人，当然俸禄多，但自古官僚们却都讳言因官致富，大概是怕有贪污的嫌疑。如果称"三百石印贵人"，岂不更为恰当。又粥饭僧是寺院中的服务人员，熬粥做饭，在和尚中地位是最为卑下的。去了"粥饭"二字，地位立刻提高了。老先生自称木匠，而不甘作粥饭僧，似尚未达一间。金冬心又有"稽留山民"的别号，齐先生则有"杏子坞老民"之号，就无从知是模拟还是另起的了。金冬心别号中最怪的是"苏伐罗吉苏伐罗"，因冬心又名"金吉金"，"苏伐罗"是外来语"金"的音译，把两个译音字夹着一个汉字"吉"字来用，竟使得齐老先生束手无策。胆大如斗的齐先生，还没敢用"齐怀特斯动"（怀特斯动是英语白石二字音译）。我还记得，当年我双手捧过先生面赐的那本《借山吟馆诗草》后，又听先生讲了如何学金冬心的画和字，我就问了一句："先生的诗也必学金冬心了。"先生说："金冬心的诗并不好，他的词好。"我当时只有一小套石印的《金冬心集》，里边没有词，我忙向先生请教到哪里去找冬心的词。先生回答说："他是博学鸿词啊！"

齐先生对于写字，是不主张临帖的。他说字就那么写去，爱怎么写就怎么写。他又说碑帖里只有李邕的《云麾李思训碑》最好。他家里挂着一副宋代陈抟写的对联拓本："开张天岸马，奇异人中能。"抟下有"图南"印章。这联的字体是北魏《石门铭》的样子，这十个字也见于《石门铭》里。但是扩大临写的，远看去，很似康南海写的。老先生每每对人夸奖这副对联怎么好，还说自己学过多次总是学不好，以说明这联上字的水平之高。我还看见过齐先生中年时用篆书来写的一副联："老树著花偏有态，春蚕食叶例抽丝。"笔画圆润饱满，转折处交代分明，一个个字，都像老先生中年时刻的印章，又很像吴让之刻的印章，也像吴昌硕中年学吴让之的印章。又曾见到他40多岁时画的山水，题字完全是何子贞样。我才知道老先生曾用过什么功夫。他教人爱怎么写就怎么写的理论，是他老先生自己晚年想要融化从前所学的，也可以说是想摆脱从前所学的，是他内心对自己的希望。当他对学生说出时，漏掉了前半。好比一个人消化不佳时，服用药物，帮助消化。但吃得并不甚多，甚至还没吃饱的人，随便服用强烈的助消化剂，是会发生营养不良症的。

有一次我向老先生请教刻印的问题，先生到后边屋中拿出一块寿山石章，印面已经磨平，放在画案上。又从案面下面的一层支架上掏出一本翻得很旧的《六书通》，查了一个"迟"字，然后拿起墨笔在印面上写起反的印文来，是"齐良迟"三个字。写成了，对着案上立着的一面小镜子照了一下，镜中的字都是正的，用笔修改了几处，即持刀刻起来。一边刻一边向我说："人家刻印，用刀这么一来，还那么一来，我只用刀这么一来。"讲说时，用刀在空中比画。即是每一笔画，只用刀在笔画的一侧刻下去，刀刃随着笔画的轨道走去就完了。刻成后的笔画，一侧是光光溜溜的，另一侧是剥剥落落的。即是所谓的"单刀法"。所说的"还那么一来"，是指每笔画下刀的对面一边也刻上一刀。这方印刻完了，又在镜中照了一下，修改几处，然后才蘸印泥打出来看，这时已不再作修改了。然后刻"边款"，是"长儿求实"，下落自己的别号。我自幼听说过：刻印熟练的人，常把印面用墨涂满，就用刀在黑面上刻字，如同用笔写字一般。这个说法，流行很广，我却没有亲眼见过。我在未见齐先生刻印前，我想象中必应是幼年听到的那类刻法，又见齐先生所刻的那种大刀阔斧的作风，更使我预料将会看到那种"铁笔"在黑色石面上写字的奇迹。谁知看到了，结果却完全两样，他那种小心的态度，反而使我失望，遗憾没有看到那样铁笔写字的把戏。这是我青年时的幼稚想法，如今渐渐老了，才懂得：精心用意地做事，尚且未必都能成功；而鲁莽灭裂地做事，则绝对没有能够成功的。这又岂但刻印一艺是如此呢？

齐先生画的特点，人所共见，亲见过先生作画的，就不如只见到先生作品的那么多了。一次我看到先生正在作画，画一个渔翁，手提竹篮，肩荷钓竿，身披蓑衣，头戴箬笠，赤着脚，站在那里，原是先生常画的一幅稿本。那天先生铺开纸，拿起炭条，向纸上仔细端详，然后一一画去。我当时的感想正和初见先生刻印时一样，惊讶的是先生画笔那样毫无拘束，造型又那么不求形似，满以为临纸都是信手一挥，没想到起草时，却是如此精心！当用炭条画到膝下小腿到脚趾部分时，只见画了一条长勾短股的90度的线条，又和这条线平行着另画一个勾股。这时忽然抬头问我："你知道什么是大家，什么是名家吗？"我当时只曾在《桐阴论画》上见到秦祖永评论明清画家时分过这两类，但不知怎么讲，以什么为标准。既然说不出具体答案来，只好回答："不知道。"先生说："大家画，画脚，不画踝骨，就这么一来，名家就要画出骨形了。"说罢，然后在这两道平行的勾股线勾的一端画上四个小短笔，果然是五个脚趾的一只脚。我从这时以后，大约20多年，才从八股文的选本上见到大家名家的分类，见到八股选本上的眉批和夹批，才了然《桐阴论画》中不但分大家名家是从八股选本中来的，即眉批夹批也是从那里学来的。齐先生虽然生在晚清，但没听说学做过八股，那么无疑也是看了《桐阴论画》的。

　　一次谈到画山水，我请教学哪一家好，还问老先生自己学哪一家。老先生说："山水只有大涤子（即石涛）画得好。"我请教好在哪里。老先生说："大涤子画的树最直，我画不到他那样。"我听着有些不明白，就问："一点都没有弯曲处吗？"先生肯定地回答说："一点都没有的。"我又问当今还有谁画得好。先生说："有一个瑞光和尚，一个吴熙曾（吴镜汀先生名熙曾），这两个人我最怕。瑞光画的树比我画的直，吴熙曾学大涤子的画我买过一张。"后来我问起吴先生，先生说确有一张画，是仿石涛的，在展览会上为齐先生买去。从这里可见齐先生如何认为"后生可畏"而加以鼓励的。但我自那时以后，很长时间，看到石涛的画，无论在人家壁上的，还是在印本画册上的，我都怀疑是假的。旁人问我的理由，我即提出"树不直"。

　　齐先生最佩服吴昌硕先生，一次屋内墙上用图钉钉着一张吴昌硕的小幅，画的是紫藤花。齐先生跨车胡同住宅的正房南边有一道屏风门，门外是一个小院，院中有一架紫藤，那时正在开花。先生指着墙上的画说：

"你看，哪里是他画的像葡萄藤（先生称紫藤为葡萄藤，大约是先生家乡的话），分明是葡萄藤像它呀！"姑且不管葡萄藤与画谁像谁，但可见到齐先生对吴昌硕是如何推重的。我们问起齐先生是否见过吴昌硕，齐先生说两次到上海，都没有见着。齐先生曾把石涛的"老夫也在皮毛类"一句诗刻成印章，还加跋说明，是吴昌硕有一次说当时学他自己的一些皮毛就能成名。当然吴所说的并不会是专指齐先生，而齐先生也未必因此便多疑是指自己，我们可以理解，大约也和郑板桥刻"青藤门下牛马走"印是同一自谦和服善吧！

齐先生在出处上是正义凛然的，抗日战争后，伪政权的"国立艺专"送给他聘书，请他继续当艺专的教授，他老先生即在信封上写了五个字："齐白石死了"，原封退回。又一次伪警察挨户要出人，要出钱，说是为了什么事。他向齐先生表白他没教齐家出人出钱，因此便提出要齐先生一幅画，先生大怒，对家里人说："找我的拐杖来，我去打他。"那人听到，也就跑了。

齐先生有时也有些旧文人自造"佳话"的兴趣。从前北京每到冬天有菜商推着手推独轮车，卖大白菜，由户选购，作过冬的储存菜，每一车菜最多值不到十元钱。一次菜车走过先生家门，先生向卖菜人说明自己的画能值多少钱，自己愿意给他画一幅白菜，换他一车白菜。不料这个"卖菜庸"并没有"六朝烟水气"，也不懂一幅画确可以抵一车菜而有余，他竟自说："这个老头儿真没道理，要拿他的假白菜换我的真白菜。"如果这次交易成功，于是"画换白菜"、"画代钞票"等等佳话，即可不胫而走。没想到这方面的佳话并未留成，而卖菜商这两句煞风景的话，却被人传为谈资。从语言上看，这话真堪入《世说新语》；从哲理上看，画是假白菜，也足发人深思。明代收藏《清明上河图》的人如果渗透这个道理，也就不致有那场祸患。可惜的是这次佳话，没能属于齐先生，却无意中为卖菜人所享有了。

仰之弥高

——齐白石先生艺术述略

王森然[*]

　　我自1925年直至齐先生逝世之前，在30余年的交往接触中，有机会见到他大量的绘画、印章、书法、诗作。齐先生耿直的作风、谦虚的为人、严谨的治学精神、高尚的思想情操和他自己特有的艺术风格，给我留下了难忘的记忆。

　　我曾做过对齐先生的生平与创作的研究工作，撰写过关于齐白石先生的介绍和齐白石作品的评论，20世纪二三十年代发表在《晨报副刊》《大公报艺术周刊》和《实报半月刊》上，后又在《中国评论》上分上、中、下陆续发表了《齐白石评传》。初稿请齐老审阅时，齐老给我的回信说："森然先生清鉴：承赐鄙人之小传，其中多过誉之辞。昨有友人胡适携之去，代为先行一读，有过之不及之事，必告余。过目时，有觉愧之语，自不客气，必删去。即当原稿奉还。……"齐先生之如此率真，如此实事求是地对待自己，使我非常感动。

---

　　* 王森然（1895—1984），号杏岩，河北定县人。曾任中央美术学院教授，与齐白石交谊颇深。

一

1925年，我因要写一篇有关吴昌硕和陈师曾的文章，访问了齐白石先生。

这一年正是陈师曾先生逝世的第二年，齐白石先生63岁，大病初愈。当时谈话的情形记不清楚了，只是谈到陈师曾和他的诗，他拿出几页信笺来说："这是他（陈师曾）给我的诗，你看看吧！"我看过后，抄在日记本上：

题齐濒生画册

曩于刻印知齐君，今复见画如篆文。

束纸丛蚕写行脚，脚底山川生乱云。

齐君印工而画拙，皆有妙处难区分。

但恐世人不识画，能似不似非所闻。

正如论书喜姿媚，无怪退之讥右军。

画吾自画自合古，何必低首求同群。

题濒翁画四种

人世可怜虫，濒翁体物工。

栖栖草间活，昂首听秋风。（草虫）

蝶梦化春烟，庄生骨已仙。

灯蛾莫相效，终夜不成妍。（蛾）

衣薄五铢丝，弹冠富贵迟。

无人求墨本，劳尔抱空枝。（蝉）

酿蜜为谁甜，辛劳踏花片。

莫作曹蝇弹，亦非饭能变。（蜂）

事隔30多年，印象已模糊，只有当时从报纸上剪下来的一段文字，在日记本上贴着：

> ……当代名家，宜首推吴昌硕老缶，齐璜白石，朽道人陈师曾诸先生。……画之道，所谓宇宙在手者，眼前无非生机，故其人往往多寿……吴昌硕寿逾八旬，齐白石年过花甲，均健壮如青年，非天以寿二公也，实乃辛勤劳动，得锻炼之道尔。……京都好画者，颇不乏人，竟有年未而立，画鸣一时，虽无他长，颇能善偷古人，白石翁谓长安市上卖柑者，或不能终此欺人矣。
>
> （文章发表在一个晚报上，署名王松涛）

10年后我又写过一篇文章（发表在《实报半月刊》第五期"人物志"上，署名"黑衣"）：

> 你如果走到北平西城北沟沿一带的时候，那真是十足地表现着"无风三尺土"的特色。整天不断地轰隆轰隆走着载重的火车，尘埃蔽天，假如我们一过几道街巷，保准眼针毛儿上都得落一层似乎带上霜雪的朦胧着灰土，鼻孔儿里不大工夫即添上两块黑泥。尤其是跨车胡同里，这种凸凹不平的狭窄的路径，使你连呼吸都得停止住。就在这条南巷口的路西第一个大门里，住着一位年高75岁的老木匠，就是大名鼎鼎的齐白石先生。不知怎的，他却单单地选择了这样一个地方来住着，还十二分地表示着喜爱！他刻了一块茶碗大的图章，曰：故乡无此好天恩。
>
> 这座大门，是门虽设而常锁，如不是先从门缝里递进名片去，那无论如何是不开门的。大门洞的北墙上，挂着一块镶着玻璃的镜

框，里边写着："白石老人，心病复作，停止见客，若关作画刻印，请到南纸店接办。"进了院落，东屋三间是客厅，一条红漆的长七八尺的大画案，四把像中山公园茶座上摆着的藤椅。一张方桌上，放着一张装裱好了的镜心，用一座镜台装置竖立着："特赏侍讲衔翰林院检讨礼学馆顾问官王闿运撰并书齐璜祖母马孺人墓志铭。"南墙上悬挂着一张王湘绮的遗像。下面靠着一面大镜子，装着齐先生放大了的相片。周围还有几块镜子，排列在大镜子的旁边，一块上写着："与外人翻译者，恕不酬谢，求诸君莫介绍，吾亦苦难报答也。璜揖。"另一块上写着："心病复作，断难见客，乞惊之，若关索画及刻印由南纸铺接办可也。齐璜揖白。"还有一块上写："卖画不论交情，君子有耻，请照润格出钱。庚申秋七月直白。"旁有卖画及篆刻规例一纸，亦装在镜子里，写着："余年七十有余矣。苦思休息而未能，因有恶触，心病大作，画刻日不暇给，病倦交加。故将润格增加，自必扣门人少，人若我弃，得其静养，庶保天年，是为大幸矣。自求及短减润金赊欠退换交换诸君，从此谅之，不必见面，恐触病急。余不求人介绍，有必欲介绍者，勿望酬谢。用绵料之'料半'，'生宣纸'，他纸板厚不画。山水，人物，工细草虫，写意虫鸟，皆不画。指名图绘，久已拒绝。花卉条幅：2尺10元，3尺15元，4尺20元（以上一尺宽），5尺30元，6尺45元，8尺72元（以上整纸对开）。中堂幅加倍，横幅不画。册页：8寸内每页6元，1尺内8元。扇面：宽2尺者10元，1尺5寸内8元，小者不画。如有先已写字者，画笔之墨水透污字迹，不赔偿。凡画不题跋，题上款加10元。刻印：每字4元，名印与号印，一白一朱，余印不刻。朱文，字以三分四分大为度，字小不刻，字大著加。一石刻一字者不刻。金属、玉属、牙属不刻。石侧刻题跋及年月，每10字加4元。刻上款加10元。石有裂纹，动刀破裂不赔偿。

随润加二。无论何人，润金先收。"

他的客厅的西边，有一个小院，小院是用葡萄架搭成的，葡萄架上，除去葡萄以外，还长了几棵丝瓜蔓，那年结了30多条丝瓜，葡萄也有300多挂，这若是一幅画面，真可以这样题两句"满架玑珠无处卖，狂抛杂掷乱藤中"了。葡萄架下，养着一缸金鱼。

葡萄架的北边，有一座小门，正对着他的正房，这就是他的画室，也是他的卧室。齐先生每天6点钟起床，吃完早点，即令"姨太"（即宝珠）磨墨，姨妈（即阿姨）磨石头，他即戴上眼镜开始工作，一直到12点钟。吃过午饭，睡两小时的午觉。假如不到美术专科学校去上课，遇到高兴的时候，方才接见他喜欢见的友朋。

那一年的春天，叶浅予、梁白波从上海来到北京，在一个天朗气清、风和日暖的下午，约好了吴迪生，我们四人一同去访齐先生。当我们一进那条巷子尘土蔽天，令人不快，到了大门又看到那些启事牌子，他们说："这位鼎鼎大名的画家，就是这样难以接近啊！"及至见面，齐先生那春风般的和气，使人就如从严冬酷寒的天气里，得到了济淑舒和的柔光。我尝想起那一天的境况来：先生有四皓三高之稚，具枕流漱石之怀，存买山避地之意，蓄鸥闲鹤静之情。志之相知，则高卧北窗，畅谈秋水；志之相左，则闭门不纳，无一面缘。其情贞磊落，铁面冰心，规模器局，伟大极矣。从那日杯琴毕之，不足尽兴，继以画虾画蟹，画松鹰，画山水，画工细之草虫，画豪放之人物；兴犹未尽，又继之以谈诗和诗，撰联写对，刻印评文，述少年之情怀，感老年之悲壮，平生快事，尽于此日也。当时在齐先生的葡萄架下，由叶浅予为我们拍照二张，以作纪念。

人人都说齐先生有架子，可我见他待人总是和和气气的，并没有架子，不过不喜好应酬罢了。他虽说是75岁的老人，他的心灵，还像小孩子一样，对一切事物的看法，亲朋的往来，都是洁白的诚实，不钩心斗角。他的家务，无论大事小事，全由他一人安排处理，买几块引火的劈柴，都是他自己讲价过秤。他说话的声音很高，不知道他的习惯的人，总以为他是发脾气。他不喜欢照相，有一次介绍郑景康到他家去拍照，一直照了12张，还放大了一张三尺半的。（那时郑景康住在西四丁字街西安门路南小楼上，齐先生送他一张大虾米。）周维善去给齐先生画一张像，他也送了一张人物——《东方朔偷桃》。过了几天，在他的客厅里又写了一个牌子，意思是说双方不合算，以后再有人照相一概不应酬。

齐先生穿的衣服很肥大，他的5岁的女孩，常到他的腿部衫下去捉迷藏。夏天他是常常光着胳膊，系着很厚很宽的腰带，光着脚丫。他的大女孩今年51岁了，和大儿子、三儿子都住在长沙，四儿子、五儿子都是在西山慈幼院读书。还有7岁、5岁、3岁的3个小女孩。他的太太宝珠，人很慈祥，时常有病，但是齐先生却一时一刻不能离开她。无论宴会出席，听戏，看展览会，哪一次都是在一起的。画画的时候，她磨墨，她拉纸，凡是得意的作品，都叫她藏在衣箱的底下。齐先生出了三本画册，两本诗集，五六种印谱，定的价目都很贵，但卖得都很快。

齐先生对我很好，经常留我在家吃饭。好茶、好菜、好点心、葡萄架上结的葡萄，总给我留一些尝尝。齐先生还请我吃过西单的黔阳馆。给我画过不少的画……

我还陆续写了几篇评传和事略，齐先生都剪下来保存着，作为将来作传和编年谱的资料，我无存稿。

二

1934年，我和齐先生谈起当时他画的笺谱和月份牌，这些虽属小品，都非常精致，诗趣盎然，令人百看不厌。记得在荣宝斋印过一批，系松针（长年多子），莲蓬，梅花（冷艳寒香），石榴（石榴结子怨西风），豆角（老年人恐声皆厌闻故篱豆下不画蟋蟀），菊花（曾见雪个以水晶杯箸墨芙蓉余画以红菊），倭瓜（菜根同味），丝瓜，牵牛花（梅畹华家牵牛花碗大，人谓外人种也。余画此最小者），葡萄（老馋亲口教琵琶，朱雪个题葡萄句，余不得解，二十年犹未忘），荔枝（南门河上雨丝丝，纤手教侬剥荔枝。南门河在钦州），玉兰（太史不生无所用，空劳枝上利如刀）等幅。清秘阁印过一批，系大石榴，秋海棠，梅花（千红万紫报春恩），秋虫（年年依样秋声），葡萄，双鹊等幅。还有螳螂稻子，蜻蜓荷叶，蚂蚱芦叶，蝉与贝叶，天牛荠花，蝴蝶兰花等幅。伦池斋制过一批，倩双鱼而寄远，青蛙蝌蚪，蚕（蚕桑苦，女工难，得新叶旧后必寒），红蜻蜓点水（款款而来）等幅。

唯有一批用硷水涂纸而后用酸水笔画者，自用信笺，实属难得。他随便挥洒，不拘体裁，不拘形式，虚实疏密不一，参差大小千变万化，几莫能测。齐先生的这种画，不但没有颜色，也没有浓淡，只是在纸上分出灰与白，或黄与白。有时他用飞墨法，无轮廓，也无皴法，气韵沉郁，令人有鬼斧神工的感觉。但亦只可偶一为之，他不多作。这种自画自用的信笺，一生中不过数十张，除非给最知己的朋友写信，偶然才用。他给良迟数张，已装裱成册，蕴椟而藏。给我12幅，叫我给他写信，我始终舍不得用，至今存之。有兰花（黄白），牡丹（题富贵有根，黄白），桐叶（黄白），壁虎（黄白），藤萝（灰白），葡萄（黄白），东风（黄白），豆角白菜根（黄白），寒鸟（黄白），玉米（灰白），菊花（灰白），葫芦（灰白）。其中以"东风"、"菜根"、"寒鸟"三幅为最得意。"东风"一幅，是写风和冰解的春天，生气勃勃济淑舒畅的气象，淡淡几笔，疏叶青葱，象征着芳草有情，万物昭苏。齐先生的立意大概是严冬就快过去，春天已经到来，不远的将来就要"千绿争媚万红娇"了。"菜根"一幅，他画两条很长的豆角，粗粗的一块白菜根，俗称"白菜疙瘩"。这东西煮，软而甘；腌，脆而香。古人所谓"知此味咬其根"，又谓"黄金为菜，白玉为蔬"即指此也。"田家风味，愿了三生"足见好吃，可惜一般人不认识蔬根的价值，都白白地糟蹋了。齐先生在这幅画上题了"吾岂无"三个字，真是有趣得很。齐先生本是农家出身，农民用劳动换来的收获，是珍惜的，所以齐先生懂得其中美味，大嚼先尝。先题上这三个字，说明的正是这个意思，这种豆角菘根我"有的是"，很得意扬扬地说：我还没有这些东西吗？意义深远，风趣无穷。"寒鸟"一幅，是在沦陷时期画的，仅仅的一笔枯枝，上边一只鸟，仰首上视，尾巴下垂着。他题上"寒鸟，精神尚未寒"。虽然我们是久居在沦陷的北平，吃的是混合面，在铁蹄之下，处处有着危险，但我们的心不死，我们的精神不死，是相信胜利，有信心，有民族气魄的。齐白石先生的心绪意境就是这样用诗与画来寄托的。

齐先生画月份牌最早的一种是芍药蜜蜂，题"富贵家风"（惠风和畅），天竺（红到春风），枇杷粽子（端午时候），藕和柿子（又是秋风），栗子螃蟹（红叶如此蟹正肥），竹笋和蘑菇（风味胜梅花香色），都是立幅，每幅下面有两个月的月令。又一种是横幅的，每月一张。有梅花（一笑牡丹称富贵，那知无福见梅花），芍药，水仙，荔枝（名园无二），杏花（抢指先人十八代，至今还住杏花村），茶花（岁寒时节此花亦梅花之友），紫藤，葡萄，雁来红，桂花（秋香），蜡烛老鼠（蜡烛光明如白昼，不愁见人岂为偷）。新中国成立以后出版了牡丹，草虫，荔枝，螳螂蘑菇，蔷薇，荷花，蜻蜓莲花，牵牛，蚂蚱，秋菊，丝瓜蝈蝈，这些月份牌小品，颜色鲜艳，富有乡土感情，耐人寻味。所以全国各地争出齐先生作品的月份牌，有大有小，有多有少，大都是搜集齐先生作品拼凑出版的，不是买稿特制。

我曾要求齐先生画十二属相，每年可以作月份牌（即现在的挂历）的封面。齐先生回答："龙非实物，一生未画，不敢落笔。"

三

齐先生说34岁的时候，才开始学刻印。他和黎松庵、黎鲸庵等一同研究治印，兴趣非常浓厚。说着从西边大柜橱里的石印中，拣出一块青果大小，橄榄形，全面浮雕着两柄荷叶，一朵半开的莲花，还有两个长颈水禽，整个的形象好像一顶戏台上皂隶所戴的毡帽的石章。刻的是"金石癖"三个字。他说："这是我刻的第一颗印，刻得很不好，可是保存几十年了，你留着作纪念吧！"我至今仍保存着。

我在日记本上找到了一段根据齐先生自述整理的回忆：齐先生影摹过《丁黄印谱》，那一年（1899年，己亥，年37岁）拜访了王湘绮，适王家来一客人，刻印极有名，齐先生慕其名持石请教，客人若无视。过数日，齐先生视之，石依然置案上。心甚惭，用其石自刻"湘绮楼印"四字，送湘绮。即黎戬斋曾钤入所编《东池社刊》次期印辑。纯模仿丁龙泓法。客大异之，以为不世之才。

根据黎泓斋记白石翁有云："家大人自蜀检寄西泠六家中之丁龙泓、黄小松两派印影与翁摹之，翁刀法因素娴操运，特别矫健，非寻常人所能企及。……"齐先生在黎鲸庵家见赵之谦（㧑叔）的《二金蝶堂印谱》，大喜，当即借去用朱钩存，其精不异原本。至今尚存，可见其摹习之勤。

1910年齐先生有《与谭三兄弟刊收藏印记》，自道其经过："黎铁安代无畏兄弟索篆刻于余，十有余印，丁拔贡者以为刀法太烂，谭子遂磨去之。是时余正摹龙泓，秋庵与丁同宗匠，未知谁是非也。黎鲸公亦师丁黄，刀法秀雅，余始师之，终未能到；然鲸公未尝相菲薄，盖深知余之纯任自然，不妄作高古。令人知鲸公者亦稀，正以不落汉人窠臼耳。庚戌冬，余来长沙，谭子皆能刻印，想入赵㧑叔之室矣。复喜余篆刻……"齐先生刻印，是从丁黄正轨脱出。初主精密，后私淑赵㧑叔，尤有奇气。晚则轶乎规矩之外，这是他的创格。所以齐先生的晚年篆刻，尤为可贵。最初樊增祥（樊樊山）为书润资："常用名印，每字三金。石磨以汉尺为度，石大照加。石小二分，字若黍粒者，每字十金。"数十年来，索刻印者门庭若市，常有从数千里外寄石求刻者。他在"自跋印章"里说过："予之刻印，少时即刻意古人篆法，然后即追求刻字之解义，不为'摹、作、削'三字所害，虚掷精神。人誉誉，一笑；人骂骂，一笑。"

1933年，齐先生有《癸酉秋自记印草》："予戊辰（1928年）出印书后，所刻之印为外人购去，印拓二百。此二百印，自无制书权矣。庚午、辛未（1930年至1931年）二年所刻印，每印仅存六份，成书六册，计十本。壬申、癸酉二年（1932—1933年），世变至极，旧京侨民皆南窜。予虽不移，窃恐市乱，有剥啄扣吾门者，不识其声，闭门拒之。故刻石甚少，只成书四本，计十册。以上皆七十衰翁以朱泥亲手拓存。四年精力，人生几何！饿殍长安，不易斗米。如能带去，各检一册，置于手侧，胜人入陵，珠宝满棺。是吾子孙，毋背斯嘱。癸酉秋八月齐璜白石山翁自记，时居城西鬼门关外。"

齐先生刻印，有独到的成就，正是傅抱石先生所说："篆刻在老人的艺术中，也占着不可忽视的位置。老人在这方面的卓越成就，半个世纪以来，不只广泛地影响了国内的篆刻家、收藏家和无数的爱好者，还深深地影响了日本不少的篆刻家。"他又说："据我的偏见，老人的天才、魄力，在篆刻上所发挥的实在不亚于绘画。"因为刻印是一种构图艺术，在一方或圆的石头上，将横直圆斜等单线构成的书法，铺排成极为美观的形象，加以雕刻，从形象上表现出粗壮或飘逸，豪放或纤巧的不同风格来，使观众得到美感。中国自秦汉以来，就有这种重要的实用美术的传统。齐白石先生博取了诸家之长，掌握了篆刻艺术的传统规律，不拘成法，不起草底，不勾轮廓，从心所欲，迎刃而行，创作了"轶乎规矩之外"的格调，开辟了刻印者所不敢走的道路。故所作都是气魄雄伟，明快有力。齐先生说："我80多岁，还可以仿丁钝丁刻小名印，但终嫌小技，不愿做裹脚的小娘。"他题学生印存有诗云："做摹蚀削可愁人（自注：古今于刻石，只能蚀削，无知刻者），与世相违我辈能！快剑断蛟成死物，昆刀截玉露泥痕。（自注：世间事，贵痛快，何况篆印风雅事也。）"做摹蚀削，都只是死功夫，古人窠臼。他打破了古人的成规，庸俗的樊篱，把木工铁匠的规律，运用到刻印的技术上来。所以他的诗有："笔煞冶工三万辈，汉秦以下士人愚。"这是他的自豪！他的篆印艺术，能无视古人，独创新貌，尤其晚年治印，更加豪放，给许多从远道来访的外宾，刻了很多的印章，每颗都是精神饱满，气魄宏伟。

世之论者云：先生上溯三代籀古之文，下及秦汉金石之刻，博参六朝唐宋之迹，旁搜封泥龟甲之字，将并胸中磅礴之气，一案之于方寸之石。所以赵悲庵之朴茂精严，吴缶庐之奇古苍浑，先生兼而有之。宋白元朱，咸尽其妙，大气蓬沛，不为诡僻纤媚，以趋时尚……有人说：齐先生读书不多，识字有限，有些过誉。实不然，他在刻印上，确是下了不少的苦工。我常常见他刻到半途中，忽而从大案下边，抽出《六书通》来，查一下。许氏说文，他是娴熟的。常说："刻印必须学篆，学篆必须读书，要熟读子史，博通六经。……"又说："作印必须经过仿汉，而仿汉又必须熟悉攻玉凿铜之法。……学汉印是要得其精意所在，取其神不必肖其貌。汉隶多变古法，许氏作说文，救其失也。今作印不本许氏，是不识也。如学汉印，而单学其错字，是东施效颦。"驳者不攻自破。

当张大千说"奴视一切"的时候，他刻了一颗"奴视一人"的印。他刻"见贤思齐"和"不知有汉"二印边款有云："旧京刊印无多人，有一二少年，皆受业于余，学成自夸师古，背其恩本，君人耻之，人格低矣。中年人于非闇刻石真工，亦余门客。独仲子（即杨仲子）先生之刻，古工秀劲，殊能，其人品亦驾人上，余所佩仰，为刻此石。因先生有感人类之偶有高下耳。记于先生之印侧可笑也。辛未正齐璜白石。"又"余之刊印不能工，但脱离汉人窠臼而已。同侣多不胜许，独松庵老人尝谓曰：西施善卑未闻东施见妒，仲子先生刊印，古秀雅高出一时，即倩予刊'见贤思齐'印，又倩刻刊此，欧阳永叔所谓有知己之恩，为余言也。辛未五月居于旧京，齐璜白石山翁"。齐先生在《自嘲》注中言："旧京篆刻得时名者，非吾门生，即吾私淑，不学吾者不成技。"那时一般中少年，稍露头角，即目空一切，大言不惭，先生系感慨言之。

有《随喜室集印初编》二本有跋云："右印五十钮白石草衣为宗人虎生刻也。虎生于客冬物故，今年秋仲因事旋里，其石为余购得。草衣篆刻刻石，不依傍古人，独为体制，溯源汉凿，扩而充之，诣境所届，非凡近可同日而语，宜其自成一子也。爰付拓印，以公同好，癸酉（1933年）十月默斋谢健廷跋于武汉之石巢。"这位虎生，一人即刻了50颗印，可知其盛况。

《白石印草》有王湘绮序言："印谱者，唯昭潭老渔纯仿秦汉玺章，墨文不印朱，见之令人肃穆。余童时见从兄介卿有一本，问姓名不知也。意其明末隐士，至今想慕焉。介卿说隐辟不得志，自负刻印高雅，亦存印谱，不轻示人。及余友高泊足李篁仙赵扪叔，皆以刻印名世，而赵傲兀，求者多谩绝之。余出都乃自赠余名章。明日京师来观肩踵相接。游艺之事，孤僻者乃绝伦，理势自然也。白石草衣，起于造士，画品琴德，俱入名域，尤精刀笔，非知交，不妄应。朋坐密谈，时有生客至，辄逡巡避之。有高世之志，而恂恂如不能言，吾县固多畸人。余妻母舅李云根先生，画入逸品，雕琢工作尤精，亦善刻印，而不为人作。晚年坐一室，终日不移尺寸，见人默无言。白石傥其流与？何其独厚于余也。余既为题借山图，要以同诗沈山人，见其印谱，复感生平所交游奇古之士，而叹一艺成名之非偶然。复为序其意云。甲辰七夕王闿运题于南昌馆。"（纸有"白石草衣金石刻画"印。）

白石自序云："予55岁后居京华所刻之石三千余方，当刻时择其对古今人而无愧者，计234印，每印拓有300页。有求刻者，促迫取去，不能拓存300页者，拓存一二方，制成锌印，合手拓，仅成《白石印草》80册，一散而尽。此册重制，有70岁以后所刻自家常用印60余方加入换出以前锌印勿拓，再成80册，仍用湘绮师原序冠之。癸酉夏六月时居京华之西城，齐璜白石自序。"

印文中有："甑居，老去无因哑且聋，半聋，乐石室，白石造薁，齐白石老木，白石翁，木人，老齐，老白，木居士，白石山翁，汗淋学士，介辂在手，乙丑存画，余耕，大无畏，白心先生，一支笔，龙兴鸟集，古潭州人，松风关君，辛卯甲子，雕虫小技家声，一家多事，星塘白屋不出公卿，湘潭人也，一年容易又秋风，长相思，戊寅以后以字行，吾道何之，齐菊如，借山馆，七十以后，百镜盦，一切画会无能加入，为客负梨花，龙山社长，寄萍堂，一代精神属花草，行年七十三，白石草堂，强作风雅客，白石后人，一掷千金浑是胆，穷不死，问道于石，平生辛苦，扫门者四时风，老子齐白石，借山翁，老齐经眼，湘上老农，木居士记，归计何迟，乃翁过目，寄萍吟屋，大匠之门，悔乌堂，吾幼挂书牛角，借山老子，吾道西行，岂辜负西山杜宇，寻常百姓人家，老萍曾见，何用相思，七五衰翁，穷后工诗，父子合作，有衣饭心苦人，故里山花此时开也，杏子坞老民，麓山红叶相思，借山吟馆主者，老年肯如人意，白石三复，知我还在，七三翁，七四翁，患难见交情，梨花小院思君，寻思百计不如闻，白石相赠，白石题跋，借山老人，吾画遍行天下伪造居多，阿芝，我负人人当负我，老为儿曹作牛马，流俗之所轻也，连山好竹人家，八砚楼，煮石，白石有子，三千门客赵吴无，人长寿，三百石印富翁，平翁，业荒于戏，百树梨花主人，鲁班门下，客中月光亦照家山，心与身为仇，客久思乡，八十岁应门者，儿辈不贱家鸡，门人半知己，梨花小馆，萍翁得见有因缘……"齐先生的日常自用之印，尽于此矣。

他自序又云："余30岁后，以三百石印名其斋，盖言印石之数，所刻者名字印数方，适诗画之用而已。至60岁，集印石愈多，其中有佳者十之二三。丁卯连年已成秦灰矣。丁卯后避乱京华，得印石又能满三百之数，惜无丁卯所失之佳者。年71，门人罗祥止，欲穷刻印之绝法，愿见当面下刀。余随取自藏之印石，且刻且言，祥止惊谓：'如闻霹雳，挥刀有风声。'遂北面执弟子礼。越明年，余中英继至，亦有祥止之愿，余一时之兴至，不一年将所有之石已刻完，实三百之数过矣。其刻成之功，实罗余二生，故序及之。今暂拓数册，分给家藏，使儿孙辈知昔人有平泉庄一木一石，子孙不得与人，亦必知先人三百石印斋之石印三百，亦愿子孙不得一印与人也。甲戌冬初，白石山翁齐璜自序。"

齐先生平生虽不愿一印与人，却与我三印，为我刻印四方，刻墨盒二方，为我拓印两本，共40余方，可谓惠我独厚矣。

四

1935年夏天，穆蕴华正编辑《晨报画刊》，张大千、于非闇和徐燕孙因为一点小事，引起了笔战，闹得一时乌云满天。由傅增祥（沅叔）出来调解，在致美斋聚餐。众人提出由我去请齐白石出来参加。我到齐先生家时，他正在作画，刚刚画了一块矗立的大石头，在五尺纸的顶端下笔，一直贯彻到四尺的底端，像这种险隽的笔墨，在他平日作画的习惯中，是很难见到的。大气磅礴，淋漓尽致。落笔前他先将笔在水中饱浸，又多少把水去掉一点，然后蘸墨。用画松皮的效法，纵横挥洒，颇有荒率苍莽之气，既而稍加了一些花青，右半湿润，左下干白，随手变化而不见痕迹。这块石头气魄雄壮，有如长江大河一泻千里之势，但位置端正，不欹不斜，特立突出，心静神闲，而有骨气。我看齐先生作画时凝神注想，拿起笔来流盼运腕的时候，并没有打算这样画，不见得"意在笔先"，也不见得是"胸有成竹"，若有意，又若无意，而就这样画出来。我看到这里，觉得画面上的实处太多，而主位太大了，虚处不好安排宾位，怎样加添景物呢？齐先生见我来了，放下笔，招待我喝茶。我说明来意，请他出席参加聚餐照相，他笑了笑，摇了摇头，又问都是什么人参加。我说些人名，连小孩算上一共37人。加上齐老，38人。他突然拿起笔来，蘸了浓墨，在这块石头下边的右方，涂了碗大的一块墨。"这是一块什么东西"，我想。是乌鸦？不但不像，而且不是地方。他画第二笔在左方稍低了些，又是一块墨。我简直是莫名其妙。后来添上了帽翅，加上了工细的图案底纹，我才恍然大悟，"啊！是一顶乌纱帽！"我不觉失声说出口来。帽的上方既是石头，中间几乎无隙可添，下方只有五寸的空白，这画是无法再画了。可是他从帽的上半，横出了一个笏板，仅用三笔画成。稍涂些淡黄色，又用深蓝染了染帽翅的图案花纹，这幅精彩的《拜石图》即告成了。

画完以后，齐先生用夹子夹了，挂在北墙上，坐在仰椅上，一面休息，一面欣赏。我问他，这是什么意思呢？他说："米元章你知道吧，他守濡须的时候，听说有一块很奇怪的石头在河边上，不知道从何处而来，人人传说不同。他命人移到衙门的后苑，作燕游之玩。石至而惊，即命设席，拜于庭下，说：'吾欲见石兄二十年矣！'……"齐先生没有讲完，即大笑起来。随手把画摘下来题上"拜石"两个篆字。下边又写"乙亥之夏，天日晴和，友人王君森然，看余作画，成此幅以赠之。白石山翁"。盖"白石翁"章。

在画的左下方，又盖新刻长方"悔乌堂"印章和"故乡无此好天恩"印章。他答复我"不喜欢多管闲事"，拒绝参加聚餐和拍照。

我持画回到致美斋，菜已吃完，赶上照相。值张醉丐在座，写打油诗四首，翌日在《实报》发表。大意是说：齐先生笑傲王侯，蔑视官僚，不屑于为伍，无论他们怎样崇拜艺术，恭维先生，先生高高在上，不动不摇，端端正正，不欹不斜，任他们拜倒在脚下，置之不理。

是年齐先生73岁，画《拜石图》时，方从湖南返平。其《自传》有云："乌乌私情，未供一饱，哀哀父母，欲养不存。"乃自刻"悔乌堂"印。赐我之画，是第一次用斯章也。

五

齐白石先生最初的书法，是学金冬心，47岁所作的《戏婴图》，题"己酉秋客钦州为郭玉画扇造稿，自觉颇有情趣，因存之。丙辰九月翻阅旧簏补记之"。完全是金体。57岁所作《仕女图》，题"万丈尘沙日色薄，五里停车雪又作，慈母密缝身上衣，未到长安不肯著"。也完全是金体。至64岁丙寅（1926年），他印《借山吟馆诗草》，全书自抄影印，完全是金体。樊樊山题云："濒生书画皆力追冬心。"正是这个时期。

有一次我问齐先生，您的字从什么时候改变了体？您最喜欢的是什么碑帖？他说："从戊辰以后，我看了《三公山碑》，才逐渐改变的。"许多人这样说："齐先生的篆书是吸取了周秦两汉的精华。"但是他取法的主要所在，还是《三公山碑》。

《三公山碑》在碑帖中的评价很高，此碑的特点有二：第一，字体虽为篆书，而有隶韵草情；第二，是周代的金文布局。齐白石先生继承了《三公山碑》的两大特色，并且还发展了这些优良传统。

　　齐先生自己最得意的书法，首推"纯古斋"三字。他不止讲过几次，常常提起来作为例范，而畅谈篆书。他送给我一副篆书对联和一幅篆书中堂。对联是六言的，词为"工画是王摩诘，知音许钟子期"。齐先生写此，便是对我之友谊的写照，说明决非庸结之交。他曾题我作的"雁来红"云："前清大涤子、青藤或有之，近今赵、吴亦无。"题我画"梅"云："君虽师我，我欲学君。"题我画"松"云："森然弟画松远过我。"使我惭愧莫名。此副对联赠我，还盖了一颗钢印，当时我为保存此印，而未付裱。他用篆书，如锥画沙，使笔力透入纸内，这与他篆刻的冲刀法分不开。墨与纸交，敏墨入纸。墨润的地方，每画两边的线条，遒劲明快，好似利刀镌玉；墨干的地方，每画两边如蚕食桑叶，凹凸互现，若有若无。中间一缕精气，贯注到底。他的写篆，也是意在笔先，大笔淋漓，不避涨墨，不怕焦笔，意之所到，任意挥洒，这又同他的写画的墨法分不开。笔力雄肆，仪态万千，令人百看不厌。

　　有一幅篆书中堂，是很值得纪念的。是宝珠夫人生前向齐先生索诗和书，他很用心地在一幅红色点的古笺上，写了这首诗："芙蓉花发咏新诗，故国清平忆旧时。今日见君三尺画，此心难舍百梅祠。"宝珠夫人去世一年，有小孩将此诗拿出去换了一只熏鸡，正在门洞里吃。我去齐先生家正值卖熏鸡的小贩尚未离去，我便向他提出了警告，鸡应付多少钱照给，不许欺骗孩子，我用一元八角钱赎回。我教育了孩子以后，对齐先生没有说明，我交还给他只言从厂甸买回。齐先生很感动，过几天以后，照原辞书此中堂赠我，并加附注云："百梅祠，在湘潭南行百里莲花峰下，予曾借居七年，亲手栽芙蓉树甚茂。此诗为人题画芙蓉作，予室人宝珠求书之，不知因何失去，森然弟从厂肆买回赠予，乃书此诗报之。84岁白石老人齐璜。"

　　在他的这条篆书中，可以看出用笔用墨布局各方面的配合，再加上附注的行书上下款和印章，参差映衬，构成一局。这是善于用笔，善于用墨，善于布局。虽然没有色彩的艳丽，而线条的优美，能使全幅一望，便觉精神饱满，气势雄伟，很有完整画面的味。所谓"龙跳虎卧，戏海游天，美女仙人，霞收月上"之境界，更非《三公山碑》所有。

六

1950年我在武汉军管会，忽然接到齐先生的一封信，附着两幅画，一幅是给陶铸同志的，一幅是给潘梓年同志的。他在信里表示：解放江南，接近故乡，我年老虽然不能参加战斗，但是我有赤诚心肠，表示敬爱解放军，用画幅来表达感谢的意思。此信我已交组织归档。

我回到北京后，首先去看望齐先生，他正在画一幅大幅的为国际和平献礼的画，见我来当下即停笔，几位研墨抻纸的同志都很惊讶，齐先生眼里噙着泪花，我也说不出话来，为怕影响他作画，等到他的画完成以后，才细叙隔情。

在抗美援朝的时候，有很多战士从前线给齐先生来信，齐先生当时整日忙碌，常对我讲："我的画债难偿，忙不过来，这些必须答复的信，我挤不出时间来写……"他的意思我明白，是要我替他写，可是战士们的心情，我也明白，只要是先生的亲笔，何妨是片纸只字，一幅小画，他们是视如珍宝的，看到祖国的一位大画家回复了信，是如何的喜欢！如同见到了祖国亲人握手言欢一样！我鼓励着齐先生："你时间少，我们挤出一个半天，或是一个整天来，我念着信，你写上几句话，在信纸上画上几笔，小鸡、小虾都可以。"这样，我写信封，武先生粘邮票封口，老尹发出去，很快地即办完了。过了两天，又来了几封信，我和武先生立即答复了，从此随来随复，不再积压。齐先生鼓励着多少可爱的人，可爱的人有多少惦念着齐先生，感情交流着融合成一体。

　　齐先生是以人民的生活为生活的，他从幼年一直到九十余岁的高龄，孜孜不息，有如一日，显示出中国人民生活的伟大风貌。他的作品无论印、画、诗文、书法，均有独到的创造，继往开来，丰富多彩。但是他并不满足于自己的作品，他对自己的作品的要求，非常严格，有一败笔或是不够真实，他就不满意，撕掉重画。因为他的作品真实地描绘了生活的图景，呼应着人民的生活的真实，所以得到了人民的共鸣共感。

七

　　有一次我问齐先生《和岩上老人诗》中"食叶蚕肥丝自足，采花蜂苦蜜方甜"这句话的大意。他说："我60年来的成就，无论在刻、画、诗文各方面说来，不都是从古书中得来的，有的是从现在朋友和学生中得来的。我像是吃了千千万万人的桑叶，才会吐出丝来；又似采了百花的蜜汁，才酿造出甜蜜。我虽然是辛苦了一生，这一点成绩，正是很多很多古往今来的师友们给我的。"齐先生的这一席话，感动了我，齐先生的虚心精神，齐先生尊重热爱人民大众的精神，给我留下了难忘的回忆。

　　我特意从他的诗文中找到很多证据，自齐白石结识陈师曾先生以后，陈师曾携白石之画东游，把他的画介绍到日本，并选入巴黎艺术展览会，日本人将他的艺术生活拍成影片，献映于东京艺术学院等等，所以陈师曾死后，齐先生作了不少哭陈师曾的诗，以志哀悼。在题陈师曾画中有：

　　　　槐堂风雨忆相逢，岂料怜公又哭公；

　　　　以后苦心谁识得？黄泥岭上数株松。

又题：

> 君我两个人，结交重相畏，
>
> 胸中俱能事，不以皮毛贵；
>
> 牛鬼与蛇神，常从腕底会。
>
> 君无我不进，我无君则退；
>
> 我言君自知，九原勿相昧。

可见陈师曾在齐白石的生活中起了多大的作用，在齐白石的作品中有多大的影响。

在齐白石先生的一生中，他常常提到的，时刻不忘的有他祖母、祖父，及外祖父周雨若，木匠周子美，画师胡沁园，诗师陈少蕃，画像师萧乡陔，还有文少可、王仲言、王闿运、樊樊山……即经常给齐先生磨墨拉纸的夫人胡宝珠，齐先生也在画中题到：

> 休言浊世少人知，纵笔安详费苦思；
>
> 难得近朱人也赤，山姬能指画中疵。

还有《赠姬人》一首中"谁教老懒反寻常，磨墨山姬日日忙"句，感激她的辛勤劳动。另有"痴拙谁言百不能，相从犹识布衣尊。分离骨肉余无补，怜惜衰颓汝有恩。多病倦时劳洗砚，苦吟寒夜惯携灯"等句，其对齐先生的帮助，可见一斑了。

齐先生自己说，吃了千千万万人的桑叶，才会吐出丝来；采了百花之蜜，才酿出甜蜜。他的成绩是人民大众给予的。齐白石的天才的创作，他自己从来就没有认为是什么神秘偶然的东西。他敬爱石涛，诗句有"千古无惭一阿长"。题大涤子画诗有"绝后空前释阿长"。"下笔谁教泣鬼神，二千余载只斯僧。"读石涛白龙潭上诗有："安得从公坐石上，黄山山下白龙潭。"梦大涤子诗有："不用人间偷窃法，大江南北只今无。"齐先生对徐文长、八大山人、吴昌硕均崇敬非常，故诗有："青藤雪个远凡胎，老缶衰年别有才，我欲九原为走狗，三家门下转轮来。"对金冬心、黄瘿瓢等也有不少的诗篇歌颂。他吸取了古今中外名家的精华，来作为他创作上的滋养、胚胎、萌芽，一步一步地发展，成为自己的创作，所以他的作品，都有着历史的必然性。他吸取了前人的精华，作为自己创作的基础；超越了古人的范畴，而成为自己的杰作，这在美术史上说，是以前的美术作品、美学知识发展的继续和飞跃。齐白石先生个人的努力和才能无疑是有重大的因素。但这些因素作用的发挥，正在于齐白石这位杰出的美术大师顺乎历史的需要，成为历史必然性的体现者。

齐白石先生个人的努力和才能，从下面诗句中可以见到，《书冬心先生诗集后》中有："与公真是马牛风，人道萍翁正学公。""只字得来也辛苦，断非权贵所能知。""岂独人间怪绝伦，头头笔墨创奇新。"题画墨牡丹有："衣上黄沙万斛，家中破笔千枝。"自嘲中有："何用高官为世豪，雕虫垂老不辞劳，夜长镌印忘迟睡，晨起临池当早朝。啮到齿摇非禄俸，才能自食匪民膏，眼昏未瞎手犹在，自笑长安作老饕。"纪事诗中有："异地逡巡忽十年，厌闻虚誉动幽燕。""作画半生刚易米，题诗万首不论钱。"自嘲诗还有："造物经营太苦辛，被人拾去不须论。"吴昌硕说过："小技人拾者则易，创造者则难，欲自立成家，至少辛苦半世，拾者至多半年，可得毛皮也。"由以上所引，都可以看出齐白石先生创造经营的一片苦心。这些事实，驳斥了"天才论"的谬言。所以才有"食叶蚕肥丝自足，采花蜂苦蜜方甜"的诗句。齐白石先生如果没有这样的现实生活，就不能有这样的体会，就更不会有这样千锤百炼的佳句，也说明了是由当时知识积累的程度所决定的。

　　齐先生自幼劳动时使用过竹子制造的"笆子"，可是从画史上看，从来无人画过，而齐先生画《得财图》，即画上一个童子背筐持笆。并题句："豹狼满地，何处爬寻？四围野雾，一篓云阴，春来无木叶，冬过少松针；明日敷炊心足矣，朋侪犹道最贪淫。白石山翁造稿并题新句。"齐先生使用过"笆子"，而且把它画出来，正是因为齐先生深知它的价值。而在当时显然不如画大寿桃、荷花鸳鸯、寿带鸟等好卖钱。后来，齐先生又油然想到"犁耙"、"担子"……绘画的范围扩大了，作品种类也丰富起来。

从木匠到画家

——黎锦熙谈齐白石

牟小东

　　黎锦熙先生1962年同我有一次谈话，所谈话题是这位语言文字学家与画家齐白石的深交厚谊。兹将黎老这次谈话内容追记数则，以资纪念。

早负盛名的"芝木匠"

　　话题是从齐白石的艺术成就谈起的。我说：齐老不仅擅长绘画花鸟草虫，50年代我还在琉璃厂一家书店里看过他给杨云史画的横幅山水《江山万里图》，在墨缘阁也看到过他给曹锟画的大条幅工笔人物画《岳飞》。黎老说：你要看他的工笔画吗？我这里也有。他马上命人从柜子里拿出一轴画打开给我看，原来是齐老画的大幅工笔人物画《钟馗》。画得十分工细，须发眼神栩栩如生。黎老告诉我，这是齐老当年在黎家画的，长年悬挂在湘潭黎家的厨房里，据说悬挂它可以避邪。

在齐老所作无数绘画的下角，人们常常看到这样几颗印："鲁班门下""大匠之门""木居士""老木""木人"等，明白地道出了自己是木工出身。齐老晚年曾自号"老木一"，这是当时一些和他感情较好的人对他的亲昵的称呼，用此别号，不但表明他做过木匠，还有一种对故交往事的回想之情。黎老告诉我：白石早年不是普通的木工，而是一名制作精细器物、雕刻桌椅花纹的木工。湘潭乡里人家凡有婚嫁，办置嫁妆床橱等，都找他去。他的雕刻无论人物花卉都制作得生动入神。他小名阿芝，"芝木匠"是当时湘潭乡下无人不晓的一位受欢迎的人物。

黎老翻开他正在编纂的《齐白石诗集》稿本，指着齐老70岁时所作的一首《往事示儿辈》七绝给我看，诗的原句是：

村书无角宿缘迟，廿七年华始有师。

灯盏无油何害事？自烧松火读唐诗。

黎老说：这首诗说明白石由木工转变为画家的一个转折点，也是他又一段刻苦自砺生活的开始。他27岁才正式拜师学画像，点唐诗，改业作画匠。从此观摩名作，发展他的天才。黎老说：那时士绅人家，都要祭奉祖先，经常请白石为他们画祖先的衣冠像。他的画像十分精细，能画出纱衣里袍褂上的团龙花纹，自称为绝技。他还在画面地毯右角上画一"湘潭齐璜濒生画像记"小印，我们现在在他所画的某些衣冠像上还可以找见。

绘画治印齐头并进

　　黎老与齐白石的交谊相当深远。1894年（光绪二十年），32岁的齐白石到黎锦熙家画他祖父的遗像。那时黎锦熙才4岁，请了个家馆老师"发蒙"。书桌旁的凳子太高，黎锦熙爬不上去，白石常常抱他上去。黎锦熙的曾祖善于绘事，所藏名人书画甚多，白石在黎家恣意观摩，于是画技精进。

　　黎老告诉我：辛丑（1901年）以前，白石的画以工笔为生，而所作草虫早就传神。白石在家一直在养草虫，如纺绩娘、蚱蜢、蝗虫之类，还有其他生物。他时常观察它们的特点，做直接写生的练习，历时既久，自然传神，所以他的画并不是专得力于摹古。到了壬寅（1902年）他40岁的时候，作远游，画风渐变，才走上了大写意的花卉翎毛一派（吴昌硕开创的风气）。辛亥革命以后，学八大山人（书法则仿金冬心）。直到1917年、1919年两次避乱，才独创红花墨叶的两色花卉，与浓淡几笔的蟹和虾。比黎锦熙还熟悉白石艺术成就的黎戬斋（黎锦熙的族侄），在他的《记白石翁》一文中对于白石的书画以及治印，有这样的评价："翁作画，先学宋明诸家，擅工笔，清湘（大涤子，即石涛）、瘿瓢（黄慎）、青藤（徐文长），得其神髓。晚乃独出匠心，用大笔，泼墨淋漓，气韵雄逸。""书法出入北海、冬心，疏落有致，诗则清奇灵秀。治印亦有独造处。"

　　提起治印，黎老说：白石到了34岁，才开始讲求篆刻之学。那时家父松庵和族兄鲸庵正研究此道，白石一见就产生浓厚兴趣，也随之篆刻起来。他刻的第一颗印为"金石癖"，家父认为"便佳"。这颗印和他早年的工笔画"处女作"，多存我家，1944年湘潭沦陷时被日寇摧残、烧毁殆尽。黎老说：从1896年（光绪二十二年）到1898年（光绪二十四年），两三年的时间里，白石与家父常共晨夕，这是他专精摹刻图章的时候。他从此"锲而不舍"，并不看作这是文人的余事。后来他影摹《丁黄印谱》（西泠六家中的丁龙泓、黄小松），篆刻大进。随后他在黎鲸庵家见到赵之谦（㧑叔）的《二金蝶堂印谱》，大喜过望，就借去用朱笔钩存，其精妙不异原本，至今尚存。由这里也可以看出他摹习之勤。

从半文盲到写诗有成

黎老对白石的诗评价很高。他说：白石学诗也晚，27岁（1889年，光绪十五年）才正式从师读书，主要就是熟读《唐诗三百首》。他熟读的目的是为了题画。他从师学雕花木匠，得见《芥子园画传》后，画技大为提高，继而又兼以到人家画像为生，求他画的人也逐渐多起来了。为了追求画面上诗、书、画三者的相互配合与阐发的传统格式，他迫切需要题款和题诗句。可是那时他还是个半文盲，读唐诗很困难，不认得的字，就用同音的熟字来标注，熟读背诵。经过一番刻苦努力，他终于掌握了作诗的门径，参加了文人的行列，开始试着作诗，并且拜在王闿运（湘绮）门下学诗。他开始写七言诗《咏牡丹》，有"莫羡牡丹称富贵，却输梨橘有余甘"之句，大家为之一惊，认为别有诗才，吐属不凡。我问黎老，白石既拜湘绮门下，在作诗上，是否得益不少？黎老说，不然。白石虽然拜湘绮为师，但他的性格与身世都使他的作品不会像王湘绮那样祖述唐以前的"八代"诗的。湘绮对门人要求太高，他在己亥年（1899年）10月18日日记中有这样的记载：

齐璜拜门，以文诗为贽。文尚成章，诗则薛蟠体。

湘绮如此讥讽白石，恰恰说明白石受他的影响并不深。

黎老认为，白石一生，从贫农、手工工人、画师、治印者一直到成为一个独特的艺术家，始终自食其力，生活在劳苦大众之中，所以他的诗具有朴素的、自发的人民性。白石写诗能达到这样的成就，颇属不易。

坚辞进宫、做官

黎老还向我谈到白石拒绝进清宫去为慈禧绘画的事。白石40岁时，应桂阳名士夏午诒（寿田）之聘，到西安做画师。当时，以诗文名噪一时的樊增祥（字云门，号樊山，湖北恩施人），正做陕西臬司（职务相当于省的法院院长）。一天，雪后初晴，白石为了表达自己对樊山在文学上的敬意，特地刻了几颗石印，踏着厚雪，到臬台衙门去见"樊大人"。因为从不懂得也不愿意递门包，他竟被衙门里的差役轰了出来。刚愤愤然回到寓所，"樊大人"闻讯就来回拜。二人倾谈甚为相得，从此结为挚友。第二年，白石与樊山相继到北京，樊山打算推荐白石去做"内廷供奉"，说：太后（指慈禧太后）爱画，我可以推荐你进宫。白石以进宫当供奉非其所愿，坚辞不赴。这反而更为樊山所敬重，遂尽出所藏如罗两峰山水册等名家书画给白石观摩，还在题《借山图》七言古诗里，用"其人与屋皆不朽"之句来称赞白石，并替他制定治印润例。

1903年（光绪二十九年）5月初，白石准备取道天津回湖南。临行前，去向夏寿田辞行。夏又劝白石做官，并赠他画师聘金纹银几百两，说打算用这笔钱给他捐个县丞。白石说：我不会做官，几百两银子等于虚掷，不如给我此数，加上此行为人作画刻印之所得，合起来凑起两千两，归家治产，诵诗读书，于愿足矣。他的这个愿望不久果然实现，"星斗塘"老屋之外，建成了一个读书所在，"借山吟馆"即由来于此。

关于白石的年龄

　　过去在很长一段时间里，白石老人的年龄到底有多大，人们一直搞不清楚。1947年，胡适在编《齐白石年谱》时，首先遇到的就是这个问题。他想到黎老与白石是小同乡，两家又有六七十年的深交，所以求教于黎老。黎老查得白石老人因为相信长沙舒贻上替他算的命，怕75岁有大灾难，于是在他的命册上批云："宜用'瞒天过海法'：今年七十五，可口称七十七，作为逃过七十五一关矣。"从此白石就把75岁改为77岁。黎老帮助胡适理顺了年谱的纪年，白石年谱才得以顺利地编写下去。由此可以断定，1957年9月16日齐老逝世时，享年为97岁。

"十载关门始变更"

——白石老人的衰年变法

胡佩衡[*]

我们的党和政府为了纪念艺术大师白石老人的逝世，在北京举办了一个规模巨大的遗作展览会。搜集展出老人经意的作品七百余件，其中有绘画、有书法、有诗文、有篆刻，满目琳琅，非常难得。特别是绘画部分，按照年代排列，从最初青年时代幼稚的作品，经过逐渐成熟的发展阶段，直到晚年成功的杰作，整个发展过程非常清楚，可以明显看出，老人的成就是从临古而写生，由写生而创造的相互关系以及循序渐进的规律性。

这次展览会对人们有极大教育意义，使人感觉到白石老人的伟大成就不是天生带来的。只有像老人这样从事绘画劳动，终生不懈地努力学习，才可能由木工达到艺术上高深的境界。应该特别指出，白石老人杰出成就的关键——1917年到1927年，所谓"衰年变法"。了解这一阶段的详细过程，会

---

[*] 胡佩衡，齐白石挚友。曾任北京中国画研究会常务理事等职。著有《冷庵画诣》等。

给人们尤其是艺术家们极大的鼓舞。

白石老人一生在学习上是十分虚心的，他不仅向绘画遗产学习，并且也向当时的画家学习。不管是谁，只要画有所长，他就要学习。因此，他最爱才，有才能的画友和学生，都成为他的良师益友。提起来，对白石老人影响最大的画友是陈师曾，白石老人最崇拜而没有见过面的大画家是吴昌硕。

白石老人55岁定居北京后，经陈师曾的劝告，才走上吴昌硕开创的大写意花卉翎毛一派。后来，一变再变，到60多岁才独创出红花绿叶的浓色花卉和用墨笔画鸡、虾、蟹等杰作，自成一格。

白石老人在1917年认识陈师曾后，很钦佩他的绘画才能，又博、又深、又富有创造性，人物、山水、花鸟，无所不画，细心钻研，大胆创作，笔墨高超。不久，老人与师曾就成为益友，互相帮助，研究艺术。老人记师曾有"君无我不进，我无君则退"的诗句，可见他们之间的关系了。在那时，我就认识了白石老人，我又和陈师曾先生同在北京大学画法研究会任导师，也常和陈师曾同到白石老人家研究艺术，所以，白石老人这一阶段的情况我还记得清楚。

陈师曾最崇拜吴昌硕，曾得吴昌硕的亲传。当时，吴昌硕所创大写意画派很受社会的欢迎，白石老人也非常崇拜吴昌硕的作品，自己认为笔墨上和吴昌硕相差很远，必须虚心学习。况且，已经有名的大写意画家很多，除吴昌硕、陈师曾外，还有王一亭、陈半丁、姚茫父、王梦白等人。当时，收藏家吴静庵印《寒匏移画萃》，集吴昌硕、陈师曾、陈半丁、凌文渊、王梦白和白石老人等六位的花卉作品。在这本画集里，白石老人以自己的作品和其他画家相比，觉得自己的造诣不深，作品也不突出，应该再进一步努力"衰年变法"，因此就听信了陈师曾的劝告——学吴昌硕。

白石老人有诗注记这一时期的情况说："予五十岁后之画，冷逸如雪个，避乡乱窜于京师，识者寡。友人师曾劝其改造，信之，即一弃。"

那时，白石老人已经快60岁了，作品的确可以和明末大画家八大山人朱雪个媲美，绘画造诣原已很深。再学吴昌硕也与一般不同，是在自己原有的造诣基础上，吸收吴昌硕的优点，融化在自己的技法里，进一步再创造，独立风格，自成一家。

这一过程非常艰苦，是老人艺术造诣杰出成就的关键，对这过程老人称为"衰年变法"。老人记叙当时情景有诗：

> 扫除凡格总难能，十载关门始变更。
>
> 老把精神苦抛掷，功夫深浅心自明。

诗句记叙了"扫除凡格"独创新风格是很艰难的，老人用了十年的长时间，闭门研究，才开始有了变化。在漫长的岁月里，老人苦苦地把精神花费了不知多少，功夫是深是浅只有自己的心里明白！

"扫除凡格总难能，十载关门始变更"，是指白石老人来北京定居后的10年，也就是1917年到1927年左右，真是十载寒窗苦。他记叙当时艰苦努力的情况还有"涂黄抹绿再三看，岁岁寻常汗满颜"的诗句。意思是说，自己的进步太慢，作品年年总是寻常，不突出，自己很不满意。

老人这个时期学习的方法与以前的临摹大有不同。他对着原作品临摹的时候很少，一般都是仔细玩味原作的笔墨、构图、色彩等，吸收它的概括力强、重点突出、大胆删减、力求精练的手法。把这些优点加进自己的作品里，进行新的创造，以达到"扫除凡格"的目的。

当然，"扫除凡格"的目的也不是容易的事，我常看到他面对着吴昌硕的作品仔细玩味，之后，想了画，画了想，有时一稿可画几张。画完后都挂在房里，仔细分析每一张的收获和优缺点。这种艰苦奋斗认真钻研的精神，令人十分钦佩。

在这一时期里，老人画了很多习作和创作，凡自己认为精到的有显著进步的就保存起来。展览会中这一阶段的作品大部分是老人自己的收藏，这都是我们研究老人"衰年变法"最宝贵的材料，应该特别重视。

因此，我们看出白石老人1927年前后的作品和以前大不相同，根本看不出来哪里是"八大山人"、哪里是"徐青藤"、哪里是"吴昌硕"了，我们看到的只是"齐白石"。老人的变法终于成功了。

我们应该了解，白石老人摹古师今不是学皮毛，而是广泛吸收成功的经验，长期写生的所得，苦下功夫再进行创造，推陈出新，才有这样的杰出成就。也正像白石老人常说的："小技，人拾者则易，创造者则难。欲自立成家，至少辛苦半世，拾者至多半年可得皮毛也。"

这种虚心学习、刻苦钻研、大胆创造的精神，老人不是自70岁成名以后就终止的，而是活到老学到老。例如展览会上有一张仕女图，就是他80多岁临王梦白的作品。我知道老人学习的面很广，甚至自己的学生谢时尼画的鸡，老人以为有独到处，也要学习一回。毛主席告诉我们"虚心使人进步，骄傲使人落后"，白石老人一生能这样不断进步，获得杰出的成就，正是这句名言在实践中的证实。这种虚心的精神是值得我们每一个人学习的。

泼墨随心细雕裁

——老舍夫人谈齐白石

蔡　栋

　　老舍夫人胡絜青，只差一年就整整满80了。可她耳不聋，背不弓，说话清晰有力，走路也不拄拐杖。在湘潭宾馆第一次见到她时，我还以为她只是60上下的人呢。

　　在房里与老人聊天，我笑着打听她的长寿之道，胡絜青爽快地答道："报上不是登了吗，书画使人长寿，几十年来我就练书画这个'气功'。"一句话把我逗乐了。有人曾把齐白石和黄宾虹作比较，说齐白石的画是以简取胜，做的是"减法"；黄宾虹的画是以繁取胜，做的是"加法"。做"减法"的简洁清新，做"加法"的雄强健劲，二者各有其妙。我对绘画是外行，便将"加""减"之说问胡絜青。她是丹青妙手，又是白石弟子，对这个评价一定会有中肯的看法。胡老听后，点了点头，认为"加""减"之说有道理，"不过'加'也好，'减'也好，都不能脱离生活，要从生活中来，决不能胡加乱减。"她又补充说，在这方面，白石先生给她的教诲很多。胡老向我讲了这样几件事："1952年亚洲及太平洋区域和平大会在北京召开，大家请白石先生画一张画，上面要有和平鸽。老人过去很少画和平鸽，接受任务后，他没有草率从事。一不要人家的鸽子画稿，二不要人家送来的鸽子照片，而是叫人买来几只鸽子，自己仔细地观察了三天，直到熟悉鸽子的动态后，他才动笔。人们都说白石老人的虾画绝了，这当然与他的农村生活有关，他从孩提时代起就特别喜欢虾。不过，他从来没有满足过自己的生活积累。进城后，老人画案的笔洗里还常常养着好几只虾，我到老人家中去，有时看见他一人静静地站在那里，不知在看什么，走过去一看，原来老人在观察虾哩。有一次我提了几条半斤多重的鲫鱼去见白石老人，他见鱼还活着，就让我把鱼放在缸里养起来。他一声不响地看了很长时间，然后指着鱼告诉我，鱼的侧身有条白线，根据这条白线，可以知道鱼身上有多少鳞片。这种知识，若不是长期细心观察，恐怕不会知道。"谈起齐白石，胡老精神越来越好。她喝了口茶后，又兴致勃勃地回忆了白石老人两件事：

"有一次请白石老人就'芭蕉叶卷抱秋花'这句唐诗作一幅画，老人想了半天，迟迟没有动笔。我正纳闷，老人转过身来问我，芭蕉叶是向左卷还是向右卷？我说不知道，他又问别人，也没有知道的。当时正值寒冬，一时无实物可看，老人叹息说，'我也忘了，只好不画卷叶了，不能随便画呀！'他最后只画了几片展开的老芭蕉叶，终于没有画卷着的新叶。"

"老人作画不但自己严谨成风，对我们要求也非常严格。他曾问学生，螳螂翅上有多少细筋，鸽子的尾羽有多少，虾是从第几节弯起的，督促我们细心地观察生活。记得初学画时，我曾画过一幅月季，画好后拿去请齐先生指教。白石老人看后，指着画中月季枝上的刺说，月季刺应该是稍稍向下的。当时我都脸红了。白石老人说：'凡大家作画，要胸中先有所见之物，然后才能下笔有神'，这确是至理名言。艺术要给人真实感，就一定得源于生活，一点也草率不得。"听了胡絜青的回忆，我感到很受启发，不禁想到，艺术之理相通，绘画不能脱离生活，要讲求严谨的作风，文学创作以及其他艺术创作又何尝不是如此呢？白石老人给我们留下的画是无比珍贵的，他给我们留下的这些教诲也是无比珍贵的啊。

向白石老师学画

娄师白

  我向齐白石老师学画，老师对我要求很严。每隔两三天，如果我不拿着画去请他指教，或者不去他家看画画，他就叫佣人来家找我。原来我喜欢画画，是把它当作一种爱好；而齐老对徒弟要求这样严格，使我这个十几岁的少年感到负担很重。

  齐老的创作态度非常严肃认真，尤其画人物时，创作前一定先起草稿，稿纸大都是利用旧包皮纸。一张草稿要改正多次，达到形象准确后才开始画，而且在画的过程中，随画随改，以求尽美。每次老师画画后，叫我拿回家去照样临摹，画几张给他看，有时限定两天后就要临好。他将我的画和他的原作对照，指出哪些地方用笔对，用墨好，哪些地方不足。老师每画一幅新构图，总要反复地画两三遍，遇到他认为是得意之作，还要照样画五六张。他这样做，确实对我的学习大大有益。由于他画画的重复或改动，使我能全面了解他的创作过程，记忆他的构图，更加深对他用笔用墨的体会。老师教我画画，是毫无保留的。从用炭条开始，直到最后完成，都让我在旁边看着，为他抻纸。时间一长，我便成了他的上下手。因为有这样的条件，再加上我的时间充裕，就是考上辅仁大学后，每日的功课也不多，所以每天待在老师家里，有时直到晚上

9点要睡觉时，才让我走。我向老师学画，也是尽心尽意的。记得那时，我不仅学他的画学得像，就是老师在画画时的姿态、构思时眉头嘴角的小动作，我都学得很像。齐老的子女良迟、良已、良怜，都比我小几岁，我就故意做给他们看。连老师训斥他们、骂他们的话，我也学得神气十足，他们没有不笑的。齐老曾在我的画上题曰："娄君之子少怀之心手何以似我，乃我螟蛉^①乎！"但是老师又谆谆告诫我说："画画小技，人拾者则易，创造者则难。拾得者半年可得皮毛，欲自立成家，至少辛苦半世。"

每当老师画完一幅画，就把它和相同的作品一起挂在墙上，仔细观看。在这样的场合，他总要向我发问："你看哪幅最好？"如果我和老师的看法一样，他就捻着胡须一笑。我们的看法不同时，他就给我分析讲解。例如，一次老师画荷花鸳鸯，两张画基本上是一样的构图，只是荷花的姿态略有不同，颜色深浅也稍有不同。我说深色的这张好。老师说："在你看来，那张画上的花颜色重些好；而我看，是这张浅色的好。它好在这朵荷花的姿态与这对鸳鸯有呼应。"老师的这种教导方法，在绘画的意境上，给我启发很大。

每次看到老师的新作，尤其是他得意的作品，我总要拿回家去临摹几张，请老师指教。老师不仅看我临摹的画面相似不相似，还说明他作画用笔用墨的意义，为了表现什么，使我听了领会更深。隔一些时，老师还将我的画与他画的同样题材的画对照着看，再指出我的画有哪些不足之处。老师说："临摹是初步学习笔墨的办法，不能只是对临，还要能够背临，才能记得深，但不要以临摹为能事。"他还说过："古人说，行万里路，读万卷书，我看还要有万石稿才行。"我体会老师这番话的意思，是教我不但要到实际生活中去观察体验，多读书，提高文艺修养，还要把凡是看到的好画都

---

① 古诗云："螟蛉有子，蜾蠃负之。"螟蛉即义子。

尽可能地临下来，作为创作的参考素材。

在这里我又想到老师对收藏字画的看法。他曾对我说："有些收藏家只注意画的真伪，却不着重看画的好坏，我看你不要学他们。只要画画得好，莫管它真假都可以买下来。"

大家都知道齐老画虾、蟹是很成功的。每逢夏秋市上卖虾、蟹的季节，老师总要买虾、蟹来吃。在旧社会，卖虾的人经常走街串巷地吆喝，老人听到卖虾的到了门口，就亲自走出门来挑选。他告诉我，对虾以青绿色的为最佳。老师买虾，有时一买就是一箩筐，除吃鲜的以外，还把虾晒起来。每次买来虾，他总要认真细致地观看一番。买到小河虾时，他也总要从中挑出几个大而活的河虾，放在笔洗中，细致地观察；有时还用笔杆去触动虾须，促虾跳跃，以取其神态。

当我学画虾时，先是照老师的画对临。老师看了我的画说："用笔都对，用墨不活，浓淡不对，没有画出虾的透明的质感。"过一段时间，老师又让我背临画虾给他看。他又给我指出，虾头与虾身比例不对，有形无神，要我仔细观察活虾的动作，对着活虾去画工细的写生。也就是通过临摹知道用笔墨后，还要通过写生去观察体现虾的神态。隔一段时间，老师又要我画虾，再指出虾须也应有动势。老师这样再三谆谆教导，使我不仅对虾的结构有所了解，同时对齐老画虾的用笔和表现手法，也就知道得更清楚了。

齐老早年画虾的过程可概括为三个阶段。他在五六十岁时画的虾，基本上是河虾的造型，但其质感和透明度不强，虾腿也显得瘦，虾的动态变化不大。到70岁后，他画虾一度把虾须加多，对虾壳的质感和透明感加强了。不久，他画虾又把虾头前面的短须省略，只保留了六条长须。从齐老画虾对造型的三次变革来看，说明他对事物观察的敏锐。他搞创作，从生活中吸取材料时，不仅观察了对象的结构、自然规律，更主要的是运用艺术规律抓住对象的特征。在画虾塑造典型的过程中，我个人体会到，齐老的画法之所以一变再变，他的意图，首先是要不落前人窠臼，富于创造精神；另一点是他通过对生活的观察，要塑造出他理想中的艺术典型。我认为，齐老绘画创作的虾，是他对生活的体验、感受与他的主观愿望有机结合的成品。齐老常说，他年幼时为芦虾所欺。他的祖父说："芦虾竟敢欺吾儿乎！"原来是芦虾把他的脚给钳破了，这是他在生活中对于虾的认识的一个侧面。老师又常说，河虾虽味鲜，但不如对虾丰满；对虾固然肥硕，但无河虾的长钳造型之美。这就说明齐老画虾的艺术创作，是有深厚的思想基础的。这正是齐老胆敢独创的动力。齐老塑造的生动的河虾兼对虾的形象，是取河虾及对虾各自的特征，按照齐老自己想象中的虾，而创造了虾的艺术典型形象。

老师喜食螃蟹。买到蟹后，他也是反复地观察。老师向我说："古人画蟹，多重视蟹钳，忽视蟹腿。而我画蟹，则主要是画好蟹的腿爪。"一次老师让我买蟹，我买回来之后，他把每个蟹腿都捏了捏，然后告诉我说："你买蟹，不要只看蟹的大小，要捏一下蟹腿是否饱满，腿硬则肥，腿瘪则瘦。"他向我指出，画蟹的腿爪，一是不要画成滚圆的，而应当画得扁而鼓、有棱角、饱满，要画出腿壳的质感来；二是要画出蟹横行的特点来，不要像蜘蛛那样向前爬。当他看到我画的蟹，特意给我指出没有画出横行的姿态，要我再细致地观察蟹腿的活动规律。他说八条蟹腿的活动，亦如人之四肢，左右活动差不多，左伸而右必屈，右伸而左必屈；但亦不可死用这个规律，如果死用这个规律，那又会失其生动的神态。他更提出要求，说画蟹腿最好能画出带毛的感觉来，这是用水墨的技巧达到较高的程度，才能画出来的，要想画好，只有不断地练习水墨功夫。

齐老说，画写意画没有细致的观察，就概括不出对象的神态；但是画得太细致，就和挂图一样，那就不是画了。他说："太似则媚俗，不似为欺世，妙在似与不似之间。"画好就好在似与不似之间，这是齐白石先生的画论，也是我学画的座右铭。

当我学画鹰的时候，老师曾教我说，画鹰要画它的英俊，注意嘴、眼、爪三处。又说："凡画鸟的眼珠，切莫要点个圆点，要用两笔点出既方又圆的黑眼珠来，这鸟眼就有神。"

我常常看到我的一些师兄们找白石老师看画，请他指教。老师看了一会儿，常说："也还要得。"很少给他们指出什么毛病，或提什么意见，态度比较和婉。而齐老对我这个最小的徒弟却很严格。对于我的画，无论是临摹的或是自创的，凡是他认为画得好的，就给我题词鼓励。老师曾在我画的几十幅画上题字，都不是我请求他题的，而是他自己主动题的，所以他写了"皆非所请，予见其善不能不言"。

但是，当老师看到我的画上有毛病，必定严肃地指出，有时还批评。我初学画工笔草虫时，老师看了我画的一只螳螂。他问："你数过螳螂翅上的细筋有多少根？仔细看过螳螂臂上的大刺吗？"我答不出来。老师又说："螳螂捕食的时候，全靠两臂上的大小刺来钳住小虫，但是你这大刺画的不是地方，它不但不能捕虫，相反还会刺伤自己的小臂。"可见老人对小虫观察入微。这是多么严肃的批评和教诲啊！当时老人可能觉得这样的批评会使我感到面子上很难看。每逢老师发现我学画不认真、不虚心，或者应付，画得不对的时候，他就说："我教你作画，就像给女孩子梳头一样，根根都给你梳通了。"老师尽心地教我，唯恐我不能体会。他的表白，使我非常感动，永远记在心上。也只有在他的严格要求、亲身带领下，我亦步亦趋地学，才能比较深地继承了老师的一些本领，才能略有成就。

总的来说，齐老教我画画，我得到的体会分三个方面。

对临摹的看法

　　齐老认为临摹是继承传统的一个必要手段，一定要下死功夫。他常说："我画画的启蒙，就是一部《芥子园画传》。"当他学习雕花木匠手艺时，就是从临摹这部《芥子园画传》开始的。齐老学刻印，也是从摹刻丁黄[①]开始，后来又摹刻汉印及《二金蝶堂印谱》[②]。老师曾说："当借到赵之谦的印谱后，自己用油纸蒙在上面，仔细地勾下来，然后照着刻。"关于写字，齐老曾这样说："书画之事，是要长期地刻苦钻研，不要满足于一时的成就，要一变再变，才能独创一格。"他说："我早年写字学何绍基，后来又学金冬心，最后我学李北海，以写李北海云麾碑下的功夫最大，几乎每天手不离笔；不仅对着碑临，还背着碑临，一直练到把我在纸上临的字，与碑帖上拓的字套起来看，大部分都能吻合无差为止。"后来他又学郑谷口的字。他认为不下这种笨功夫是钻不进去的，否则，只是学得其皮毛而已。

　　同时，齐老对临摹的看法，更认为"既是临摹，又是借鉴"，就是临其大意，目的是为了积累素材。不论是什么人的画，只要是好的画，就要临摹。一次，我见老师画室的墙上，悬挂一幅梅花喜鹊，署名是古月可人。老师向我介绍说，这个人是湖南家乡的一位画家。梅花是俗不可取的，但是这只喜鹊的笔墨，神形可同八大媲美，我现在还要学学。又一次，有人送来一个花瓶，瓶上彩绘穿着大红袍的钟馗，老师对着花瓶就把这个钟馗临了下来。遇到在时间不允许的情况下，老师就把他认为好的画用笔双勾下来。我从他的画稿里就看到不少这种双勾的东西，并在画稿上注明颜色，如朱砂

---

① 丁黄：丁敬、黄易，为浙派治印的代表。

② 赵之谦的印谱。

色、淡黄色、赭色等，还记下用笔的方法，如笔尖向这边横扫、顺笔去挑、顿笔等。这都体现了他老人家对前人艺术成就虚心追求和继承的方法。

白石老人在艺术上的探求非常顽强刻苦，也非常虚心。他以"不薄今人好古人"为格言，但是他也主张"我行我道，下笔要我有我法"。就是说，既要虚心向古人学习，又必须有创造性，这是他一生创作的指南。例如，在他题大涤子①画像的诗中，就有"焚香愿下师生拜"的句子，可见他对大涤子推崇的程度。此外，他还努力学习了徐青藤②、朱雪个③等的冷逸格调和洗练的笔墨，也吸取了吴昌硕的画法和风格。他有一首诗曾这样说：

> 青藤雪个远凡胎，老缶衰年别有才。
> 我欲九泉为走狗，三家门下转轮来。

并且在诗后自注：

> 郑板桥有印文曰"青藤门下走狗郑燮"。

这又充分说明齐老对三位先辈画家的推崇。但是齐老没有模仿他们，而是融会了他们的优点，重新创造，另成一家。

因此，齐老并不是反对临摹和学习别人，他所反对的是以临摹因袭代替创作。齐老要求对临摹要实实在在地下一番苦功夫，通过临摹提高笔墨技法。他反对以临摹为能事，而主张创造。

---

① 大涤子，明末画家石涛和尚的别号。

② 徐青藤，明代画家徐渭，别号青藤老人。

③ 朱雪个，明末画家朱耷的别号，又称八大山人。

关于写生观察与概括提炼

　　齐老要求我在观察绘画对象方面要极为仔细。起初我以为大写意画只不过是对绘画的对象大概有所了解就行了。其实不然。愈是大写意，愈是高度的概括，就更需要对绘画的对象有细致的观察和深入的了解。一次我看老师画鲤鱼，老师问我："鲤鱼身上有一条中线，它的鳞片有多少，你数过吗？"这一下问得我张口结舌，无法答对。老师循循善诱地告诉我有32片。又如虾的结构，是从第几节弯起？当老师问我的时候，我说是从虾身第四节弯起。老师满意地笑了，说："也还如得（也还不错）。"我初次看老师画牡丹时，只见老师在红花头上用焦墨点出了花蕊花心，然后又在花心外分散点了几点。我问老师，为什么在花心外，还点花蕊。老师告诉我："你要仔细看看牡丹，它的花蕊和菊花花蕊不同。菊花的花蕊只长在花心上，牡丹的花蕊是每一层花瓣下都有花蕊的。你看'层层楼'品种牡丹的花蕊，就会看得更清楚了。"

　　1950年，人民画报社请白石老师画"和平鸽"。老师对我说："我过去只画过斑鸠，没有养过鸽子，也没有画过鸽子。这次他们要我画鸽子，我就请他们买只鸽子来仔细看看再讲。"当时我自作聪明地说，鸽子和斑鸠样子差不多，尽管去画。老师听了很不以为然，嘿嘿了两声，用他一双矍铄的眼睛看了我一眼，没说话。后来他把买来的鸽子放到院子里，反复观察鸽子行走的动态；又花费了一天的时间，到他的养鸽子的学生家里去熟悉鸽子的生活，观察鸽子飞起来落下去的动态。老师对我说："要记清，鸽子的尾羽有12根。"老师对我这样言传身教，正说明：凡是自己不熟悉的东西，首先必须认识它，不能只是借鉴别人画的样子或只照画谱去画，那是画不好的。老师曾有这样一段话："凡大家作画，要胸中先有所见之物，然后下笔有神。

故与可①以烛光取竹影，大涤子尝居清湘，方可空绝千古。匠家作画，专心前人伪本，开口便言宋元，所画非所目睹，形似未真，何况传神？为吾辈以为大惭。"又说："你师兄李苦禅有此本领。"

从老师教我画画的过程中，我体会到写生、观察，体验的目的，都是为创作做准备。对被画的对象，不仅要深入了解它的结构和自然规律，而更重要的是通过写生、观察，来培养对被画对象的感情。没有感情就谈不上意境，同时也谈不上高度概括和笔墨的洗练。

"搬山头"，这是过去画山水的办法。不到大自然的真山真水中去体验生活，就画不出脱离程式化的山水意境和气势来。所以白石老师推崇石涛说过这样的话："石涛正是收尽奇峰打草稿，才能删去临摹手一双……"

画花鸟也是如此，只有了解它，才能有感受。我体会最深的是，当你了解对象很深刻，就敢于取舍，而且取舍合适，夸张其特点也突出。在造型方面，才能按照个人的理想去塑造比较完美的艺术典型。

关于创新

齐老经常对我说："'学我者生，似我者死。'我教你学画，先要你能学得进，钻得深。但是你还要能自己造稿。"这话给我印象很深。一次我见老师画《东坡玩砚图》，归后，我画了一张《东坡烧笋图》，请老师看。他看了非常高兴，说："你能自己造稿了，这幅画也还如得。"当即为我题了字。

---

① 文同，字与可，北宋人，善画墨竹。

白石老人教我画虾

胡 橐

　　白石师画虾的杰出成就，不是短时期获得的。老人曾对我说："我画虾几十年才得其神。"他在一张画鱼虾的作品上题有一首绝句：

　　　　苦把流光换画禅，功夫深处渐天然。

　　　　等闲我被鱼虾误，负却龙泉五百年。

　　老人从青年正式学画花卉时，就开始画虾了。经过40年不断地临摹、写生与创造的过程，反复钻研，苦学苦练，到70岁以后，画虾才能"形神兼备"。

　　白石师画虾，除对虾观察入微之外，还悉心学习了前辈的画技。他说，到40岁后才见到明清画家徐青藤、八大山人、李复堂、郑板桥等人的画虾作品，反复临摹，吸取古人的笔墨技法。他57岁曾题画虾："即朱雪个（八大山人）画虾不见有此古拙。"可见他临摹的功夫极深。不过，明清画家虽有几个能画虾的，但都不能形神兼备，并且大都只画一两只虾，变化不多。

　　老人62岁时，自己认为画虾还不够生动。这一时期，他经常在画案上水碗里蓄养长臂虾数只，每天仔细观察，并进行写生。还常常用笔杆触动虾，使它们表演跳跃的各种姿势。

白石师这时画虾已经超过了古人，但和70岁以后画的相比，却有很大的不同。总的来看，63岁左右画的虾，外形很像，但虾的透明感还表现不出来。虾的头胸部还不分浓淡，腹部少姿态，长臂钳也欠挺而有力，腹部小腿10只也未省略，长须平摆6条，成放射状，看不出正在不停地摇动开合。

其后几年中，老人集中精力钻研画虾，下的功夫很深，技法有很大变化，更能抓住虾的精神了。到66岁，画的虾身躯已经有透明感，头胸部前端非常坚硬，表现了虾的硬壳，腹部节与节中间拱起，好像能蠕动了，长臂钳也分出三节，最前端一节较粗，更显得有力，腹部小腿也由10只简成6只到8只，长须也有开合弯曲的变化了。这一时期，他曾在一幅画虾的作品上题道："余之画虾已经数变，初只略似，一变毕真，再变色分深淡，此三变也。"

老人66岁以后画虾就已经形神兼备了，但自己仍不满足。为了达到造型上的简练，有意地删除一些不损害虾的真实性的小腿，后来又添上几条和虾的形象有关的短须，把虾的次要部分舍去，突出重要的特征，使形象更加完美。

白石师教我画虾时，特别谈到这几十年钻研画虾的过程。他说："我画的虾和平常看见的虾不一样，我追求的不是形似，而是神似，所以，画出虾来是活的。"当时还给我题了一首绝句：

塘里无鱼虾自奇，也从叶底戏东西。
写生我懒求形似，不厌名声到老低。

老人70岁画虾已经定型。其后经过几十年实践，画的虾更富特征，笔墨达到炉火纯青的境地。

虾究竟是怎样画法呢？根据白石师教授我的记录，简单介绍如下：

白石师画虾能有这样造诣，光靠熟悉虾的形象还是不行的，必须还要特别熟悉国画的工具——笔、墨、纸的特殊性能。

老人画虾先画躯干。画躯干从画头胸入手。用一支羊毫粗头有尖的提笔，笔尖部分蘸淡墨，用小勺在笔头根部灌水数滴。横斜着中锋一笔，上尖下粗，用力一顿，就画出了上尖下圆、上黑下白的圆柱体。在圆柱体下面，平行稍向外斜再加中锋一笔，这一笔和上一笔构成了虾的胸部。再用偏锋在尖圆柱的尖端两旁各半笔，画出了头部两片成"戟"状的薄硬壳。头胸部画完，用原笔不再蘸墨画腹部。腹部要画出弯、曲、伸、弹的姿势，虾的跳跃全靠腹部。画腹部用中锋笔画节，一共五节，前大后小，前粗后细，节节相连，第三节要拱起，第五节要连着加一尖尾巴。最后，用偏锋，在尾部一边画一笔画出了尾巴的两片薄硬壳。画躯干要一气写成，不再蘸墨。笔上水分太多，下笔必然晕开。为了不让它晕开太多，在旁边有人立刻用吸墨纸放在躯干的墨线上，用手使力一压，过剩的墨水便被吸收在吸墨纸和下面的桌布里。这种办法非常重要，否则晕成一片不成东西了。

白石师就利用适当含水量的笔墨在宣纸上渗化的效果，用每段虾身的不同墨色表现透明感。虾的头部利用毛笔的尖端、中段和根部的不同含水量和含墨量，以及落笔时的顿、挫、迟、速，并且先画头部墨色较重，显得虾头比虾身的分量较重，同时又达到透明感和立体感的效果。

每条虾的躯干要蘸墨一次画成。由于虾和虾之间有相互关系，所以一连先把群虾的躯干画成。

画完躯干换一支细而长的较硬的小兔毛笔，在胸部将干未干的淡墨上，加一笔浓墨，使浓墨在淡墨里晕开，表示出虾的头胸部的分量更重，透明感更显著。然后，在头的上部1/4的地方，中锋两横笔，起笔时要藏锋，画出了虾的眼睛。虾的眼睛本来是两个小圆球，老人原来只画两个浓墨点，在写生中看到虾在水中游动时两眼外横，故改画两横笔。然后，该画虾腿、虾钳和虾须了。动笔之前首先再一次考虑它们的各种姿势和几只虾在一起的相互关系，哪只是游着，哪只是静止，哪只急游，哪只缓游。由于虾的姿势不同，聚散不同，对腿、须、钳的处理也不同。

一幅画到中途要停笔仔细重新考虑一下，叫"绝处逢生"，以求怎样使气韵能更生动。中国画落笔时，一笔下去，不能更改，故画到一定段落，应根据已经画就的一半，再重新考虑以前没有注意到的问题，使作品更加完美。

重新考虑妥当后，先画虾腿。后腿只画5只，每腿生在每节前端。前腿只画4只，生在上躯的下半部。画腿用墨深浅应和画躯干一致，要笔断意连，用笔灵活，才能画出不停活动的状态。

画完虾腿画虾钳。虾臂和钳是有关姿势和动作的主要部分。急游时双臂伸直，钳紧闭合；缓游时双臂弯曲；夹物时钳张开；斗嬉时双钳齐上，四钳相斗，互不相让，非常有趣。画虾钳用"铁线篆"笔法，笔痕硬直而挺拔，不许弯曲，要能画出有硬壳的质感来。先从头胸部的1/2的地方向外画，第一、二节较细，有钳的一节较粗，剪刀状的钳应稍向内弯，才显有力。画虾的臂与钳要注意长短和粗细匀称。一般第一节较短，第二节较第一节长1/4到1/3，连钳的一节是第二节的1/2长，钳的部分也是第二节的1/2长。节与节的连接地方，要笔断而意连，笔断而墨不断，才能画出关节感来。

最后，画虾须。短须六七条，长须共六条。长须也是和姿势及动作有关的，因为长须就是虾的触角，要能画出来回开合摆动不停的样子。急游时，须向后的弯度较大；缓游或静止时，弯度较小。用中锋笔画长须最吃功夫，须要长而细，要软中带硬，要圆而灵活，才能画出不停地摇动开合的意境来。

白石师经过几十年的工夫，巧妙地用粗、细、浓、淡、软、硬不同的墨笔线条，终于组成了活虾，透明的、游动着的活虾。经过辛勤劳动千锤百炼，才能充分利用纸、笔、墨的性能，掌握水墨在宣纸上的自然渗化，表现虾有阴、阳、向、背、轻、重、厚、薄、软、硬的感觉。并且，由于墨色浓淡鲜明，又稍有晕开，好像永远没有干的样子，因此，把虾画在纸上就和在水里游泳一样，气韵非常生动。

　　这是白石师多次教我画虾的记录简介。白石师画虾，每张都有不同的变化，不能把画虾的技法看成公式化。

妙笔绘丹青　乡情溢素纸

钟　鸿

　　我母亲贺澹江是白石老人的学生，因此我小时候，随母亲拜访过白石老人和看他作过画。1958年元旦，我又参观了在北京展览馆举行的白石遗作展览。当我跨入展览室，举目四顾，只见四壁挂上的都是山林环抱的村落，水润润的大白菜，红艳艳的尖辣椒，争食的小鸡，偷油的老鼠，透明的游虾……我仿佛走进了一个清新秀丽的乡村世界。尤其是那些夺篱而出、坦然怒放的牵牛花，更令人感到宇宙间万物争荣、生机勃勃的强大生命力，竟然使当时身处逆境含有抑郁情绪的我，格外得到了一种新的启示和鼓舞。

　　1984年元旦是白石老人诞生120周年纪念日。我有幸代表母亲参观了在北京跨车胡同13号由老人四子良迟、五子良已等组织的一天画展。接着又应邀到湘潭参加纪念大会，会上又看到了白石老人青中年时期的画、书法和雕刻，参观了他的老屋之一"借山吟馆"。还听到一些他的乡友晚辈关于他的传说，这使我更进一步了解了白石老人。

自强不息　本领过硬

白石14岁学木工，每天随师傅外出给人家做木匠手艺。有天晚上回家途中，师傅突然说："停一停！"他问："为何要停一停？天都黑了，还歇么子喽？"师傅答："后面来了个细木匠，让他先过去。"接着师傅又向他介绍了这位"细木匠"雕花手艺的精湛，如何受到群众喜爱，使白石从心底产生了羡慕，不久，他就拜了乡间周之美师傅学雕花。

有天下雪，师傅叨念着，芝木匠（白石又名纯芝）不会来哒！没想到话音未落，白石穿着木屐翻山越岭走了60里路，按时赶到了。

由于他刻苦用功，不仅把师傅掌握的本领都学到了手，而且改进了刀法；除会雕刻花鸟草虫"福、禄、寿、喜"外，还学会了雕刻人物故事。

这次在湘潭展出的两张雕花木床，就很有特色。一张是为他的好友黎松庵的六儿媳娘家符某雕刻的，后辗转到茶恩寺朱冬竹家，这次得以收回，床檐精雕了郭子仪庆寿的故事。还有一张是从茶恩寺刘家收来的。床檐和床的左右两边，分别雕刻了好几个故事。其中最有趣的是司马光砸水缸救小孩的场面。真可谓刻画生动，形神兼备。由此可见，齐白石不仅手上有过硬的本领，而且还酷爱学习历史文化知识，尤善学以致用。

白石老人自强不息的精神，从不受年龄的限制。他43岁那年（1906年）出游广州，看到了街上有人骑自行车，他也要试试，几次都没骑好，友人对他说："齐山人，这玩意儿不是你干的。"可这个地道的山里人却说："那为什么？我不信！"硬是买了辆自行车带回老家，他终于学会了，还能在乡河小路上骑行。

正因为他具有这种顽强的精神，所以才有他在艺术上的"衰年变法"。

"饿死京华，公等勿怜"

白石老人无论做木匠、绘画、雕章、书法，既师古而又非泥古不化。他年轻时学何绍基字体，达到酷似，但后来又发展成独具一格。他的工笔画亦可与古人媲美，在湘潭纪念大会上展出的《八仙图》就是以细腻取胜；但他也同时学习八大山人的大写意笔调，画出的作品显得格外传神，饶有风趣。比如他画蜻蜓，翅翼细薄透明，触角如丝，清晰明快，这就是他灵巧地运用兼工带写的两种表现手法的结果。但老人并不满足于此，他从多年的艺术实践中体会到"大笔墨之画难得形似，纤细笔墨之画难得传神"，"作画妙在似与不似之间"。为此，决定在技法上来个大的变革，是称"衰年变法"。他告友人曰："余作画数十年，未称己意，从此决定大变，不欲人知，即饿死京华，公等勿怜，乃余或可自问快心事也。"

经过近十年的努力，变法终于取得成功。这时他已是年近"古稀"的人了，但他却高兴地作诗抒怀："扫除凡格总难能，十载关门始变更。老把精神苦抛掷，功夫深浅心自明。"仅虾之画法，即经数变。初只略似，一变逼真，再变色分浓淡，跃然纸上，经此三变，才自觉"吾画虾数十年始得其神"。他画的虾，壳亮透明，游姿千态，栩栩如生。

他的变法，不仅表现在形式上达到了"似与不似"之间的艺术妙境，而且从内容上突破了士大夫阶级喜爱的隐逸山水、出世仙佛、富贵花卉等题材，将描绘对象引向民间。山塘茅屋，竹篱牵牛，白菜萝卜，辣椒倭瓜，鱼虾蛙蟹，猪牛鸡犬，甚至普通劳动工具也都进入了高雅画堂。他画了一幅搂草的柴耙，首题"余欲大翻陈案，将少小时所用之物器一一画之。"画左又为柴耙题诗道："似爪不似龙与鹰，搜枯爬烂七钱轻。（念小时买柴爬于东邻，七齿者需钱七文。）入山不取丝毫碧，过草如梳鬓发青。……儿童相聚常嬉戏，并欲争骑竹马行。"入山不取丝毫碧，过草如梳鬓发青，还供儿童当马骑，多么可爱的形象。没有对劳动、对人民深切的感情，就不屑于画这样的画，更写不出这样的诗。

不仅上述这些题材来自生活，就是他所绘的花鸟也都不是照抄古人之作，而是自己从生活中观察、体验来的。因此无论他画什么，都摆脱了过去文人对待生活的那种冷逸的情调，而是充满着生活气息。他一生中画了四万多张画，达到了他给自己规定的目标："为万虫写照，代百鸟传神。"看了他的画，不仅激发人们热爱生活，也促使人们热爱大自然。

我感到白石老人在国画艺术的形式与内容上的"变法"，其意义是无比宏大、深远的。他把国粹与普通劳动者的生活结合起来，开创了中国画的一代新风，这在我国绘画史上可以说是具有里程碑的重要意义。

"我欲携家归杏坞，一鞭飞不过黄河"

白石老人所以能为中国画开创一代新风，还在于他深深热爱他的乡土。谁都知道，他是穷苦的木匠出身，但最可贵的是他成名后，在他漫长的一生中，没有一天忘记过养育他的乡土。从他大量的诗画中都反映了他的这种感情。

在北京故居画展中，有一幅《扶梦还家》，画的湘潭老屋，一儿童向一扶杖老人迎来。题曰："梦中大胆还家乡，且喜儿童出户迎。"

1919年，为避军阀和地方土匪之扰，他到了北京。他自叙当时情景："临行时，家人外为予垂泪者，尚有春雨梨花。过黄河时乃幻想曰：'安得手有嬴氏赶山鞭，将一家草木过此桥耶？'"近80岁时，他还曾给家乡一女诗人菊影和诗曰："我欲携家归杏坞，一鞭飞不过黄河。""湘水有潭情不浅，卜期为咏鹿门诗。"又有题画梅诗："妻子分离归去难，四千余里路漫漫。平安昨日家书到，画出梅花色亦欢。"思乡之情，如浓云细雨缠绕着他，滋润着他的画笔。

"笔端大雨倾银河，太息不能洗兵马"

白石老人的故乡，像祖国每一个地方一样具有它自己独特的美。虽然是旧历腊月了，湘潭却以和煦的风迎接了我们。街心一溜圆丘形的冬青，道旁成列的樟树，宾馆周围片片油绿的橘林，万绿丛中还点缀着几朵淡红的月季。……这一切，使我这个从北国归来的游子，顿时心旷神怡。白石老人的老屋——"借山吟馆"，则在离湘潭市一百多里的茶恩寺茹家冲。这里更是景色天然，一幢土砖砌成的瓦房依山傍田。追溯起来，才知是1906年，以他广州、钦州教画所得薪金购买的一所旧屋。既称"借山吟馆"，又名"寄萍堂"。他五出五归后，在此攻读诗词，治印，整理远游画稿《借山图》《石门二十四景》等，为他未来的事业打下了厚实的基础。

酝酿一代大师的"寄萍堂"，不过是一般的乡间土屋。房后山坡上有一股清泉，坡上有杉树、梨、芭蕉、樟、竹……现在这幢老屋由他三子齐子如之妻——张紫环率儿孙居住。齐子如是儿孙中习老人画最优者，可惜早逝。其妻紫环也善绘画，虽然现在已是80余岁的高龄了，但仍常作画。这次纪念会上就展示了她一幅活蹦乱跳的墨虾图。她年轻时就学公公的画。白石老人曾在她的一幅梅树画上题诗道："世人欲笑汝何痴，炊爨余闲笔一支。难得一家皆好事，苦心唯有白梅知。"紫环淳朴敦厚，敏慧不凡，她曾与我母相识，因此握手相谈，依依不舍。车笛在公路上催叫了，我已告辞跑过几畦旱田，却又被她难舍的目光招了回去。她问了我的地址，还说过天要送我一张画。我最后一个离开了白石老屋。同行的老李对我说："到底是回到了家乡，处处依恋不舍。"我母亲是长沙人,继父黎锦熙是湘潭人,是白石老人的好友。因此,这里也可以说就是我的家乡,白石老人真挚的乡情感染了我。

白石老人热爱家乡的感情,体现了他对祖国深挚的爱。他痛恨一切破坏人民安定生活的酷吏、军阀、侵略者……他曾在诗草集中自序道:"民国丁巳,湘中军乱,草木疑兵,复游京华,以避其乱。是冬兵退,乃复归来。明年戊午,乱尤甚,四围烟氛,无路逃窜。……越己未,乱风稍息,仍窜京华……乃至都门……庚午国难,几欲迁移,岂知草间偷活,不独家山,万方一概。"因而他在山水画上题诗:"笔端大雨倾银河,太息不能洗兵马。"又曾在一友人的山水画册上题曰:"对君斯册感当年,撞破金瓯国可怜。灯下再三挥泪看,中华无此好山川!"正因为他有这种深沉的爱国思想,所以在1943年北平沦陷时,他拒绝卖画与官家。当时有朋友来信关心他的生活,他以诗答曰:"寿高不死羞为贼,不丑长安作饿餮!"

白石老人在风雨苦难的日子中度过了漫长的岁月,可以庆幸的是,在他90高龄之际,新中国成立了,他一生盼望的太平日子来到了,他以耄耋之年绘出了许多歌颂新中国、歌颂和平的巨幅国画。如《和平万岁》《祝融朝日图》等。1953年,中央人民政府授予他"中国人民杰出的艺术家"称号。1956年他荣获世界和平理事会授予的国际和平奖金。白石老人不愧获此称号,他将永远为世人敬仰、学习。

这次到湘潭参加纪念大会的300多人,大都是他的敬仰者和他的门生。1981年从台湾归来的马璧教授与白石老人既是世交,又是白石弟子。他是这次纪念大会的积极推动者,亲自写了文章。在纪念活动的笔会中,莅会者踊跃献画,一个下午,就绘制了百来幅。

参加纪念会的白石老人的高徒胡絜青、卢光照、娄师白、王天池等,自不用说,早已誉满中外。难得的是在会上我还见到一些画坛新秀,如白石老人的高徒李苦禅之子——李燕,年方四十,创作精力旺盛,学习了师祖的精神，师承而不泥古。他已初步独具一格，以画猴见长。白石子孙后辈，也竞相传承家法。白石四子良迟，五子良已最为突出。小女良芷，在久经波折之后，正迎头赶上，七子良末习画亦坚持不懈。白石长孙佛来诗画俱佳。曾孙辈炳声、炳亚，曾孙来欢、懿欢，外孙女媛媛等均急起直追。真是个绘画世家。看到这种景象，实在令人兴奋。我想白石老人开创了国画一代新风，他的后辈该不仅是继承其画派，还将继承他勤苦治学、热爱祖国、热爱家乡，不断革新创造的精神，使中国画艺术连绵不断，发扬光大。

回忆父亲作画

*齐良已**

　　我出生时父亲已经60岁了，人活七十古来稀，一般人活到这把年纪，已经接近了生命的尾声。然而父亲艺术上最成熟的时期却是从我出生以后开始的。《齐白石作品选》邮票16枚和一个小型张上的图案，都是他在这时期创作的。父亲90岁以前的画，一般写年号、堂号。90岁以后便写上了年岁和名字。几个常用的堂号有三百石印富翁、寄萍堂上老人、借山翁、八砚楼头旧主人等。老人生前非常喜爱篆刻，其成就并不亚于绘画。他刻了许多印章，故诙谐地称自己是三百石印富翁，其实远不止此数。

　　做孩子时，父亲画，我就在旁边看，帮他拉纸、递笔。他的画稿一般很长，每当他把笔往上一挥，我就向上拉纸；笔往下一挥，我就松纸；笔一点，我就赶紧停下。每稿画完时，我就把画挂在远处墙上，他坐在椅子上仔细观看，不妥之处，还要修改，断不像外人想象的那样大笔一挥而就。他曾这样写道："点灯照壁再三看，岁岁无奇汗满颜。几欲变更终缩手，舍真作怪此生难。"这里的人生之叹也并非没有道理。父亲虽然画的是写意画，

　　*　齐良已，齐白石第五子。幼从父学艺，擅花鸟。

可他却常讲"写意而复写生，写生而复写意"，"太似为媚俗，不似为欺世"。为了做到形神兼备，形神俱似，他反复观察生活。记得他画《百花与和平鸽》时，经常到徐悲鸿先生家去观察鸽子的动态。他的一幅仙鹤画稿上写着："此足短宜稍长，又添长了一块。"尽管为了画好这只仙鹤父亲已经跑了好几次中山公园和动物园了。他经常对我们讲："一物成形三改其稿，此中甘苦子孙辈须知。"

父亲出生在湖南湘潭一个贫苦农民的家庭里。7岁时他就对绘画产生了浓厚的兴趣，但也和其他贫苦孩子一样，正当的兴趣得不到及时发展。因家中贫寒他只上了半年学，12岁以前力不足操田，便帮祖父放牛和打柴。童年的生活使他对乡下的一草一木非常熟悉。他绘画题材多半是取自这些大自然中的简单景物。正如他所说："为万虫写照，为百鸟传神。"如第五枚《小鸡》，画的是收获后的稻田里，几只小鸡在稻草堆边觅食。他曾这样描述："稻谷既收田如野，稻草尚为谁留下，田鸡田鸡去复来，巢窠熟处尤难舍。"这种对大自然的无限深情浸透在父亲几乎所有的作品中。一片枯黄的芋叶下，两只蟋蟀在歌唱，寥寥几笔便把人带到了秋天。几串盛开的藤花又送来一片媚人的春光。父亲的绘画和他的诗一样"言近而旨远，辞浅而意深"，使人感到新颖、亲切、余味无穷。

我年轻时非常喜好打猎。一次我很幸运地打到一只红嘴蓝鹊。这种鸟个子比一般喜鹊大点，尾稍长些。当我捧着鸟兴冲冲跑进院子时，父亲招呼我："迟迟，什么雀子？拿来看看。"我把红嘴蓝鹊递过去。他站在北屋台阶上，扒开鸟的翅膀和尾巴细心观察每一根羽毛的构造和颜色。这种喜鹊的尾羽有12根的，有13根的；13根的叫盖尾，而且颜色特别，石青画不出来，绿也画不出来，父亲是用自己配的颜色反复多次才把它画好的。还有一次他问我："迟迟，有鹰没有？拿家里来看看。"我晓得父亲想画鹰了，便从朋友那里借来一只鹰拿给他看。能够借来的鹰自然是家养的熟鹰。这种熟鹰喂饱了便缩着脑袋冲盹儿，不像外边飞着的野鹰总是神采奕奕，时刻准备捕捉猎物，所以父亲这幅画上的鹰形虽似，神不足。他就是这样，从来不画自己没有见过的东西。虽说是写意画，其实并不意味着不尊重客观。他的艺术经验和我国传统画论"外师造化，中得心源"所揭示的主观与客观在创作中互为条件的辩证关系是一致的。真正的艺术创作和主观随意性是不可调和的两回事。父亲一生创造性的劳动再一次证明：生活是艺术创作的唯一源泉。

父亲57岁在北京定居后，一直住在跨车胡同。新中国成立前父亲有三间画屋，那时社会秩序很不安定，因此，父亲请朋友帮着把门窗装上了铁栅栏。他曾写过这样一首诗："铁栅三间屋，笔如农器忙。砚田牛未歇，落日照东厢。"老人几乎生活了一个世纪，旺盛的创作热情和孜孜不倦的勤奋精神，贯穿了他漫长的一生。我曾在他的一幅画稿上看到"昨日大风未曾作画，今朝作此补足之，不叫一日闲过也"。父亲一生取得的艺术成就和他这种勤奋精神是分不开的。对于我们后代来说，有什么遗产能够比得上这种自强不息的精神更宝贵呢？

新中国成立后，党和人民非常关心父亲的艺术创作和生活。周总理曾多次看望过父亲，父亲也亲切地称总理为"恩来先生"。记得1956年父亲96岁时，总理来家看望父亲时说：上了年纪的人，不要为生活而作画，喜欢画时作为消遣画画。一些外来要求，自己不能画就不要勉强了。至于生活有所不足，我们会很好地照顾的。不久总理通过美协每月补助父亲500元生活费。有一天总理对父亲讲："你年岁大了，出去不方便，若有事出门可以直接打电话给我，请国务院派车来接你。"父亲在荣获世界和平理事会颁发的"国际和平奖金"时，总理还亲自赶来祝贺。

今天，社会主义祖国画坛中，百花重新吐艳，父亲冥冥之中若有知，一定会含笑九泉。

父亲画的最后一幅画

齐良已

铁栅三间屋，笔如农器忙。

砚田牛未歇，落日照东厢。

勤劳是我父亲齐白石一辈子艺术生活的特点，在长期的艺术实践中，不断刻苦努力，至老不衰。正如上面他自己写的诗中讲的：他画画像老牛耕田一样，笔耕不辍，一天到晚都不休息。在七八十年的画画生涯中，他差不多天天都要作画。27岁以后，只有两次害病，一次遭父母之丧才搁过笔，他的勤奋是持久而有恒的，即使到了晚年，他也没睡过早觉，每天照例黎明即起，吃过早饭，便要画上几幅，对艺术真是孜孜不倦。

回想起父亲1957年逝世这一年的春夏之际，他的精神有些不济了，健康情况已大不如从前，他还丝毫不服老，顽强地和衰老做斗争，画了一幅花中之王——牡丹，这是父亲一生中最后的一幅画。

记得那天早晨，风和日晴，父亲不用扶持，自己竟从卧室走到画室中来。我看父亲这天精神特别好，按习惯知道他要画画了，赶忙铺开了纸，准备好了颜料等东西。他和往常一样站着，挽起袖子，不慌不忙，先看看准备好了的笔等用具，在笔筒里仔细找出他想用的那几支笔。又用手摸了摸纸，仔细辨别了纸的正反面（这些都是他多年的老习惯了），拿起斗笔，对着纸停视了许久，然后蘸了洋红。我看第一笔用的是洋红，就知道要画牡丹了，这是父亲一生中最喜爱画的花卉之一。我赶紧抻直了纸。这一天，父亲的情绪很好，兴致极高，用墨用色，信手拈来，斗大的花朵，比真花大有夸张，用极重的洋红，笔的水分又饱满欲滴，水分洇出来非常得当，真是美艳绝伦。花叶由下至上，由墨绿至老黄，有墨有色，泼色泼墨，随心所欲。叶子趁未干时用苍老的笔法勾的叶筋，笔笔见功，又融合一体，使得茁壮苍劲的叶子看上去有浓有淡，又能分出阴阳向背。叶子都向一边，似乎是随风飘动。父亲勾完最后一片叶子，我知道要把画夹在铁丝上看一看了，父亲坐在椅子上，注视许久，又取回来加了数笔，再挂起来，才点头："要得。"父亲不管画什么画，都要这样反复修改多次，绝不马马虎虎，即使是画了上百次的同一题材的画，也都极为认真，一丝不苟。父亲看这幅牡丹比较满意了，才提笔题上款："九十七岁白石。"没想到这竟是父亲辛劳一生的最后一幅画。

父亲非常喜爱画牡丹，他一生画了多少幅牡丹，已记不清了。记得只要每年牡丹花开的季节，他常到公园去参观牡丹的各种姿态，而且画的方法也变化多次，但无论如何变，都能把牡丹的富丽堂皇、欣欣向荣的景象描绘得非常突出。就这幅画而论，一改过去枝叶分开的画法，而是花、枝、叶浑然一体，色、墨融合在一起，枝叶虽然很苍老了，但受到甘露的滋润，又开放出艳丽的花朵，那枝叶随风摇曳，似乎听到了枝叶的沙沙声，真是春雨初过花更新。我想这大概就是父亲自己一生的写照吧。

百年
中國記憶
BAINIAN
ZHONGGUO
JIYI

第二辑

故旧之思："你再来，我已不在了"

忆几次拜会白石老人

艾　青[*]

　　1949年我进北京城不久，就打听白石老人的情况，知道他还健在，我就想看望这位老画家。我约了沙可夫和江丰两个同志，由李可染同志陪同去看他，他住在西城跨车胡同15号。进门的小房间住了一个小老头子，没有胡子，后来听说是清皇室的一名小太监，给他看门的。

　　当时，我们三个人都是北京军事管制委员会的文化接管委员，穿的是军装，臂上戴臂章。三个人去看他，难免要使老人感到奇怪。经李可染介绍，他接待了我们。我马上向前说："我在18岁的时候，看了老先生的4张册页，印象很深，多年都没有机会见到你，今天特意来拜访。"

　　他问："你在哪儿看到我的画？"

　　我说："1928年，已经21年了，在杭州西湖艺术院。"

　　他问："谁是艺术院院长？"

　　我说："林风眠。"

---

　　[*]　艾青（1910—1996），原名蒋正涵，号海澄，浙江金华人。著名诗人。曾任中国作家协会副主席、国际笔会中心副会长等职。

他说："他喜欢我的画。"

这样他才知道来访者是艺术界的人，亲近多了，马上叫护士研墨，戴上袖子，拿出几张纸给我们画画。他送了我们三个人每人一张水墨画，两尺琴条。给我画的是4只虾，半透明的，上面有两条小鱼。题款："艾青先生雅正　八十九岁白石"，印章"白石翁"，另一方"吾所能者乐事"。

我们真高兴，带着感激的心情和他告别了。

我当时是接管中央美术学院的军代表。听说白石老人是教授，每月到学校一次，画一张画给学生看，作示范表演。有学生提出要把他的工资停掉。

我说："这样的老画家，每月来一次画一张画，就是很大的贡献。日本人来，他没有饿死，国民党来，也没有饿死，共产党来，怎么能把他饿死呢？"何况美院院长徐悲鸿非常看重他，收藏了不少他的画，这样的提案当然不会采纳。

老人一生都很勤奋，木工出身，学雕花，后来学画。他已画了半个多世纪了，技巧精练，而他又是个爱创新的人，画的题材很广泛：山水、人物、花鸟虫鱼。没有看见他临摹别人的。他具有敏锐的观察力，记忆力特别强，能准确地捕捉形象。他有一双显微镜的眼睛，早年画的昆虫，纤毫毕露，我看见他画的飞蛾，伏在地上，满身白粉，头上有两瓣触须；他画的蜜蜂，翅膀好像有嗡嗡的声音；画知了、蜻蜓的翅膀像薄纱一样；他画的蚱蜢，大红大绿，很像后期印象派的油画。

他画鸡冠花，也画牡丹，但他和人家的画法不一样，大红花，笔触很粗，叶子用黑墨只几点；他画丝瓜、倭瓜，特别爱画葫芦；他爱画残荷，看着很乱，但很有气势。

有一张他画的向日葵。题："齐白石居京师第八年画"，印章"木居士"。题诗："茅檐矮矮长葵齐，雨打风摇损叶稀。干旱犹思晴畅好，倾心应向日东西。白石山翁灯昏又题。"印章"白石翁"。

有一张柿子画，粗枝大叶，果实赭红，写"杏子坞老民居京华第十一年矣丁卯"，印章"木人"。

他也画山水，没有见他画重峦叠嶂，多是平日容易见到的。他一张山水画上题："予用自家笔墨写山水，然人皆以余为糊涂，吾亦以为然。白石山翁并题。"印章"白石山翁"。

后在画的空白处写"此幅无年月，是予二十年前所作者，今再题。八十八白石"，印章"齐大"。

事实是他不愿画人家画过的。

我在上海朵云轩买了一张他画的一片小松林，二尺的水墨画，我拿到和平书店给许麟庐看，许以为是假的，我要他一同到白石老人家，挂起来给白石老人看。我说："这画是我从上海买的，他说是假的，我说是真的，你看看……"他看了之后说："这个画人家画不出来的。"署名齐白石，印章是"白石翁"。

我又买了一张8尺的大画，画的是没有叶子的松树，结了松果，上面题有："松针已尽虫犹瘦，松子余年绿似苔。安得老天怜此树，雨风雷电一齐来。阿爷尝语，先朝庚午夏，星塘老屋一带之松，为虫食其叶。一日，大风雨雷电，虫尽灭绝。丁巳以来，借山馆后之松，虫食欲枯。安得庚午之雷雨不可得矣。辛酉春正月画此并题记之。三百石印富翁五过都门。"下有八字："安得之安字本欲字。"印章"白石翁"。

他看了之后竟说："这是张假画。"

我却笑着说："这是昨天晚上我一夜把它赶出来的。"他知道骗不了我，就说："我拿两张画换你这张画。"我说："你就拿20张画给我，我也不换。"他知道这是对他画的赞赏。

这张画是他50多岁时的作品。他拿了放大镜很仔细地看了说："我年轻时画画多么用心呵。"

一张画了9只麻雀在乱飞。诗题："叶落见藤乱，天寒入鸟音。老夫诗欲鸣，风急吹衣襟。枯藤寒雀从未有，既作新画，又作新诗。借山老人非懒辈也。观画者老何郎也。"印章"齐大"。看完画，他问我："老何郎是谁呀？"

我说："我正想问你呢。"他说："我记不起来了。"这张画是他早年画的，有一颗大印"甑屋"。

我曾多次见他画小鸡，毛茸茸的，很可爱；也见过他画的鱼鹰，水是绿的，钻进水里的，很生动。

他对自己的艺术是很欣赏的，有一次，他正在画虾，用笔在纸上画了一根长长的头发粗细的须，一边对我说："我这么老了，还能画这样的线。"

他挂了3张画给我看，问我："你说哪一张好？"我问他："这是干什么？"他说："你懂得。"

我曾多次陪外宾去访问他，有一次，他很不高兴，我问他为什么，他说外宾看了他的画没有称赞他。我说："他称赞了，你听不懂。"他说他要的是外宾伸出大拇指来。他多天真！

他93岁时，国务院给他做寿，拍了电影，他和周恩来总理照了相，他很高兴。第二天画了几张画作为答谢的礼物，用红纸签署，亲自送到几个有关的人家里。送我的一张两尺长的彩色画，画的是一筐荔枝和一枝枇杷，这是他送我的第二张画，上面题："艾青先生 齐璜白石九十三岁"，印章"齐大"，另外在下面的一角有一方大的印章"人犹有所憾"。

他原来的润格，普通的画每尺4元，我以10元一尺买他的画，工笔草虫、山水、人物加倍，每次都请他到饭馆吃一顿，然后用车送他回家。他爱吃对虾，据说最多能吃6只。他的胃特别强，花生米只一咬成两瓣，再一咬就往下咽，他不吸烟，每顿能喝一两杯白酒。

一天，我收到他给毛主席刻的两方印子，阴文阳文都是毛泽东（他不知毛主席的号叫润之）。我把印子请毛主席的秘书转交。毛主席为报答宴请他一次，由郭沫若作陪。

他所收的门生很多，据说连梅兰芳也跪着磕过头，其中最出色的要算李可染。李原在西湖艺术院学画，素描基础很好，抗战期间画过几个战士被日军钉死在墙上的画。李在美院当教授，拜白石老人为师。李有一张画，一头躺着的水牛，牛背脊梁骨用一笔下来，气势很好；一个小孩赤着背，手持鸟笼，笼中小鸟在叫，牛转过头来听叫声⋯⋯

白石老人看了这张画，题了字："心思手作不愧乾嘉间以后继起高手。八十七岁白石甲亥。"印章"白石题跋"。

一天，我去看他，他拿了一张纸条问我："这是个什么人哪，诗写得不坏，出口能成腔。"我接过来一看是柳亚子写的，诗里大意说："你比我大12岁，应该是我的老师。"我感到很惊奇地说："你连柳亚子也不认得，他是中央人民政府的委员。"他说："我两耳不闻天下事，连这么个大人物也不知道。"感到有些愧色。

我在给他看门的太监那儿买了一张小横幅的字，写道："家山杏子坞，闲行日将夕。忽忘还家路，依着牛蹄迹。"印章"阿芝"，另一印"吾年八十矣"。我特别喜欢他的诗，生活气息浓，有一种朴素的美。早年，有人说他写的诗是薛蟠体，实在不公平。

我有几次去看他，都是李可染陪着，这一次听说他搬到一个女弟子家——是一个起义的将领家。他见到李可染忽然问："你贵姓？"李可染马上知道他不高兴了，就说："我最近忙，没有来看老师。"他转身对我说："艾青先生，解放初期，承蒙不弃，以为我是能画几笔的⋯⋯"李可染马上说："艾先生最近出国，没有来看老师。"他才平息了怨怒。他说最近有人从香港来，要他到香港去。我说："你到香港去干什么，那儿许多人是从大陆逃亡的……你到香港，半路上死了怎么办？"他说："香港来人，要了我亲笔写的润格，说我可以到香港卖画。"他不知道有人骗去他的润格，到香港去卖假画。

不久，他就搬回跨车胡同15号了。

我想要他画一张他没有画过的画，我说："你给我画一张册页，从来没有画过的画。"他欣然答应，护士安排好了，他走到画案旁边画了一张水墨画：一只青蛙往水里跳的时候，一条后腿被草绊住了，青蛙前面有三个蝌蚪在游动，更显示青蛙挣不脱的焦急。他很高兴地说："这个，我从来没有画过。"我也很高兴。他问我题什么款，我说："你就题吧，我是你的学生。"他题："青也吾弟：小兄璜。时同在京华，深究画法，九十三岁时记。齐白石。"

一天，我在伦池斋看见了一本册页，册页的第一张是白石老人画的：一个盘子放满了樱桃，有五颗落在盘子下面，盘子在一个小木架子上。我想买这张画。店主人说："要买就整本买。"我看不上别的画，光要这一张，他把价抬得高高的，我没有买，马上跑到白石老人家。对他说："我刚才看了伦池斋你画的樱桃，真好。"他问："是怎样的？"我就把画给他说了，他马上说："我给你画一张。"他在一张画尺的琴条上画起来，但是颜色没有伦池斋的那么鲜艳，他说："西洋红没有了。"

画完了，他写了两句诗，字很大："若教点上佳人口，言事言情总断魂。"

他显然是衰老了。我请他到曲园吃了饭，用车子送他回到跨车胡同。然后跑到伦池斋，把那张册页高价买来了。署名"齐白石"，印章"木人"。

后来，我把画给吴作人看，他说某年展览会上他见过这张画，整个展览会就这张画最突出。

有一次，他提出要我给他写传。我觉得我知道他的事太少，他已经90多岁，我认识他也不过最近七八年，而且我已经看了他的年谱，就说：

"你的年谱不是已经有了吗？"我说的是胡适、邓广铭、黎锦熙三人合写的，商务印书馆出版的《齐白石年谱》。他不作声。

后来我问别人，他为什么不满意他的年谱，据说那本年谱把他的"瞒天过海法"给写了。1937年他75岁时，算命的说他流年不利，所以他增加了两岁。

这之后，我很少去看他，他也越来越不爱说话了。

最后一次我去看他，他已奄奄一息地躺在躺椅上，我上去握住他的手问他："你还认得我吗？"他无力地看了我一眼，轻轻地说："我有一个朋友，名字叫艾青。"他很少说话，我就说："我会来看你的。"他却说："你再来，我已不在了。"他已预感到自己在世之日不会有多久了。想不到这一别就成了永诀——紧接着的一场运动把我送到北大荒。

吾所见之白石大师

黎锦明[*]

1910年至1912年间，大师曾负一匣，投访吾父松庵公，两人一见如故，言谈甚欢。大师曰："适予旅游已毕过尊居，专来啖饭也。"松庵公延之登诵芬楼，焚香扫榻以居之，曰："予顷与同里商建杉溪学校，以教育寄读儿孙，任重予力不逮也。今老友来以诗画赐教，足以解忧也。"悉出其丹青刀铧，置素馔；大师无酒癖，每餐必言谈风生，曰："今逢民主初肇，举国欢腾之际，引吾出庐者，大好盛世之风光也。"

大师来诵芬楼三数月间，得工笔民俗画约四幅，都为堂幅卷轴，一曰"观音送子"，以喻松庵公方事为人教育儿女也；一曰"钟馗戮怪"，以喻松庵公居隐，律己教人，大得正途，怪可诛也；一曰"铁拐李"，喻松庵公不图名利，将来毋得为游仙乎？松庵公逐一悬之于学校食堂正壁，未尝介意。客有来会谈者，皆曰其画"神品"也，"举世罕见，惟松庵家能悬之"。

次春，大师携匣复至。松庵公待之如初，索画殷切。其时大师已习风

---

　　* 黎锦明，湖南湘潭人，与齐白石为世交。早年在北京美术专门学校学习绘画，后从事小说创作。

景画，以水墨为骨，设色三四；山则遒劲，树则苍茂，皆小幅，无一不令人神往。桂林山水有所谓独秀峰者，皆不识其处，但见云烟缭绕，一峦直立其间。大师在小幅之间，画层次栉比之山，自然蜿卷，云树穿插其上下，生意盎然，不失一笔。评者曰："虽小幅，反能增其大，非十年功不得也。"

大师第三年访松庵公，赠精制印匣、竹雕、石印数件，皆自作，无一不工美。其制印独具创格，一反往古刀法，数十年风靡国内外，松庵公平时仿习之，能得其神似。

1932年，吾曾叩访大师于北京（当时北平）京畿道附近之寓庐。屋北向，前有方场，常有车马至，皆慕名以求画者。内院浅，无庭树。大师辟其正堂为画室，大案上置墨盘、丹青、大小画笔数样，画成者皆悬之垣栋间，望之者即知有神技也。简略数事，坐椅亦缺之，是亦大师之风格欤？

德艺双馨忆大师

胡絜青[*]

一

    齐白石先生的名字几乎家喻户晓；他的作品无所不及，成了十亿中国人文化生活中不可缺少的瑰宝。

    我曾有机会去离东京不远的千叶县拜访日本当今第一流的大画家东山魁夷先生。他以善画日本的高山大海和京都而闻名天下，是位敦厚智慧的老人。东山先生知道我曾在齐老师门下学过画，就很高兴地告诉我，他珍藏着一幅齐白石先生的画，仅仅一幅，是他的家宝之一。他请我在客厅里稍等片刻，亲自将这幅画由藏室内取出来和夫人一起展示给我。打开画卷一看，是一幅装裱得相当素雅的小画，仅一尺见方，纸灰暗，画的是一只大黑老鼠，正在吃一粒樱桃，署名白石山翁。我从画法、构图和签名上判断，当是真

---

    [*] 胡絜青（1905—2001），老舍先生的夫人。自幼酷爱文艺，嗜绘画、书法。1939年结识齐白石。曾任中国画研究会常务理事、北京中国花鸟画研究会顾问等职。

品，可能是老人60多岁时的作品。东山先生一边端详一边连连点头，听到这里，脸上顿时显得十分兴奋和欣慰。东山先生悄悄地告诉我：在日本，白石老人的画，伪造品极多，且价格极高，一幅像这样大小的小画要卖好多钱。他说的那庞大的数字，足以使人明白什么叫价值连城了。显然，东山先生以能收藏一幅齐白石先生的真迹而非常得意，非常高兴。这件事给我留下了很深的印象，它让我明白了齐白石先生的真正分量，在美术领域里，他是站在世界顶峰上的极少数人中的一个。他理所当然地是我中华民族的骄傲。

粉碎"四人帮"之后，特别是党的十一届三中全会之后，国画艺术获得了新生，重新大放光彩。在这光彩和新生中，人们不须花费太大的力气便能感受到齐白石的重大影响。花卉虫鸟体裁很盛行，大写意画所占的比重也很大，这些不正是齐白石先生中后期所擅长的吗？正是齐白石先生在他生前和死后的近一个世纪里，以他的作品熏陶培养了几代人的欣赏能力和艺术品位。艺术的真正魅力也许就在于此：它能跨越时间，它能延续传代，扎根很深很深。

齐白石先生的作品数量多得数不清，这是齐白石影响深重的一大原因。一个画家有这么多作品，在国内外均属罕见。齐先生活到实足94岁高龄，作画期长，加上他非常勤奋，一生能留下大量作品是很合乎情理的。到目前为止，齐白石先生作品总数还没有人能说得上来。以他80多岁到90多岁这一段为例，据我亲眼所见，老人平均每天上午画两三张，中午吃过饭之后，在画室的躺椅上打个盹儿，休息一阵，下午接着再画，还能画一两张，一天可得三四张。老人从不休息，没有节假日，也不过星期天。我曾好奇地问过他："有连续若干天不画画的日子吗？"老人回答说："有过，母亲去世时，南京时局混乱，远离故乡，不能亲视含殓，悲痛欲绝，在北京哭写了一篇悼念母亲的文字，有三天没有作画，第四天才开始作画，但这一天把前日落下的还是补上了。"由此推断：以画而言，统计单位应当是万，而不是千。对文学家常常以著作等身来形容其著作之丰富。对齐白石先生来说，恐怕就只能用创作等屋或者等楼来形容了。

　　齐白石先生作画是很严肃的，速度并不快，绝非一挥而就，和现在流行的现场表演画给人的印象大不相同。齐白石先生寡言，作画前先坐在椅子上静静地构思，然后提笔作画，一气呵成。画的时候，一笔一笔，行笔速度平缓，即使是写意画，也是不紧不急，有点像打太极拳，从容不迫，劲头顶足。画完之后，用夹子挂在铁丝上，自己坐在两米之外，细细端详，如果要补点什么，改点什么，便走过去摘下来添上几笔，直到满意为止，然后再拿下来，题字签名盖章。可见，先生作画，极其认真，多而不滥，张张都是用心作的。我以为，白石先生第一个值得我们永远学习的地方就是他的勤奋劳动态度。应该说，他是近代美术家中第一名劳动模范。白石先生成功的第一秘诀不是他的天赋，而是他的勤奋。想到这里，我有一个小建议，应该把齐白石勤奋劳动，自学成才，七十年如一日，锲而不舍，攀登艺术高峰的动人事迹编成各种形式的宣传材料，使他的精神生动地再现于人民中间，特别要在青少年中加以宣传，必将产生一种榜样作用。白石老人只上过半年私塾。他由描《芥子园画谱》做起，由背唐诗三百首做起，由刻了磨磨了刻，搞得满地流泥浆做起；他可以没有任何假期，没有别的娱乐方式，昼夜构思作画，以艺术为生命，最后终于达到了光辉的顶点。我们学习他，也完全可以凭着这股实干狠劲，凭着这股顽强拼搏精神，在党中央的领导下，走向富强，走向四个现代化的成功，走向高度民主、高度文明的社会！

二

　　齐白石先生的人品极好。社会上常常流传一些关于先生近乎古怪的生活方式的奇谈。我常常暗暗为老人愤愤不平。作为画家，老人在旧社会和新社会里都是自由职业者，是靠作画卖画为生的。他的润格始终不高，一面扇子两块钱，每一尺画也是两块钱，比别的画家便宜一半。新中国成立后一尺画收4元，后来还是琉璃厂南纸铺为他抱不平，催他增到一尺画收6元，工笔虫或加用西洋红加一倍，都是严格按原料成本和付出的劳动来收费的，可谓收费公允，不要高价。老人自己一生都是过着清淡的生活，每天自己规定伙食费一元，常常是吃虾皮熬白菜，日子过得异常简朴，确实像个农民。有一次，老人对我讲起他青年时代挣钱是如何艰难的经历。那时他27岁，开始给人家描容，就是画像，有时还要照着死人画遗像，不过要画成睁开眼睛的，画一张挣一块钱，本家妇女还要跟他白要一幅绣花鞋的样子，外加一个帐檐样子。挣钱不易啊。在受尽剥削和敲诈勒索之后，他正当地要求尊重他的劳动，按劳付酬；另一方面，他自己也逐渐养成了勤俭持家精打细算的习惯，过着一种淡如清水的日子。

齐白石先生待人宽厚。你拜他为师，他一是欢迎，二是不论什么人，只要诚恳认真都可接纳。京剧艺术大师梅兰芳和评剧表演艺术家新凤霞都曾先后被他收为徒弟传授绘画。你画得不好，他指出你的不足和错误；你画得好，他奖励你的进步，爽快地题一些叫你受宠若惊的好评。你为他办了事，他总要加倍地报答你，总是念你的好处。我第一次和老先生相处就得了他的谢礼。那是1939年，我正在师大女附中任语文教员，师大附中和跨车胡同15号齐宅很近。当时正是日本侵略者统治北平的时候，也正是齐老人高挂心病复发，停止见客，停止接收订画告白牌子，拒绝为日本人作画的时候，我为他这种高贵的民族气节所倾倒，经同校的美术教员齐先生的女弟子杨秀珍的介绍认识了齐先生。大家知道，齐先生名气大振始于20年代初，时年60岁左右，恰好是日本人最先重视他的作品，经陈师曾的推荐和介绍，以高于国内100多倍的价格在日本被收购收藏，消息传到国内，画坛大为震惊，齐先生的画从此才慢慢打开了局面。过了近20年，北平沦陷之后，齐老能以国家和民族的利益为重，公开拒绝为日本侵略者服务，这对齐先生来说真是难能可贵。说明他不仅艺术上高，政治上和道德品质上也都很高，是位可敬可爱的老人。有一次，我和杨秀珍一同去看齐先生作画，当他知道我是个国文教员之后，便请我为他的四子和五子找一位补习诗词的女老师。我照办。过了不久，没想到，齐先生派了他的继室带了他的小女儿登门致谢，给我送来了两幅拿手之作——一幅虾米，一幅螃蟹，可谓重酬！

齐白石先生待人一贯慷慨，只要理由正当，需要他周济的，一拿就是三百、五百，热忱大方，豪放义气，和他那样苛求自己判若两人。一个偶然的机会使我得知了齐白石先生的个人财产的秘密。1955年发行新人民币，收回旧人民币，眼看就要到兑换截止日期了，我和另一位他的女弟子郭秀仪估计老人还没换，自告奋勇，要替老人办理更换新币的事，老人表示同意，还说他只要那种粉红票面的新币，即一元一张的，别的颜色不如这种可爱，故不要。我们遵命，提了两个手提包去换。换回来的全是老人欣赏的一元一张的新人民币，当然，数起来也颇麻烦，累得我俩满头大汗。不过，着实出乎我们的意外，总数并不可观，打个毫不夸大的比喻，用这笔钱买齐老人自己的画，按目前的价格，大概是一张也买不下来的。从这一次经历之后，齐老人的人品在我面前又增高了许多倍。一个多么有画德的画家！他一不卖高价，二不唯利是图，三不迎合取巧，四不出卖人格，五对人慷慨厚道，对己严格苛刻，虽以卖画为生，但艺术品就是艺术品，艺术家就是艺术家，在金钱和名利面前保持了很纯洁的道德和气节。这一点，我以为，正是我们应该向齐白石先生学习的第二个重要特点。当前，对防止艺术的商品化，对抵制在文艺界搞一切向钱看都是很有现实意义的。

三

　　齐白石艺术的最杰出贡献在于他能创造性地继承和发展古代和近代民族优秀绘画传统，走现实主义和浪漫主义相结合的独特道路。齐白石50岁之前到处寻师访友，拜了许多老师，交了许多好友，临摹了大量前人的作品。五出五进，北到华山，南到越南，东到上海，西到西安，游览了秀丽河山。本人又是穷苦农民出身，当过细雕木匠，有着广泛的社会交往和经历。所有这些，对他日后成为一个好画家、好篆刻家、好诗人、好书法家都起了很大的作用。在所有这些因素之中，生活是第一位的，生活是他最大的老师。搂柴火的筢子、鸡笼、心里美大萝卜，在前人的画里是不多见的，到了齐先生手里就都上了画面，生活气息很浓，叫人看了备感亲切，是生活提供给他这些素材。新中国成立后，文艺界的朋友们常托我向老人求画，老人告诉我：让我画，我都答应，就是有一样，我没见过的，你别让我画。齐老人所谓见过的，是指他仔细观察过的。1952年中国人民保卫世界和平委员会向齐老人要一幅大画，指明要画和平鸽，命我前去伺候。鸽子就属于老人没有仔细观察过的，以前更没画过。但是盛情难却，老人还是爽快地答应了。他不要别人的画稿，也不要鸽子的照片，叫人拿来几只活鸽子，装在笼子里，自己眼巴巴地看了好几天，掌握了鸽子的各种动态姿势，然后花了整整三天的工夫，完成了此幅巨作。有一次我提了几条半斤重的鲫鱼去见齐老人，他见鱼是活的，不让吃，放在水里养着，自己一声不响地看了很长很长时间。而后又指着鱼告诉我，鱼的侧身有条白线，根据这条白线，可以知道鱼身上有多少鳞片。我想，这大概是纯属他自己以前观察出来的。齐老人画案上的笔洗里常常养着几只活的小虾，他也是往往很长时间地把脸贴得很近地静静地看它们游来游去。初学画时，我画过一幅月季拿去请齐先生指正。他看了以后，指着画的月季枝上的刺说：月季刺应该是稍稍有点向下的，所以才常常剐人的衣裳。齐老人曾经给老舍画过一幅《雨耕图》。下笔之前，老先生站在地上比画了半天，哪手持鞭，哪手扶犁，拴牛鼻的绳怎么拿，哪脚在前，哪脚在后，一一加以表演，确认不别扭之后才放心作画，果然是一幅传神之作。有一幅按诗句"芭蕉叶卷抱秋花"作的画，我把诗句抄给老人，老人想了半天，突然问我，芭蕉叶是向左卷还是向右卷，我说不知道，老人叹息道："我也忘了，不好办喽！"最后只画了几扇展开的老芭蕉叶抱着大花，没有画卷着的新叶。我列举这么些例子，无非是想说明齐白石先生的艺术创作是源于生活的，在一切细节上都是真实的，是严格遵循现实主义创作道路的。但是，齐白石作品最奇妙的地方还不在这里，齐白石的伟大在于他能由真实的基础上升腾起来，以浪漫主义的而且是愈来愈简练的手法描绘出极有趣味的意境，令人神往和叫绝。齐白石是画家兼诗人，他的画就是诗，是"诗画"，充满了诗意，具有诗里才有的那些高度夸张、高度跳跃、高度精练、高度概括、高度独创的特性。老舍喜欢用名诗为题请老人作画，老人对此也极感兴趣，虽然有的时候，诗中的动词和时间地点的跨度把老人也难为得够呛。老人认为这些名诗"正合余意，余亦喜爱"。查初白的诗句"蛙声十里出山泉"，苏曼殊的诗句"手摘红樱拜美人"，赵秋谷的诗句"凄迷灯火更宜秋"，经过老人的冥思苦想，都巧妙地变成了画面，有的成了齐白石代表作，其中"蛙声十里出山泉"由于印成了邮票，更是早已闻名于世了。看过这些"诗画"的人无不称赞齐白石先生丰富的想象力、天才的创造性和独特的表现技巧，敬佩他是真正的大艺术家。我想，这种勇敢的创造性正是我们应该向齐白石先生学习的第三个重要特点。

愿齐白石精神像他的不朽的画一样成为我们全民族的宝贵财富，激励着我们去探索，去试验，去开创新局面，去走前人没有走过的路，走出一条中国式的社会主义光明大道来！

"江南倾胆独徐君"

——悲鸿与齐老

廖静文[*]

这是20世纪20年代，齐白石先生送给徐悲鸿的一幅山水画上的题诗：

> 少年为写山水照，自娱岂欲世人夸。
>
> 我法何辞万口骂，江南倾胆独徐君。
>
> 谓我心手出怪异，鬼神使之非人能。
>
> 最怜一口反万众，使我衰颜汗满淋。

诗中的"江南倾胆独徐君"，便是指的徐悲鸿。当时，齐白石先生的处境是很艰难和孤立的，所以有"我法何辞万口骂"之句，但悲鸿敢于"一口反万众"，极力推崇齐白石先生在艺术上的高深造诣，因此白石先生对他满

廖静文（1923—2015），湖南长沙人，徐悲鸿夫人。曾任徐悲鸿画院名誉院长、徐悲鸿纪念馆馆长、中国书画家联谊会主席。

怀知己之感。他们之间终生不渝的友谊，传为艺坛佳话。

远在1929年，悲鸿从南方来到北京，担任北京艺术学院院长，白石先生当时已届70多岁高龄，在艺术上也正是最成熟的时期。他的作品栩栩如生，在笔墨技法上表现了中国画高度的概括和提炼的特点，引起了悲鸿的欢喜赞叹。在当时以模仿古人为能事的国画界，死气沉沉，而白石先生那种大胆师法造化，不落古人窠臼，富于创造的精神，使悲鸿感到难能可贵。于是，悲鸿专诚去拜访了白石先生，并决定聘请他担任北京艺术学院教授。当时，年仅30多岁，风度翩翩的悲鸿和白发银须的白石先生竟一见如故，互相倾吐积愫。白石先生住在西城跨车胡同那所安静的四合院里，一向深居简出，在他那间朴素的画室里，很少有过这样热烈欢乐的谈笑；他们的兴致愈来愈高，评画论诗，滔滔不绝。但当悲鸿提出想聘请白石先生担任教授时，白石先生却一口谢绝。过了几天，悲鸿再去看望白石先生，重提此事，又遭到白石先生婉言辞谢。第三次，悲鸿又到白石先生家里，再三敦请。白石先生深受感动地说："徐先生，我对你说实话吧！我不是不愿去当教授，是我从来没有进过学堂，更没有在学堂里教过书，连小学、中学都没有教过，怎能教大学呢？遇上学生调皮，我这样大年纪了，栽个跟头，就爬不起来了！"悲鸿欣幸终于了解了白石先生的顾虑，便耐心地劝说他，只要他在课堂上作画示范，不要他讲课。还说："我一定在旁边陪着你上课。夏天，给你安把电扇。冬天，给你生个火炉。不会使你不舒服。"白石先生终于答应试试。于是，悲鸿亲自坐了马车去迎接，白石先生穿了一件宽大的长袍，拽着手杖，和悲鸿一同登上马车。这是1929年一个美丽晴朗的清晨，阳光微笑着俯瞰大地。一匹瘦弱的马拖着一辆四轮马车，缓缓地沿着狭窄的胡同走去，车轮隆隆地穿过宽阔的街道，繁华的闹市。车上的白石先生很少说话，脸上有一种专注的神情，显示他内心的紧张不安。马车停住了，站在北京艺术学院门口的学生们爆发了一片掌声，白石先生严肃地颔首致意。悲鸿陪他去教室里，画案上早已摆好了笔墨纸砚。白石先生却带来了他自己惯用的几支笔，非常熟练地画起来。他的笔墨简练，但运笔时却很缓慢，仿佛每一笔都在精雕细琢，巧妙地运用笔锋的变换和墨色的枯湿浓淡，达到了悲鸿所谓的"致广大，尽精微"的艺术效果。学生们都屏住气息注视着，每一双眼睛都随着他的笔锋在移动。画完以后，在悲鸿的引导下，白石先生和学生们展开了漫谈："不要死学死仿，我有我法，贵在自然。"白石先生环顾学生说："花朵未开色浓，花谢色淡。画梅花不可画圈，画圈者匠气……"一堂生动的课在当当的下课铃中结束。学生们很高兴，白石先生也很高兴，悲鸿的脸上闪着完成一件意义重大的事才有的那种胜利光彩，他兴奋地坐上马车送白石先生回家。那位懒洋洋的马车夫和那匹衰老的马似乎也感染了他们的快乐，马车轻快地奔驰起来。到了跨车胡同门口，悲鸿搀白石先生下了车，白石先生用激动得有些发抖的声音说："徐先生，你真是好人，没有骗我，我以后可以在大学教画了，我应当拜谢你！"话音未落，他便双膝下屈，悲鸿慌忙搀住了他，泪水涌到了悲鸿的眼眶里。从此，这两位在当代享有盛名的艺术巨匠，便成了莫逆之交。

20年代的北京，艺术领域也和政治领域一样，保守和反动势力极为嚣张，悲鸿在北京艺术学院进行的一些改革，遭到了强烈的阻挠，悲鸿感到孤掌难鸣，终于拂袖而去。他带着忧戚的心情去辞别白石先生。白石先生神情黯然，拿起颤抖的笔，画了一幅《月下寻归图》送给悲鸿，画面是一位身穿长袍的老人，扶杖而行，面容抑郁，这是白石先生的"自写"。画面题了两首诗：

（一）

草庐三顾不容辞，何况雕虫老画师。

海上清风明月满，杖藜扶萝访徐熙。

旁边附一行小字："悲鸿先生辞余出燕，余问南归何所？答：月明在上海，缺，在南京。"

徐熙是我国南唐著名的画家，擅花果林木禽鱼草虫，才气过人，世称神妙，白石先生借以比喻悲鸿。

（二）

一朝不见令人思，重聚陶然未有期。

深信人间神鬼力，白皮松外暗风吹。

悲鸿南归以后，与白石先生书信往返，极为频繁。白石先生每有佳作，必寄给悲鸿。悲鸿便按白石先生的笔单，将画款寄去。这是白石先生精力最充沛的时期，笔墨苍劲洗练，悲鸿保存他此时的精品甚多。

后来，悲鸿为了使更多的人能了解到白石先生的艺术成就，便向中华书局推荐出版《齐白石画集》。当时中华书局主要负责人之一舒新城先生是悲鸿的好友，他是一位博学多才，又很重道义的有志之士，对悲鸿的艺术主张是积极支持的。获得他的同意，悲鸿立即亲自编辑《齐白石画集》，并撰写序言。这是白石先生的作品第一次正式出版销售。在这以前，白石先生曾自己出钱，在一家店铺用石印印刷过一本画册，分赠亲友，花了不少钱。当白石先生接到中华书局出版的他的画集和稿酬时，既高兴，又迷惑不解："为什么替我印了画集，不要我的钱，反而送钱给我呢？"他又一次对悲鸿产生了信赖和感激。

1934年至1935年，悲鸿应法、德、比、意、苏邀请，先后前去举办中国画展览。他携带了齐白石先生许多的精品，参加展出，宣扬了白石先生的艺术成就，受到了外国观众的热烈赞赏。

1937年卢沟桥事变的炮声震撼着中国人民，艰苦的抗日战争爆发了。

白石先生因为年迈，不能远行，不得不留在沦陷了的北京。悲鸿则远走重庆、昆明、南洋、印度等地，为救济在战火中失去家园、流离失所的祖国难民，他四次在南洋举办自己的作品展览，将卖画的全部收入捐献祖国救灾。他和白石先生相隔万里，书信难通，偶然听到一点关于白石先生健在的消息，便喜不自胜。他作过一些诗，寄托对白石先生的怀念，现在保存的有下面四首：

（一）

烽烟满地动干戈，缥缈湘灵意若何，

最是系情回首望，秋风袅袅洞庭波。

（二）

乱离阻我不相见，屈指翁年已八旬。

犹是壮年时盛气，必当八十始为春。

（三）

卅载京华北斗尊，笔歌墨舞气纵横。

声名中允契阔久，庾信文章老更成。

（四）

幻想凝成幻景开，江山终古属天才。

车轮舟楫遍难借，愿送昆仑喜马来。

1945年8月，抗日战争终于赢得了胜利，举国一片欢腾。那时，我们住在嘉陵江北岸，悲鸿正值大病稍瘥，立即去函问候白石先生，很快收到了白

105

石先生的复信。信中亲述他在日伪压迫下，勉强能安贫度日，身体尚健，并满怀忆念地写道："生我者父母，知我者君也。"

1946年8月，悲鸿和我由重庆经南京、上海来到北平，悲鸿就任了北平艺术专科学校校长。我们怀着急切的心情去拜访了白石先生。还是在西城跨车胡同，还是在那装着铁栅栏的朴素的画室里，旧友重逢，而且是在八年战火纷飞之后重逢，感到多么幸运和喜悦！他们的双手紧紧地握在一起了。白石先生那飘在胸前的银须也因快乐而抖动起来，然后，他哆哆嗦嗦地用手指去摸索系在裤腰带上的那串钥匙，把那只锁了三道锁的大木柜打开，从里面拿出许多糕点来招待我们。那些原很柔软的蛋糕和点心，因放置的时间太久，都变成石头一般坚硬，但拗不过白石先生殷勤的劝说，我们吃着它，就如同吃无上的美味，细细地咀嚼着。

悲鸿就任北平艺专校长后，便立即聘请齐白石先生担任名誉教授。悲鸿又亲自坐车去迎接他，但坐的不是马车了，而是奔驰的小轿车。时间已过去了17年！对悲鸿来说，这17年是多么艰苦多么漫长的17年呵！他已无复当年的身强力壮，风度翩翩，而是两鬓成霜，那斑白的头发和苍白的面容都说明了他曾在怎样艰苦的道路上跋涉过。17年中，他走遍了祖国的大地，跨越了欧亚两洲，为了多难的祖国，他不遗余力地倡导现实主义艺术运动，顽强地战斗着。他孜孜不倦地从事创作和培育人才，赢得了桃李遍天下的美誉。现在，他不再是孤掌难鸣了，他聘请了许多优秀的美术家来北平艺专担任教职。他和白石先生的往来也更密切了，有时，白石先生来我们家；有时，我们去看望白石先生。他们也曾在一起作画，悲鸿画鸡，白石先生便补块石头；白石先生画蜻蜓，悲鸿便补束花草。在我们那宽阔的院子里，满植了草皮、松竹、果树，夏天的傍晚，白石先生常在这里和我们一起乘凉。他遇到什么不愉快或不顺心的事，总要找悲鸿谈；有时，卖画的钱算不清了，他要来找悲鸿替他算，只要悲鸿说了的，他就信服。

白石先生90岁那年，悲鸿手植的水蜜桃结了累累的果实，为了给白石先生增添一些喜悦，悲鸿特地派车将白石先生接来。那天，刚好下过一场大雨，不平整的路面积着雨水，汽车开到我家门口时，我们用一张藤椅将白石先生抬了进来。他笑呵呵地站在还滴着水珠的桃树旁，举起他那满是皱纹的双手，伸向那被累累果实压弯了的枝条，缓缓地，一个一个地摘下那鲜艳的水蜜桃，我在旁边用只竹篮接着，悲鸿也兴冲冲地帮着摘，他憔悴的脸上浮动着异常柔和而愉快的笑容。在碧净的空旷无比的天空上，悬着一条美丽的彩虹，散碎的阳光快活地在枝叶上闪烁。我的竹篮很快便被填满了。白石先生像看什么珍宝似的，恋恋地看着这篮鲜艳的桃子。直到在我们家吃完了饭，带上了这篮水蜜桃，我坐车送他到跨车胡同时，搀他下车，他还说："要让桃子走在前面。"他就这样目不转睛地跟在桃子后面，走进了铁栅栏里的画室。90岁高龄的白石先生真像一个孩子一样，热爱着一切美丽的东西。

　　也是在90岁这一年，有一天，白石先生满面愁容地由他的儿子搀着，来到我们家里，他的眼睛里含着泪水。人们都知道，白石先生82岁时死去了夫人后，便请了一位夏文珠女士做护士。夏女士孤身一人，不辞辛苦照料白石先生的生活，长达7年之久，这时她已50岁了。但因一件小事发生纠葛，她负气走了。白石先生为此而感到坐卧不宁，很难过地对我们说："就是一件东西，用了7年，也舍不得丢掉，何况是人呐！"他两眼直勾勾地望着悲鸿，露出神思恍惚的样子。悲鸿安慰他说："你不要着急，我要静文去劝她回来。"于是我开始东奔西跑。起先，我找到夏文珠女士的哥哥嫂嫂家，他们都说夏文珠女士不在，我三番五次去找，她就是不肯见面。而白石先生每天吃完早饭，便来到我家里等着，一直等到吃午餐。午餐时，他端起饭碗，眼泪便簌簌地掉在饭碗里。他很难过地说："夜里，我把枕头都哭湿了。"我怕他急坏了身体，便安慰他："不要着急，我再去找她，一定把她找回来。"白石先生非常高兴听到这些话，连忙对我说："你告诉她，《西厢记》里写的，要来，还要早些来！"我惊讶地望着90岁高龄的白石先生，感到他的心还是多么年轻呵！但是，我却找不到夏文珠女士。最后，我到胡政之先生家，是他将夏文珠女士介绍给白石先生做护士的，他是胡适之先生的弟弟。我希望他们能帮忙找回夏女士，但胡政之夫妇都说，文珠女士马上要结婚了，绝不可能再去白石先生家里工作。我将信将疑，仍要求和夏女士见面。后来他们帮助我找到了她，我虽然努力劝说她，但无济于事，她当时正忙于制嫁衣。白石先生知道以后，非常伤感，曾作了一首诗怀念她：

眠食扶持百事精，颐年享受亦前因。

一朝别去无人管，始识文珠七载恩。

后来，为了替白石先生再找一位护士，我和悲鸿都做了许多努力。

1953年，悲鸿因过度劳累，在会场脑溢血，不幸逝世。巨大的悲痛袭击着我，但见到白石先生时，为了怕引起他的悲伤，我不得不掩藏自己的痛苦，佯称悲鸿出国访问去了。直到一年多以后，有一天，白石先生来家里看我，见到门口挂着徐悲鸿纪念馆的门牌，他才恍然悟到悲鸿已离开人间。他扶着手杖，步履艰难地走进悲鸿生前的那间书房兼会客室，像往常会晤悲鸿那样，习惯地坐在北面靠墙的那只沙发上，静静地一言不发，他那忧伤的目光，呆滞地凝视着窗外。那里绿树成荫，悲鸿手植的那些果木在迎风摇曳，温暖的阳光透过枝叶的缝隙，洒了一地斑驳的树影，几只燕子箭一般地掠过天空，停在廊前的屋檐上，呢喃细语……周围一切都充满了生气，仍和悲鸿活着时一样，我陷在深沉的回忆里了。环顾室内，一切依旧，靠南窗的那只写字台上，仍放着悲鸿的笔墨、砚台、笔洗、调色盘，如同悲鸿刚刚还在那里工作。一种幻觉向我袭来，我仿佛又看见悲鸿站在我面前，闪着他那双好看的微笑的眼睛，他在亲切地叫我的名字，吩咐我给白石先生预备午餐……猛然我听到白石先生凄怆的问话："屋里设了悲鸿先生的灵位吗？""没有"，我哭着回答："只在我住房的墙上挂了一幅悲鸿大照片。"白石先生哆哆嗦嗦地站起来，我搀着他穿过两重院落，来到了我的住房里。他十分吃力地站在悲鸿的相片前，抖动着嘴唇，声泪俱下地说："悲鸿先生，我是齐白石，我到你面前来了！"他颤颤巍巍地弯腰，行了三个90度的鞠躬，然后，他缓慢地转向我，慨叹地说："悲鸿先生是我的知己，一个人要得到一个知己真不容易呵！"他又补了一句："悲鸿先生从不欺人。"他大概又记起20年代他处境艰难的旧事了。

如今，悲鸿和白石先生辞世已很多年了，我在泪眼蒙眬中，回顾那些永不复返的岁月，重又置身于我尊敬的悲鸿和白石先生身边，迎面吹来清新而温暖的风，夹带着他们和谐的笑语。我举目眺望那已成为瓦砾和一片废墟的悲鸿故居，依稀地看见悲鸿手植的那些果树披上了美丽的阳光，在依依地迎风低语……

忘年相交四十春

张次溪

忘年之交

我认识白石老人，是在1920年4月，那时我才12岁，老人已是58岁了。我是随同先父篁溪公到宣武门内石灯庵去拜访他的。老人刚从湖南湘潭原籍回到北京，从城南龙泉寺搬到城内。先父是王湘绮（闿运）太夫子的门下士，老人也是受业于湘绮太夫子的，他们两人有同门关系，所以比较接近。那天，我见到老人，觉得他老人家和蔼可亲。他摸了摸我的头顶，对先父说："世兄相貌很聪明，念书一定是很不错的。"他还从柜里取出几样点心给我吃，并详细地问我："在哪里上学？读的什么书？"他的态度和蔼可亲，使我如坐春风。因此，我在童龄时得到的印象，至今还在脑海里，久久

---

* 张次溪（1909—1968），广东东莞人。幼年随父定居北京。父张篁溪，与齐白石同为王闿运门人。父子与齐白石交往多年。工诗文，谙掌故。笔录齐白石口述，整理成《白石老人自述》。编著有《清代燕都梨园史料》《齐白石的一生》等。

110

没有忘怀。

我跟老人来往，前后将近40年，是典型的忘年之交。尽管我们两人年岁相差很远，但是彼此很谈得来，交谊也就越久越深。我和老人起初尚少来往，1930年以后，关系就渐渐地密切了。老人知道我是桐城吴北江（闿生）夫子的学生，特意画了一幅《江堂侍学图》送给我，画上题了两首诗，其一云："雪深三尺立吴门，侍学江堂今写真。继起桐城好家法，精神直为国追魂（原注：湘绮师云，诗文为中华之魂魄，余句云，文章废却国无魂）。"其二云："君家名父早知闻，湘绮门墙旧梦痕。华发三千同学辈，几人有子作文人。"他奖掖后进的热忱，真是情见乎词。他又很重视世谊，和先父的关系，也是念念不忘。足见他老人家为人之敦厚诚挚。

1933年10月2日（农历八月十三日），我和徐肇琼假座西长安街广和饭庄举行婚礼，由老人和吴北江师证婚。老人送我们的礼物，是他写的一联一诗。联云："花月长圆见天德。男人无过识妻贤。"诗云："昨夜星辰仙袂凉，有人月下与商量。赤绳在手长如许，系汝良缘做一双。"诗前有小引云："癸酉八月十三日次溪仁弟佳期，既请证婚，又想联语，再赠以诗围联，老年人喜如人意，一一为之。"谑而不虐，很见风趣，我妻早年学过几年绘画，和我结婚以后，我就叫她去拜老人为师。记得第一次画的是蝴蝶，我拿去请他批改，他题道："次溪弟出示徐肇琼女弟所绘百蝶图，得二绝句。"诗云："喜见张敞画眉切，不丑吾穷女丈夫，能把闲情寄虫草，鬙云（我妻的字）精室读书余。""精神费尽太痴愚，何用乳名与众俱。老想此身化蝴蝶，任凭门客写遽遽。"又尝以画雀呈正，老人略加润饰，并题云："雀目过于小，余为更好。未见余更者，未必能知73岁老翁所为也。鬙云女弟一哂。"

记得那年冬天，我们夫妇到他家去，他叫我也学画试试，我辞以不会。他却大声对我说："都是从不会中学会的，多学勤学就会了。"我看他态度

111

很严肃，又极诚恳，就在他画桌上，模仿他画的鸡雏画了两只。他看了，大为称赞，提起笔来，在我画上题了几行字道："从来论画有云，画人莫画手，余谓画鸟难画足。今次溪弟开张第一回画雏鸡，独足可观，奇哉！"我画得实在毫无章法，学他的笔墨，不过略得形似，我妻画得也不成熟，功力还很浅薄，他夸奖我们，是有期许的深意。

院门深锁

老人家门禁很严，不分日夜，大门总是紧紧地关上，门里边还加上了一把很大的锁，人去访他，先由女仆问明了来人的姓名，进去告知。他亲自出来，在门缝中看清是谁，愿意见的，才开锁请进，否则就由女仆回说主人不在家，拒绝接见，丝毫不能通融。每天上门送水或是淘厕所的人，也须经过他开锁，才能进去。他晚年雇用一位清宫遣散出来的太监做门房，门禁依旧是很严的。我和老人开始往来时，每次去见他，往往在他门口立候好久。有一次我去叫门，他的女仆说他不在家，他的小儿子跑出来又说他在家。我以为他存心回避，心里很不高兴，回家后写了信去质问他，口气不太谦虚。他回信竭力解释了一番。后来他见着我，很诚恳地对我说："你又不是外人，以后来的时候，只要听到大门里边吾的脚步声音，你就高声报你的姓名，我知道是你来了，就可开门请进，省掉我的目力，可以不必伏在门缝上悄悄地窥探了。"说完，他和我都笑了起来。

老人锁门拒客，引起很多人的不满，有人说他性情乖僻，不近人情。实际，他是深谋远虑，迫于万不得已，所以有此一举。他把大门上锁，开始于1932年的春天。那时，东北沦陷，榆关失守，华北岌岌可危，敌方的军人和特务分子时常来到北平。因为老人的画在日本是很有权威的，故此他们到了北平，都慕名求见，或是设宴相邀，或是馈送礼物，有的还要求和老人一起照相。老人的画，外间假冒的很多。有一个日本特务，就在北平用很低的价钱，专收这些赝品，并想尽方法，和老人合照了一回相。回国以后，他即大肆宣传，说和老人怎样的接近，把收得的假画以高价卖出，发了一笔不小的财。老人一向是爱国的，看着敌人横行霸道，本已愤愤不平，当然不会甘心与之周旋，因此，不得不锁上了大门，拒绝请见。他在1933年秋天，自序他的印草说："壬申、癸酉二年（1932—1933年），世变至极，旧京侨民皆南窜，予虽不移，然窃恐市乱，有剥啄叩吾门者，不识其声，闭门拒之。"1937年7月以后，北平陷入敌手，敌伪威胁利诱，更是无所不用其极。老人忧愤之余，一再写纸条，贴在大门上面。先是说："心病复作，停止见客。"后又干脆说："停止卖画。"从那时起，直到抗战胜利，老人深居简出，不和外客相见，真的停止收件，不再公开卖画。

常听人说：白石老人交朋友，是有季节性的，他交的是"四季朋友"。怎么叫作"四季朋友"呢？说是：春天交的朋友，夏天就不来往了；秋天交的，冬天也就断绝关系了。意思是：老人脾气古怪，喜怒无常，和朋友相处往往不欢而散，很难长久。这些话，实在毫无根据。以我所知，老人交朋友，不但有恒心，而且很热诚，尤其非常谦虚，不过他是富有正义感的，不肯随波逐流，一味地做"滥好人"而已。跟他来往的人，他不知底细便罢，假使他发现了某人品格不端、行为恶劣，他是深恶痛绝，决不肯迁就敷衍的，慢慢也就与之疏远了。

1933年，老人叫我记录他口述的一生经历，预备寄给苏州金松岑丈，作为金替他撰著传记用的参考资料。他曾一再向我提及，除拟致送金丈润金外，对我也必厚给酬劳。我说："非但我不能拜领，即金丈也不会接受的。"他说："那么，金先生处，就得送他几幅画。你呢，费的心更多，至少送你几十幅画了。"我见他意极诚挚，就笑着说："等我记录完了，再说吧！"那时，有一班无聊的人，不断地去麻烦他作画刻印，却不送润金。他在画室里贴了几张纸条，云："卖画不论交情，君子有耻，请照润格出钱。"又云："心病复作，断难见客，乞谅之。"后来因怕朋友误会，把"断难见客"的纸条撕下了。撕的原因是这样：有一天，老人和我同坐了马车，到西四酒醋局胡同去访我的老师吴北江夫子，又到东四五条去访我的父执杨云史（圻）丈。第二天，吴杨二公恰巧先后去回访他，坐了不到10分钟，就都告辞一起走了。老人觉得有些蹊跷，对我说："他们二位走得这样匆忙，莫非看见我墙上的纸条，不愿多坐？"说毕，就把"断难见客"的纸条撕了下来。老人的个性，向来是不计人家毁誉的，此番能够撕下字条怕生误会，足见他是很重交谊，并非不通人情。

老人从1926年即迁入跨车胡同的住宅，此后一直住在这里，只是在他临终前的一两年曾一度住在雨儿胡同。这所房屋是北京旧式的中型住宅，大门向东。进了大门，东屋三间是客厅，中间放着一条长七八尺的红漆画案，另外一张方桌，四只藤椅。墙上贴有卖画及刻印的润例。润例的价码，在过去因为币值不稳定，他随时调整。他70多岁时的润例，我还记得，其文如下："余年七十有余矣，苦思休息而未能，因有恶触，心病大作，画刻日不暇给，病倦交加，故将润格增加，自必叩门人少，人若我弃，得其静养，庶保天年，是为大幸矣。白求及短减润金、赊欠、退换、交换诸君，从此谅之，不必见面，恐触病急。余不求人介绍，有必欲介绍者，勿望酬谢。用棉料之纸、半生宣纸、他纸板厚不画。山水、人物、工细草虫、写意虫鸟皆不画。指名图绘，久已拒绝。花卉条幅，二尺十元，三尺十五元，四尺二十元，以上一尺宽。五尺三十元，六尺四十五元，八尺七十二元，以上整纸对开。中堂幅加倍，横幅不画。册页，八寸内每页六元，一尺内八元。扇面，宽二尺者十元，一尺五寸内八元，小者不画。如有先已写字者，画笔之墨水透污字迹，不赔偿。凡画不题跋，题上款者加十元。刻印，每字四元，名印与号印，一白一朱，余印不刻。朱文，字以三分四分大为度，字小不刻，字大者加。一石刻一字者不刻。金属、玉属、牙属不刻。石侧刻题跋及年月，每十字加四元。刻上款加十元。石有裂纹，动刀破裂不赔偿。随润加二。无论何人，润金先收。"

客厅西边，有一个小院，院内葡萄架下，养着一缸金鱼。葡萄架的北面，对着北正房，是他的画室，也是他的卧室。北房前面的廊子，装有铁制的栅栏，晚上临睡时拉开，加上锁。老人为了防备宵小，对于门户特别小心。当时我觉得他的办法不太妥当，万一火烛失慎，危险堪虞，但又不便明言，只得婉辞劝说："铁栅栏天天拉着，不但麻烦，而且搁在眼前也不雅观。防备小偷，只需门户坚固些就可以了，似乎不必多此一举。"他却答道："古人常说，宁可未雨绸缪，不要临渴掘井，什么事总得小心些好。"1935年7月的一天，我忽然接到他一封信，说："前日早起开铁栅栏，忘记铁门之铁撑，阻其足，其身一倒，邻家闻有伐木倒地声，几乎年将八十之老命死矣。今日始作此数字，其足已成残废也。"我接信大骇，急忙去看他。方知7月4日那天上午寅刻，他在屋内听得院子里犬吠之声，聒耳可厌，出来驱逐。匆匆忙忙地走到廊子前面，却碰到铁撑上，栽了下去。请来正骨大夫诊治，几乎成了残疾。他还很风趣地说："我幼时，见狗子猫儿则笑，见生客则哭。想不到老年却吃了狗子的苦啦！"这次他足足养息了100多天，伤才渐渐地好了。

"借山"自号

老人生前，喜欢拿"借山"来自号，他的居室，像"借山吟馆""借山馆""借山居"等，都离不开"借山"两字。画上题款，也尝自己署名为

"借山吟馆主者"或"借山老人"。他所汇集的《借山图》，是他生平所作的山水精品，更为著名。他取"借山"为名，是说凡事都可看作行云流水，"借山"就很好了，何必热衷于"买山"。他素性旷达，即此可以概见。他的《借山图》，是根据他经历过的好山水画进去的，共有50余册。尝有《拟画借山图》诗云："徐徐入室有清风，谁谓诗人到老穷。一事更堪夸友辈，开门长见隔溪松。"《借山图》是他得意杰构，后为友人取去借观，遗失了好多册，他引为恨事。樊樊山（增祥）、陈师曾（衡恪）、罗瘿公（惇曧）等，都曾在图上题诗，王湘绮也题有一词，词前附有小引云："濒生（老人早年的号）仁弟属题借山馆图，为谱琵琶仙词一曲，即送还隐。"词云："无数青山，恨无处，着我松棚茅舍。租界新约，千年吾庐正堪借。行早住，三分水竹，恰安顿，一囊书画。梅熟东邻，泉分西涧，应结莲社。是谁对，豚栅鸡栖，共料理，生涯问时价。袖手塘头吟眺，看秋花春稼。宽寂地，奇人惯有，待共寻，沈叟（吾乡有沈山人，博学能诗，70余岁老农）闲话。一笑五柳先生，折腰才罢。"湘绮太夫子的这词大概作于1904年老人在南昌的时候，煞尾两句，是说老人不愿涉足宦途，志在归隐，所以有"即送还隐"的话。

兼擅山水

老人尝对人说："世人只知我画花鸟草虫，不知我早年也喜画山水。我构思一图，力求超俗，不轻下笔。50岁以后，就不愿再画了。"他虽这样表示，但至交好友专诚请他画山水，他高兴起来，有时也破例为之。我替朋友去求他，他总是欣然答应，没有一次拒绝过。他给友人画幅上题过："予五十岁不画山水，人以为不善。予生平作画耻模仿，自谓山水有真别趣。居燕京二十余年，因求画及篆刻者众，乃专应花卉。将山水不画，是不为，非不能也。"他的不画山水，有他独特的见解。他说："画山水，胸中必须要有丘壑，非多经历名山大川，画出来一定很庸俗，其难远出草虫花鸟之上。"又说："我画的借山图百幅，是60岁以前漫游南北诸省亲眼看见的景物，不同于现在人所说的文沈①怎么样，四王②怎么样，甚至于说荆关③怎么样。从前人说，闭户造车，现在人却关了门造起山水来了。"老人的画，不愿为宗派所拘束，也不愿从平铺细抹方面去下死功夫，而要求表达出自己的个性，绝不和人雷同。所以他画的山水，意境高远，一点没有"匠家"的气息。1933年他给我画过《双肇楼图》，1941年又为我画过《燕归来图》，这两幅画都别出心裁，不同凡俗。《双肇楼图》画的是万松深处，小楼一角，西山环绕其右，楼中画了我和我妻徐肇琼对坐读书，着墨无多，而神态毕肖。他题诗两绝，其一云："读书要晓偷闲暇，雨后风前小惕天。难得添香人识字，笑君应不羡神仙。"

其二云："多事阿吾偶写真，元龙百尺近星辰。目明不欲穷千里，且看西山一角云。"诗意也是潇洒得很。《燕归来图》是用淡墨画了西山远景，一燕在空际翱翔。他题诗云："七千绕道莫徘徊，叶落金陵秋气衰。燕子南巢终是客，西山犹在好归来。"诗前小引云："次溪世侄为客金陵，来函索画《燕归来图》，余知其意，并题一绝却寄。"这幅画疏落有致，诗更含有深意。他为先父画的《篁溪归钓图》，为舍弟仲葛画的《葛园耕隐图》，也把"归钓"和"耕隐"的情景曲为传出。

---

① 明画家文徵明、沈周，擅画山水。

② 清初画家王翚、王时敏、王鉴、王原祁合称"四王"。

③ 五代后梁画家荆浩，对中国山水画的发展有重要影响。关仝，荆浩的学生，与荆浩并称"荆关"。

老人曾为我的老师吴北江夫子画了《莲池书院图》，为杨云史丈画了《江山万里楼图》，为宗子威丈画了《辽东吟馆谈诗图》，为赵幼梅（元礼）丈画了《明灯夜雨楼图》，为李释戡（宣倜）丈画了《握兰簃填词图》，都是由我转求，以文诗换得的。《莲池书院图》是因为北江夫子的尊人挚甫（汝纶）太夫子清末掌教保定莲池书院，所以画了此图，把莲池景物画得恰到好处。老人在画上题记云："吾曾游保阳，至莲花池观莲花，池上有院宇，闻为挚甫老先生曾掌教、大开北方文气之书院也。去年秋，北江先生赠吾以文，吾故画此图报之，以补挚甫老先生当时未有也。"北江夫子得了此图，非常欣幸，回信给他说："先君主讲莲池十有余年，北方文化，由此而开。阎生髫龄随侍，钓游于此，至今一草一木咸萦梦寐，恨不通绘事，莫能图写，以寄吾思。何意屈劳椽笔，成此名篇，不独莲花藤蔓，千古常新，而先君教泽，俨然犹可想见，且得海内第一流大师润色描摹，良足永垂不朽。阎生尤当什袭藏示子孙，永为法矩，敬志先生之嘉惠于不忘也。不尽之情统由张生次溪代达。"此图此函，可说是一段文字佳话。《江山万里楼图》画的是冈峦起伏，水波无尽，危楼屹峙其中，气势极为雄伟。老人题诗云："锦鳞直接长天碧，点点螺鬟远黛昏。咫尺江山论万里，开窗都属此楼吞。"《明灯夜雨楼图》却是另一作风，画的是秋树迷蒙，小楼隐约，楼窗作淡绛色，明灯夜雨，一望可知。此图他画得很经意，三易稿始成，我得了他的弃稿留作纪念。幼梅丈在我留的那幅图上题诗云："齐叟今之老画师，为我作画殊恢奇。画成自谓不得意，竟欲拉杂摧烧之。次溪爱画如性命，亟与藏弆勤护持。画幅虽残神韵足，元气纸上犹淋漓。残编断简等瑰宝，重之不啻敦与彝。珍赏装潢置高阁，远道索我题新诗。我储叟画张素壁，斑驳直欲惊蚊螭。两画规模略相似，是一是二滋然疑。世间万事一幻影，畴为真赝畴成亏。诗成寄君当说法，此诗此画同支离。炎炎长夏辉晴曦，南窗展读清风吹。腐儒考古惯聚讼，质诸齐叟应轩眉。"《辽东吟馆谈诗图》和《握兰籁填词图》，点景布局也是高雅绝伦，老人也各有题诗。他向我说，这几幅画都是他精心结构而成，是他生平得意之笔。

1933年前后，我在北平研究院工作，编纂《天桥志》。老人对我说：他1919年定居北京之初，住在龙泉寺，卖画刻印很是清闲，日长无事，就常到天桥去消遣，对于天桥一带的掌故和景物，他都知之甚详。1917年，曾有商人鸠资在先农坛的东坛根，凿池引水，种稻栽莲，辟作"水心亭"商场，设有茶社、酒肆、落子馆等娱乐场所。沿河筑长堤，夹岸植杨柳，中峙一楼，是用席木构成，建筑虽很简陋，而四面玻璃窗扇，光净明亮，可以远眺。东、西、北三隅各建草亭，八角、六角、三角，形式各异，很为别致。环亭都是流水，上跨木桥三座，桥身很高，小船可以通行其下。西堤北堤，设有木栅门，购券始得入内，夏日倒是消暑妙境。后因遭了火厄，未曾修复，其地售归电车公司，"水心亭"之名遂如昙花一现，不复可寻。事隔多年，这个地方我已有点模糊，老人却记忆得很清楚。他说：水心亭有两座比较好的落子馆，一座名叫天外天，另一座叫藕香榭，他同易实甫（顺鼎）是常去听大鼓书的。他还说：天桥的酒肆，别看它规模小，倒是很有名的。前清乾嘉年间，黄仲则（景仁）、洪稚存（亮吉）、武虚谷（亿）、张船山（问陶）等，都曾酣饮于此，各家的诗集中，皆有述及。我当时为给《天桥志》搜集材料，屡次访问天桥，老人也趁便同我去过几次，在茶社憩坐，在酒肆小酌，也曾在落子馆看过杂耍。我见他玩得很有兴味，便向他建议："何不画图纪念？"他说："从前张船山画过《天桥春望图》，近人陈师曾也画过《天桥买醉图》，似可不必续貂了。"我陆续写了好几种关于天桥的文稿，都曾给他看过，他提出了一些意见，我都采纳了。

艺术追求

老人的绘画艺术，既不赞成"只弄笔墨，不求形似"，又极反对"只求形似，不讲神韵"。他主张"形神俱备"，要先深入形似，然后不再死求形似，而要讲究神韵，所谓"先入乎内，再出乎外"。尝说："作画妙在似与不似之间，太似为媚俗，不似为欺世。"又说："作画贵写其生，能得形神俱似，即为好矣。"所以他生平不画眼睛里没见过的东西。他说："凡大家作画，要胸中先有所见之物，然后下笔有神。故与可以烛光取竹影，大涤子居清湘，方可空绝千古。"又说："为万虫写照，为百鸟传神，只有鳞虫中之龙未曾画过，不能大胆为也。"他所画的，无论是鸟兽、虫鱼、花卉、果蔬，甚至于山水、人物，都是他实地观察来的，都有准则，绝不是向壁虚构。他题《画蟹》说："余寄萍堂后，石侧有井，井上余地，平铺秋苔，苍绿错杂，尝有蟹横行其上。余细视之，蟹行其足一举一践，其足虽多，不乱规矩，世之画此者不能知。"他题《画虾》的诗后附注说："余少时尝以棉花为饵钓大虾，虾足钳其饵，钓丝起，虾随钓丝起出水，钳犹不解。只顾一食，忘其登岸矣。"又题《画玉簪花》云："友人凌君直支，前年有人赠以栀子花，故凌君画大佳。余今春有门人赠余玉簪花，画亦不丑。"可见他画的，都有他的根据，不是从别人的画上抄袭来的。他幼年牧过牛，牛是他最熟悉的，画出来的牛，各种姿态都活灵活现。他题《画虾》又云："余之画虾，已经数变，初只略似，一变毕真，再变色分深淡，此三变也。"他的画，原是不断求取进步。他有诗说："大叶粗枝亦写生，老年一笔费经营。"既是"费经营"，当然不是草率从事的。"大叶粗枝"是当时骂他作品为"野狐禅"的人常常说的。他对于这般自命不凡、而实在并没什么成就的人，一向不放在眼里。尝题《八哥》诗云："能言鹦鹉学难成，松下闲人耳惯倾。两字八哥浑得似，自称以外别无能。"又题金拱北画的《栖鸦图》，有句云："声粗舌硬何人听，切勿哑哑作苦啼。"这都是指着这类人说的。他的《生日》诗，也有句说："衰年眼底无余子，小技尊前有替人。"他说的"余子"，就是"自称以外别无能"的人；"替人"指的是他的学生。他的学生中，确有很多高才，称得上他的替人。

诗的造诣

1932年，我替老人编印诗稿，就是现在行世的仿宋铅字，八卷本的《白石诗草》。当时，他还十分谦虚地给我信说："拙诗草事，何人肯愿出钱争购，即有世兄张罗，世兄不能担竿遍呼卖于长安市上也。乞勿用预约启，令人窃笑，千万千万！此件将来世兄代为赠人可矣。吾之拙句，赠人犹愧不堪。"诗稿既付印，他自己题了五首诗，印在诗稿的前面，其第四首说："画名惭愧扬天下，吟咏何必并世知。多谢次溪为好事，满城风雨乞题词。"（原注："此集初心未敢求人题跋，张子次溪替人遍乞诗词，余老年因得樊山翁社中诗友数人为友。"）翌年（1933年）元宵节，诗稿印成，他送了我好多本，内有一本他亲笔题字："此诗集，征题词，择刊工，次溪弟费尽心力始成，赠此一本，题数语以纪其事也。"老人于1889年（光绪十五年己丑）27岁时，开始从师学诗，因他天资过人，出手便有佳句。在家乡拜了王湘绮为师，到西安又认识了樊樊山，诗遂大见进步。樊山屡次劝他刊印诗集。他到1928年才印了一本《借山吟馆诗草》，是他亲笔写成，用石版影印的。收入的诗，是1902年（光绪二十八年壬寅）他40岁到1914年他52岁的12年间所作。我替他编印的《白石诗草》，是他40岁以前和52岁以后的诗，凡是《借山吟馆诗草》所没有收入的都收了进去。

老人生前，很珍视自己的诗，常对人说他的诗比他的画好。他有《戏题斋壁示儿孙》的诗道："窗纸三年暗似漆，门前深雪不曾知。扫除一室空无物，只许儿孙听读诗。"在这首诗里，可以看出他是以能诗自诩的。他还时常表示：诗是凭着自己的情感，表达自己的个性，思想奔放，描写自由，才能有真实的意趣；掉书袋，或在格律上打圈转，都写不出好的诗来。他题别人的诗稿，有句说："笔端怒骂逐风来，诗不关书有别才。"他在《白石诗草》自序中又说："集中所存，大半直抒胸臆，何暇下笔千言，苦心锤炼，翻书搜典，学作獭祭鱼也。"他主张自出机杼，不拾前人唾余。樊樊山给他的《借山吟馆诗草》所作的序文，说他追摹的是金冬心①一派，工力在罗两峰②之上。老人自己却不肯承认这一点，尝有《书冬心先生诗集后》的诗道："与公真是马牛风，人道萍翁正学公。始识随园非伪语，小仓长庆偶相同。"他的艺术，不论是诗文、书画或篆刻，都是富有创造性的，用他丰富的生活感受，淋漓尽致地表现出来，形成一种异样的光彩。他的诗，即使或多或少地受了些金冬心的影响，也绝不会汩没自己的性灵，青出于蓝，自有他的独到之处。但老人作诗不工雕琢，声律也不细密，有时文义欠妥和写出错别字来，为此时常被人讥笑。他在题《画马》的诗里，有句说："论长说短任人狂，呼马为牛也不妨。"《白石诗草》中有一首诗说："无才虚费苦推敲，得句来时且快抄。诽誉百年谁晓得，黄泥堆上草萧萧。"这都说明他有魄力、有灵魂，不把别人对他的毁誉放在心上。

老人晚年诗兴渐减，自从《白石诗草》印行以后，就不甚作诗，偶或兴到笔随，为了题画，做些七言绝句之类，数量并不太多，律诗更是少见。他尝有信给我说："自来平以来，作画用心过多，未曾作过律诗，诗非不能

---

① 清书画家金农，号冬心先生，善诗。为"扬州八怪"之一。

② 清画家罗聘，号两峰，工诗。为"扬州八怪"之一。

作，实不欲作也。"他在《白石诗草》的题词里，也有句说："有工夫作诗，车中枕上即闲时。"这是在他画名盛起以后，忙于绘画、无暇作诗时所说的话。他虽有"诗非不能作，实不欲作"的话，但有时也常破例为之。我曾抄录了些，原意是想替他补刊。直到他逝世后，我略加整理，给它取名曰《白石诗剩》。

借题发挥

老人早年，是画工笔画的，中年远游归后作风一变，除了师承徐青藤（渭）、八大山人（朱耷）、大涤子（释道济）等人外，还受了点金冬心的影响。罗两峰是金冬心的高足，故老人对他也很推重。罗两峰的别号为"花之寺僧"，两峰于清乾隆间旅居京师很久。老人听说花之寺在北京南郊，很想看看。1936年阴历二月间，他邀我和汪慎生（溶）同到右安门外访问花之寺，凭吊罗两峰遗迹。到了那里，只有一座三官庙，却并无花之寺这个庙宇。原来花之寺就是这座三官庙，罗两峰自称前生是花之寺僧，曾宾谷（燠）是两峰的好友，因见三官庙附近多花卉，庙门前的路径又曲折像个"之"字，所以题上花之寺的名称，写了榜额，挂在三官庙中，以应这个故事。无非是文人好事、游戏之作。我对老人说："罗两峰旅居北京时，携其次子允缵，住在琉璃厂观音阁，晚景很艰窘，听说想回扬州，盘缠都张罗不出，曾宾谷时在两淮盐政道任上，寄钱给允缵，父子两人才得回到了扬州。"他听着，感慨地说："金冬心客死汉口，也是穷得一文不名，两峰竭尽心力，把老师的遗骸运回杭州原籍安葬，又搜罗冬心遗作，筹资汇刊成集。一个贫士，能有这样风义，真是令人肃然起敬！"当下我们同往琉璃厂，访问观音阁，连去几家旧书店和古玩铺，罗两峰的遗闻逸事已是一点也找寻不到。老人不胜惆怅，叹息而归。

我曾经问老人："罗两峰画的《鬼趣图》，你看怎样？"他说："扬州八怪，都有独特的作风，标新立异，有转移时代风气的气概，这种精神，值得后人取法。决不如今之时流，开口以宋元自命，笔情死刻，以愚世人的可比。讲到鬼，世界上谁看见了鬼呢？两峰的《鬼趣图》，无非是指着死鬼骂活人，有他的用意的。笔墨机趣天然，不光是新奇可喜而已。"接着他又笑着说："我生平画了不少的不倒翁。形式姿态，各不一样，意义和两峰的《鬼趣图》有点相像，也是指着死鬼骂活人的，却比《鬼趣图》有趣得多。不倒翁随处有卖的，人人都见过，也许小时候大家都玩过，而且世界上类似不倒翁的人，到处都能见到，把它们相貌画出来，岂不比《鬼趣图》更有意思吗？"说着，他背了几首题不倒翁的诗："秋扇摇摇两面白，官袍楚楚通身黑。笑君不肯打倒来，自信胸中无点墨。""乌纱白扇俨然官，不倒原来泥半团。将汝忽然来打破，通身何处有心肝。""能供儿戏此翁乖，打倒休扶快起来。头上齐眉纱帽黑，虽无肝胆有官阶。"他画的不倒翁，确是大有深意，题的诗更是隽妙无比。他采用戏台上鼻涂白粉的小丑形象，手里拿着折扇，摇摇摆摆，丑态可掬；最妙的是一副眼神，真可以说是栩栩如生。他对我说："人物的神情形态，全在一对眼睛上，倘把眼睛画得呆滞，那就一点生趣都没有了。不用说作画，就说看戏吧！丑角上台，目光迟钝，呆咻咻地站着，请问这出戏，还有什么可看的呢？戏是活的，尚且如此，何况画是死的哩！把死的画成活的样子，才有意思。"我说："你画的不倒翁，再加上题的诗，把世上的臭官僚，骂得入木三分了。"他说："早先我还画过一幅《发财图》，也是很有趣的。"他从柜中取出那幅《发财图》来：原来画的是一把算盘，上面题了许多字道："丁卯（1927年）五月之初，有客至，自言求余画发财图。余曰：发财门路太多，如何是好？曰：烦君姑妄言著。余曰：欲画赵元帅否？曰：非也。余又曰：欲画印玺衣冠之类耶？曰：非也。余又曰：刀枪绳索之类耶？曰：非也。算盘何如？余曰：善哉！欲人钱财，而不施危险，乃仁具耳。余即一挥而就，并记之。时客去后，余再画此幅，藏之箧底。三百石印富翁又题原记。""三百石印富翁"是他的别号，写在《发财图》上，更显得是一种讽刺。他笑着说："这是借题发挥。"的确，这样的借题发挥，可说是神乎其技了。

不入乱群

老人中年以后，声名渐渐地大了起来，认识的人多了，和当时的士大夫阶级有了不断来往，但对趋承官僚却深恶痛绝。他有题《雁来红》的诗道："老眼遥看认作霞，群芳有几傲霜华。陶潜未赏无人识，颜色分明胜菊花。"还有两句诗道："菰蒲安稳了余生，谋食何须入乱群。"表现了他不肯随波逐流的傲骨。而其中"乱群"两字，更可说是对旧社会的确切写照。他题《画鼠》诗云："汝足不长，偏能快行，目光不远，前头路须看分明。"这是劝人眼光须放远大，出处之间，要加注意。他题赠人的画道："九还喜余画，余未以为贪耳。公如为官，见钱如见山人之画，则民何以安生。此戏言也，九还吾弟勿为怒。"这真是一句戒贪的名言。又有《小鼠翻灯》的诗云："昨夜床前点灯早，待我解衣来睡倒。寒门只打一钱油，那能供得鼠子饱。何时乞得猫儿来，油尽灯枯天不晓。"他把鼠偷灯油比作贪官污吏的横征暴敛；猫儿治鼠，就是希望有吏治澄清、贪污绝迹的一天。另有《鸡群》诗云："成群无数，谁霸谁王？猖獗非智，奸险非良，骄鸣轻斗终

非祥。"又《斗鸡》诗末两句云:"生来轻一斗,看汝首低垂。"(原注:
"鸡斗败则低首丧气。")当时军阀混战,他以鸡斗来作比喻。又在画的一
幅《丝瓜乱藤》上题道:"看世见乱则愁,作画能乱自喜。世之战士,亦老
萍之心肝耶?"他对于当时乱七八糟的局面,是十分憎恨的。他题《不倒
翁》诗,附有自注:"大儿以为巧物,语余:远游时携至长安,作模样,供
诸小儿之需。不知此物天下无处不有也。"又题《八哥》诗云:"太平篱矮
无人越,八哥见羊呼盗窃。往日今朝难概论,人人忌讳休偏说。"他是说祸
国殃民的坏分子已是遍地皆是,所以他题《画钟馗》的短文道:"余画此钟
馗像成,焚香再拜,愿天常生此好人。"他希望有钟馗这样的人出来,消灭
这些为害人民的厉鬼。他题《残荷》诗云:"山池八月污泥澈,犹有残荷几
瓣红。笑语牡丹无厚福,收场还不到秋风。"又题《梅花》诗云:"花开天
下正风雪,冷杀长安市上人。笑倒牡丹无福命,开时虽暖已残春。"这是说
军阀官僚们自以为"好景"的日子决不会太长久了。

国际声誉

老人到北京,始于1903年(光绪二十九年癸卯)他41岁时,是从西安随
着夏午诒(寿田)一家同来的,住了两个来月,就出京南下。1917年二次重
来,住了也不过四个多月又回家了。到1919年,他因家乡连年兵祸,军阀混
战,土匪乘机蜂起,地方很不平静,不得已避乱北行,才到北京来定居。当
他初来北京时,因他所作的画近于八大山人冷逸的一路,懂得的人不多,作
品就不易卖得出去,生涯很是萧索。住在石灯庵时,我见他悬画四壁,待价
而沽,住室外面的房檐下,放着一个小白泥炉子,平日烧茶煮饭,冬天搬到
屋内,兼作取暖之用。据他自己对先父说,终日枯坐,很少有人来问津。他

为了生计，常给墨盒铺在铜墨盒或铜镇尺上画些花卉山水，刻成花样。所得润金，起初每件只有几角钱，增了几次价，才增到每件两元左右。他还为琉璃厂一带的南纸铺画诗笺，刻版印刷出售。这是因为老人早年在家乡曾和朋友们组成诗社，那时，乡间买不到写诗用的诗笺，他在晚上灯光之下，用单宣一类的纸，裁成八行信笺大小，每张上面都画几笔，花鸟草虫、山水人物，随意点缀，着上淡淡的颜色，分给社友们使用。他定居北京后，琉璃厂一带的南纸铺就常去请他画诗笺。他听了陈师曾的劝告，自出新意，创作了红花墨叶的一派，画法渐渐地改变，声名才渐渐地好了起来。1922年，陈师曾应日本画家的邀请，到日本去参加东京府厅工艺馆的中日联合绘画展览会，把老人的画也带去展出。这次展览很成功，连在日本的西方人也争先恐后地去参观。不仅老人的画一幅不留地都卖了出去，卖价非常丰厚，而且法国人还选购了他和陈师曾的作品，预备加入巴黎艺术展览会。老人得到这样意外的收获，曾有诗云："平生羞杀传名姓，海国都知老画家。"从此，他的画国际声誉大起，外国人来到北京，买他画的很多。国内人见他的画能在外国人面前卖大价，也都纷纷来求他作画。于是从前的"门可罗雀"，一转瞬间成为"门庭若市"了。1932年，德国开绘画展览会，蔡子民（元培）给他来电，介绍他的作品参加展览。他那时正因和地方官有点别扭，心里大不高兴，对我说："虽是蔡先生的盛意，但我不想去参加。"我认为这能提高我国的国际声誉，不可失掉时机，竭力劝他不必消极。他倒并不怪我多事，居然听从我话，选了几件作品寄了去，结果成绩很好，声名传遍了欧陆。他跟地方官闹别扭，是因为管辖他所住地区的姓殷的警察署长，时常叫他白尽义务，利用他的作品，巴结上司，几乎三天两头去麻烦他，死皮赖脸地没完没了。日子既久，他忍无可忍，只得婉辞拒绝，就把这个署长给得罪了。他向来谨慎小心，但又不甘屈服，深恐万一发生意外变故，因而担惊受怕，刻刻提防，再三地嘱咐我：听到他的电话，赶快设法营救。后来姓殷的犯了法，被北平当局处决了，他心上才像去掉了一块沉重的石头。

老人初到京时，大为一班自命"正统画家"的人所轻视，竟被他们讥为"旁门左道"，"不登大雅之堂"。他对我说过：当时有一个自诩"科榜名士"的人攻击他最是不遗余力。我问他：这人究竟是谁呢？他只是微微地笑笑，没曾说出姓名来。但他有一首纪事诗，说："作画半生刚易米，题诗万首不论钱。城南邻叟才情恶，科甲矜人众口喧。"又有一诗："百年以后见公论，玉尺量来有寸分。死后是非谁管得，倘凭笔墨最怜君。"又似乎有点蛛丝马迹可寻。不过他既不肯指明是谁，这件公案，也只好付之传疑已。1931年前后，他虽已名满天下，而毁谤他的仍所不免。那时他任北平艺术专科学校教授，又兼京华美术专门学校的课。他有个方外门生瑞光和尚，别号雪庵，是莲花寺住持，画山水，学大涤子很得神髓。瑞光常到他那里去请教，他也视瑞光为自己的得意高足。京华美专校长邱石冥，也是他很器重的学生，老人推荐瑞光去任教，邱石冥表示十分欢迎。只因京华美专是私立学校，权力操在校董事会手里，有一个诨名"周斯文"的校董，原是个极腐化的官僚，不知为了什么原因，竭力反对接受瑞光。邱石冥不能做主，只得作罢。这个"周斯文"，向来妄自尊大，以为老人生长寒门，做过木匠，是个不学的人，因而对他的作品批评得一钱不值，说他是"不守古法，完全是野狐参禅"。老人并不讳言早年的寒苦出身，也不貌为高古，自抬身价，常说："我本是个穷人，不懂得古法，还劳周斯文废话！"为了瑞光被拒之事，他心里更不愉快，便想辞职不干，邱石冥苦苦挽留，他才勉强兼课下去。但"周斯文"的品格，他是始终看不起的。他曾对我说："若不是看他邱石冥的面上，我非得周斯文为我御车，此生决不再到京华美专去任教。"他本是性情谦和的人，轻易不跟人计较，当时因为受足了"周斯文"的闲气，也就难怪他悻悻于色了。

一生勤俭

　　白石老人的一生，可以说是与勤俭相始终。他一辈子持家和律己，处处不忘勤俭二字，他的生活，勤奋、朴素而严肃。他每天起床很早，夏天，清晨4点来钟就起来了；冬天，也不过6点钟。无论冬夏，他起身总在天刚亮、晨曦未上的时候。晚上入睡，差不多在9点钟前后。除了身体不适卧床患病，和偶或在外看戏应酬以外，从不晏起晚睡。他作画是每天的日课，向来不曾间断过，从早到晚，不是默坐构思，就是伏案挥毫，尝有诗句道："未能老懒与人齐，晨起挥毫到日西。"又有诗道："铁栅三间屋，笔如农器忙。砚田牛未歇，落日照东厢。"只有几次大病和遭逢父母之丧等不幸事故，才停笔几天。平常日子，偶因心绪欠佳，停了一天或三两天，事后总要补画。他题画时尝写道："昨日大风，未曾作画，今日作此补足之，不叫一日闲过也。"他常对学生们引用韩退之"业精于勤"的话，自勉勉人。并说："我由木匠而雕花匠，又改业画匠，直到如今，靠着卖画为生，略有一点成就，一句话概括，就在一个勤字。"他的画上，有的题着"白石夜灯"四字，都是在晚上灯光之下画的。到了晚年，目力衰退，往往戴着两副眼镜，照样工作。

　　老人的衣食用品，向来是力求俭省。穿的既不讲究（一件衣服总得穿上好多年），吃得也很简单（平日喜欢吃的，是炒倭瓜酱和丝瓜烧小鱼之类普通菜）。70岁以前，尚能咀嚼花生，常用盐水煮了来吃，还时常买些"半空儿"①用来待客。70岁后，牙齿不行了，喜欢吃面食或稻米粥，荤腥更不常用，专吃些蔬菜。他早年在家乡时候，一年四季吃的瓜果蔬菜，几乎都是自

---

　　① 即花生，因有的有实，有的无实，叫"半空儿"。

己种的，很少花钱去买。定居北京以后，沿着旧例，照样栽种。他住的跨车胡同宅内，有株葡萄就是他亲手种的。秋天，客来访谈，他总要摘些葡萄请客尝尝。院内空地，又种了许多瓜菜。尝有《种瓜忆星塘老屋》诗云："青天用意发春风，吹白人头顷刻工。瓜土桑阴俱似旧，无人唤我作儿童。"又题画芋头的诗云："叱犊携锄老夫事，老年趣味休相弃。自家牛粪正如出，煨芋炉边香扑鼻。"又云："万缘空尽短灯檠，谁识山翁不类僧。但得老年吾手在，芋魁煨熟乐平生。"这几首诗，都写出他种菜的情趣。他又有"饱谙尘世味，尤觉菜根香"的诗句。30年前，他画过一页《白菜》扇面送给我，题首："他日显扬，毋忘斯味。"又尝题画云："余有友人常谓曰：吾欲画菜，苦不得君画之似，何也？余曰：通身无蔬笋气，但苦于欲似余，何能到！"他总认为咬菜根是人之立品的要着，而所说的"蔬笋气"，确能道出他的个性。他有《燕市见柿，忆及儿时，复忆星塘》的诗句云："紫云山上夕阳迟，拾柿难忘食乳时。"他幼年贫苦，拾柿充饥，到了老年，景况虽是好了，依然不忘寒素，不忘自己是在贫农家庭生长的。

老人平日居家过日子，件件事情都得由他亲自经手。门户箱柜都加上了锁，大小钥匙一连串挂在自己的裤腰带上。家里人买点东西，无论用钱多少，必须临时去向他要，他认为需要买的，才亲手去开锁取钱，从来不叫别人代劳。他深深地体会到物力维艰，对任何东西都十分爱惜，决不轻易毁弃。他作画所用的画笔，有时笔头掉落，或笔杆裂开，只要还能对付着用，他总是亲手用生漆涂上，阴干后拿来再用。他做了一首《笔铭》："破笔成冢，于世何补，笔兮笔兮，吾将甘与汝同死！"他惜物的心理，简直同爱惜自己的生命一样。

向来书画家所用的印泥，都是很讲究的，因为印泥讲究，印泥的盒子也力求精致，不用古瓷，也得用细瓷。我曾在南京买得一只康熙官窑五彩大印泥盒，配有硬木座子，拿去送给老人，他见了虽很喜欢，却对我说："印泥盒子瓷的不如玻璃的好，玻璃的不吃油，久藏不变质，价格既便宜，又合实用。今人爱用旧瓷，还看重官窑，这玩的是古董，如作画张口宋元一样是装门面的。"

老人幼时牧牛耕田，又曾学做木匠，这些经历，老来还时常回味，在题画时，往往形诸笔墨。他画过《残蓑破笠图》，题句云："残蓑破笠，乃白石小时物也。老大长居燕京，以避故山兵乱，徒劳好梦归去披戴耳。"另有诗说："奔驰南北复东西，一粥经营老不饥。从此收将夸旧话，倦游归去再扶犁。"这是他说明自己出身于农家。他刻过几方印章，如"鲁班门下""大匠之门"等，表示他幼年学过木匠。他在70岁左右，有时高兴，还常取出斧锯钻凿做些木盒等小件东西。他还笑着对人说："这是我的看家本领，虽说好久不动这份家伙，使用起来，有点生疏，但还不至于把师傅当年教的能耐，都给忘了。"

小住张园

明督师袁崇焕的故宅，在左安门内龙潭南岸，今称新西里3号，内有"听雨楼"等名迹，清末废为民居，荒芜不堪。民国初年，先父购置为别业，修治整理，种了不少果木花果，人都叫它为"张园"。老人很喜欢这个地方，说此地"有江南水乡景色，北方是很少见到的，住在那里，可以洗涤身心"。先父在世时，常常请他来此消夏。1931年的夏天，他来住了些日子，我向先父建议，把后跨院西屋三间借给他住，又划给他几丈空地，由他去莳花种菜。他非常高兴，在屋内挂了一张他写的"借山居"横额。每天作画刻印，清晨和傍晚，常在房前屋后散步消遣。他那时画了不少幅鱼虾草虫，都是在那里实地取材画成的。有一次，我陪着他在附近池塘旁边站立了很久，我知道他是观察池塘里鱼虾活动的姿态，不去打扰他。第二天清早，他画了一幅《多虾图》，许多的草虾丛集在一起，多而不乱，生动得很，简直同水里的活虾一样，令人看着，有悠闲的意趣。这种笔墨，可算得前无古人的了。他说：这幅《多虾图》，是他生平画虾最得意的一幅。他画成之后，挂在"借山居"中间的西墙上面。到1933年的秋天，他又来到张园，在画上补了题跋云："星塘，予之生长处也，春水涨时，多大虾，予少小时以棉花为饵，戏钓之。迄今六十余年，故予喜画虾，未除儿时嬉弄气耳。今次溪仁弟于其尊人篁溪学长之张园内，分屋数楹、田数丈与予，为借山居。予画此，倩吾贤置之借山居之素壁。"又在《张园春色图》上题诗云："四千余里远游人，何处能容身外身。多谢篁溪贤父子，此间风月许平分。"他给我的胞弟仲葛画了一幅《葛园耕隐图》，题诗云："黄犊无栏系外头，许由与汝是同俦。我思仍旧扶犁去，那得余年健是牛。"翌日，又补题了一首诗："耕野帝王象万古，出师丞相表千秋。须知洗耳江滨水，不肯牵牛饮下流。"诗后附跋云："画图题后，是夜枕上，又得此绝句。"他说这些诗句都是他的由衷之言。他在张园"借山居"的墙上，挂上自己的照片，作了一首《示后裔》的诗，写在相片的旁边，诗道："衡湘空费卜平安，生既难还死亦难。后裔倘贤寻旧迹，张园留像葬西山。"他因民初在故乡不能安居，避乱来到北京侨寓已逾10年，有家归未得，思乡之念总是不能免的，而对于我家张园，却很有点恋恋不舍之意。

张园的北边，有袁督师庙，也是先父出资修建的，相传庙址是督师当年驻军之所。庙东池塘的边上，有"篁溪钓台"，是先父守庙时游憩的地方，老人和先父在那里一起钓过鱼。后他同他的弟子瑞光和尚合作画过一幅《篁溪归钓图》，送给先父。并题诗云："竹绕渔村映晚潮，西风黄叶渐萧条。草溪日暮持竿去，芦荻闲洲路未遥。"他在张园小住的时候，常同先父和我遍览附近法塔寺、太阳宫、万柳堂、夕照寺、卧佛寺等许多古迹。袁督师墓在太阳宫东北，每年春秋两祭，我们广东同乡照例前去行礼。他应先父的邀约，也曾参加过。夕照寺墙壁上，有陈崧画的松树，笔法苍秀高古，他每去总要流连很久。而卧佛寺则相传《红楼梦》作者曹雪芹在家道中落之后，约在迁居京西香山的前几年，曾一度在这里住过。老人慨叹曹雪芹的身世，曾经根据我作的诗，画过一幅《红楼梦断图》，并在图上题诗云："风枝露叶向疏栏，梦断红楼月半残。举火称奇居冷巷，寺门萧瑟短檠寒。"诗前有小引云："辛未仲夏，与次溪仁弟同访曹雪芹故居于京师广渠门内卧佛寺，次溪有句云：'都护坟园草半漫，红楼梦断寺门寒'，余取其意，为绘《红楼梦断图》，并题一绝。"他送给我的这幅图，我早已丢失，不胜怅惋之至。

1936年清明节的前七天，先父在张园邀集多位诗友参拜明袁督师崇焕遗像，老人也应邀而来。那时园内补种花木，还剩两棵矮松尚未下土，陈散原（三立）丈一时兴至，把它种了。老人在旁看得很有兴味，笑着说："诗人种松，倒是很好的图景。"吴北江师就请他即景绘画。这幅图他画成后，还在图后题了四阕《深院月》小词，其一云："凭吊处，泪汍澜，剑影征袍逝不还，野水凄凄悲落日，一枝北指吊煤山。"其二云："三面水，绕荻湾，历劫双松化翠烟，听雨楼倾荒草蔓，一丛野菊曙光寒。"其三云："池上月，逼人寒，龙臂曾闻系锦鞍，从古孤忠恒死国，掩身难得一朱棺。"（原注："袁督师冤死，义仆佘某负尸藁葬于广渠门内广东义园中。"）其四云："坛畔树，听鸣蝉，断续声声总带酸，玉帐牙旗都已渺，白虹紫电夜深看。"（原注："故宅北有袁督师庙，即昔之誓师坛遗址。篁溪学长藏督师遗物甚多。"）图交杨云史丈携去题词，久未送还。云史丈逝世后，此图遂无着落，这也是很遗憾的一件事。

经营生圹

1936年，赛金花病逝，我倡议为之营葬于陶然亭畔，并请老人代写墓碑。隔不多天，老人给我来信说："赛金花之墓碑，已为书好，可来取去。且有一画为赠，作为奠资也，亦欲请转交去。闻灵飞（赛金花的别号）得葬陶然亭侧，乃弟等为办到，吾久欲营生圹，弟可为代办一穴否？如办到，则感甚！有友人说，死邻香冢，恐人笑骂。予曰，予愿只在此，唯恐办不到，说长论短，吾不闻也。"他在那年春天，尚想在西郊香山附近觅置墓地，到了冬天，却想在陶然亭侧营一生圹。我以为老年人也许临时有所感触，随便一说，未必真的有此计划，所以接到他信也就没曾十分注意。他写的赛金花墓碑，还有我请杨云史丈撰写的《赛金花墓诗碣》，都交给琉璃厂李月庭刻石。李月庭愿尽义务，非但不收刻字工资，连石块也肯捐助。不久，卢沟桥事变突起，我离平南行。听说后来由别人主持，把老人写的墓碑和云史丈撰写的诗碣都废弃不用，改用他人所写，我就不再过问了。

1941年底，我回平省亲，访老人长谈，他又谈起旧事，说："陶然亭风景幽美，地点近便，复有香冢、鹦鹉冢等著名胜迹，后人凭吊，实可算得佳话。以前你替别人成全过，我曾托你代办一穴，不知还能办得到否？"我见他为了此事，似乎盼望得很殷切，就去和陶然亭慈悲禅林的住持慈安和尚商量，慈安慨允以亭东空地一段割赠。我把和慈安接洽的结果通知了老人，老人高兴极了。过了年（1942年），阴历正月十三日，他同他的继室胡宝珠带着幼子，由我陪往陶然亭和慈安相见，谈得非常融洽。当时相度形势，看这墓地，高敞向阳，苇塘围绕，和陶然亭及香冢恰好是个三角形，确是一块佳域，就定议了。他送给慈安100块钱，又画了一幅《达摩面壁图》，写了"江亭"两字的横额，作为报酬。那天，我陪同他在陶然亭整整一个下午。

他说："我自前清光绪二十九年三月三十日，同夏午诒、杨晳子等在陶然亭饯春以后，40年来虽曾来过多次，但最近却已多年没来，现在旧地重游，好像见到了老朋友，倍加亲热的了。"因此，他在陶然亭前后左右都游览了一遍。香冢、鹦鹉冢的偏西南坡上，一片荒榛丛棘，游人很少涉足。半坡间有个石碑，上题"诗人王沧洲之墓"，碑阴刻着邝摩渔的题词，调寄减字木兰花云："西风渐紧，一哭新亭名士尽。满目凄凉，万里秋云拥女墙。追怀昔日，□□□□才子笔。来访王郎，鹦鹉无言蝶梦荒。"这个碑埋在荆棘丛中，我无意间发现，告知了他。他也欣然攀登，拨开枯枝败叶，细读一过。只因久被风雨剥蚀，碑上题词，字已漫漶不全，过片有四个字，模糊不清，我和他看了好久，始终没看出究竟，只可阙疑。他对我说："这邝摩渔定是个广东人，你可考查考查，只不知王沧洲是怎样的人？"又说："这阕减兰填得不坏，可以录存，留备后人考证。我今天也得填一阕词，你看如何？"他回去后，第二天就填了一阕《西江月·重上陶然亭望西山》。词云："四十年来重到，三千里外重游，发衰无可白盈头，朱棹碧栏如旧。城郭未非鹤语，菰蒲无际烟浮，西山犹在不须愁，何用泪沾衫袖。"这词上半阕的末二句，原作"灵飞坟墓足于秋，青草年年芳茂"。他写给我时，把它改正过了。后来他又把下半阕的末句"何用泪沾衫袖"，改为"自有太平时候"，则是抗战胜利以后的事。词后附有跋文："壬午春正月十又三日，余来陶然亭，住持僧慈安赠妥坟地事，次溪侄引荐人也，书于词后，以记其事。"又另写了一张字条给我："百年后埋骨于此，虑家人不能遵，以此为证。"在此以前，老人有一幅旧作的花鸟画，是1919年送给友人的，后来流落在市肆。1934年我于宣内小市的字画店里遇到了，便买了来，拿去请他题词。他看了，很感慨地题了几句："甲戌，次溪世侄于沂文斋得之，求余题记。己未至今，忽忽十又六年矣，手迹犹新，鬓毛非旧，再十六年，余骨何在，谁可知也。次溪爱余手迹，能爱余骨否？"我读了他的题词，心里很感动，所以他想在陶然亭营生圹，就竭力为之奔走。后因陶然亭改建公园，原有坟墓都须迁走，他的生圹也就无形取消了。

1953年，先父的遗椟从城内迁往西山四平台番禺叶氏幻住园。老人知道这个消息，对我说："听说你给尊公篁溪学长和你们同乡曾刚甫等迁坟，迁到西山幻住园，这倒是块好地方，亡友罗瘿公原也葬于彼处。我陶然亭生圹计划既已打消，能不能在幻住园中乞得一席地，追附尊公和曾罗诸君之后呢？倘能办到，他年死后，与尊公及曾罗诸君共此青山，泉下当不寂寞了。"幻住园在四平台北，面对灵光寺，是西山胜境，为叶玉甫（恭绰）丈的别墅。园内隙地，除了叶氏的几座坟墓之外，原只有罗瘿公丈附葬其中。先父和曾刚甫丈的迁葬，是叶丈笃念旧交，所以允许了我的请求。我受老人所托，再去向叶丈商量，叶丈慨然答应，嘱我转告约期同去丈量地段。老人知事已办妥，高兴得很，亲笔写了一封回信，并画了一幅《幻住园图》，托我偕同他的儿子良已面致叶丈，叶丈答了他四首七言绝句。

老人屡次对我说起，想趁天气晴暖之时到幻住园察看地形，先种树木，只因病躯不耐跋涉，因循未果。1957年他逝世后，他的家人为他卜葬于西郊湖南公墓，幻住之愿，终未能偿。叶丈有诗挽他道："交谊谁云死卜邻，遗言一诺付埃尘。曾罗亦是闲丘垄，谁伴吟风赏月身。"1960年秋因公家用地，幻住园内先父等坟墓，又都迁走了。

交游种种

老人于1906—1909年四年间，尝四度到过广东，但和粤中人士相识的并不甚多。1917年重到北京后，才和旅京的广东人有了往还。他最先认识的是顺德罗瘿公丈。继在易实甫丈处和先父相晤，由先父介绍，获交了揭阳曾刚甫（习经）丈。罗丈有诗题他的画册道："青藤雪个皆神笔，三百年还见此人。共展幸无寒具污，频看弥信掇皮真。相过萧寺忘长昼，贻我生绡亦绝伦。怅忆王翁此高会，花前共尔一酸辛。"老人亦有诗《得罗瘿公所书扇面，喜成五律一首》云："破愁开口笑，喜得故人书。天马无羁勒，惊蛇入草芜。病非碑下死（原注：时人谓苦临碑帖，至死不变者，为死于碑下），名岂世间无（原注：瘿公病重，有求其书于厂肆者甚众）。一艺余知己，尘寰德不孤。"老人的画，罗丈的字，他们二人向来是互相推重的。曾丈性情崖岸，对人不轻许可，唯独于老人却很重视，说老人的画品和诗格都是别出蹊径，不是一般庸陋的人所能及的。1917年冬，老人从北京回到家乡，曾丈有诗《寄湘潭齐大草衣》云："踪迹天随似较亲，声名白石拟差伦。菰蒲地远饶严净，风雨秋淫但隐沦。独念灵修终楚服，颇闻高卧比皇人。扫除一室吾何有，待欲江头岸角巾。"这首诗，非但重他的作品，并且还重他的人格；在曾丈的交游中，能获这样的称许，确是很少见的。

老人与青年画家方舟的友谊很令人感动。方舟，湖南衡山人，字白雾，一字伯雾，1921年到京，原是艺术专科学校的高才生，画花鸟已渐露头角。方舟思想进步，在京一面求学，一面秘密地做地下革命工作。老人对于这样一位有志的青年同乡，很是器重，时常关心照顾。方舟也钦佩他的德高望重，艺术精深，常到他家去请教。那时正是北洋军阀张牙舞爪、飞扬跋扈的时代，老人怕方舟暴露了形迹，常常提醒他随时随地特加小心。尝在方舟画的小雀画幅上题诗道："小雀！小雀！有翅有脚，可飞可跃。有水可饮，有虫可嚼（啄）。何得汝喝（渴），何得汝饥。大江浩荡山崔巍，四面网罗勿乱飞。"诗后附有跋文云："乙丑（1925年）秋，题画小雀画幅诗，书补此幅之空。伯雾画，白石山翁题。"又题方舟画的另一幅花鸟图，诗云："几曾闲眺出宣城，城外人家集鸟群。世有雕笼逊泉石，羽毛堪取慎飞鸣。"诗后亦有跋文云："宣武门外，有买卖鸟雀为业者，谓为鸟厂。"下加款识云："齐白石题方白雾画。"他爱护青年的深情厚谊，在这字里行间，可以看得出来。方舟临过他一幅《鼠偷灯油图》，他在画上题道："夜夜倾灯我欲愁，寒门能有几钱油。从今冒黑扪床睡，沉睡犹妨（防）啮指头。"诗后也有一段小跋："甲子（1924年）自诗画幅诗，乙丑冬十月，伯雾持此求题，即书旧句。白石。"他的诗句，表面是仍未忘幼时家贫、灯盏缺油的事情，而实际却是防备歹人暗害，加以警惕的意思。"啮指头"三字，写得更见明显。方舟的画，他题的很多，奖掖青年，他是乐此不疲的。1927年4月28日，方舟被军阀杀害，年仅31岁。他得知消息，郁郁不乐了好几天。他题方舟的遗画，有云："此小帧，方伯雾所画，其亲属请余补款，且言曰，克罗多先生曾见过，最称许之。余知克罗多好大写，喜之无疑矣，因题记而归还。"他题方舟的另一幅遗画道："方伯雾，非余门人也，然所作画，尝呈余论定。自去年五六月间，绝迹不见，余以为将自大闻；伯雾没世，余始知不作画年余矣。丁卯（1927年）秋八月，伯雾亲属请余题，余记之。"方舟在艺术专科学校学习的时候，他尚未到艺专去任教，这两年方舟虽常到他家向他请益，但没拜门，所以他们二人是没有师生关系的。第二年，有人把方舟的遗画印了出来，他在卷前题了一首诗道："如尘心细见毫锋，苦力求工便得工。寄语九原须自惜，不应忘却寄雕虫。"他认为方舟的画是有前途的，叹息这样一位有为的青年死得太早，语重心长，情见乎词。

1920年9月间，老人和梅兰芳相识，是由齐如山介绍同到梅家去的。那时，梅家在前门外北芦草园。梅兰芳正式跟他学画草虫，则在1925年。据说，老人画草虫是从长沙一位姓沈的老画师处学来的。这位老画师，画草虫是特长，因为没有儿子，把自己生平的绝艺，都传给了女儿，不肯传给别人。在光绪二十五年（1899年），老画师早已亡故，他认识了老画师的女儿，得到了老画师画草虫的底本，专心研习。后来他的草虫画就出了名。梅兰芳虽是从他学画，但他并不常去梅家。梅兰芳的书室"缀玉轩"里，经常备有很精致的笔墨笺纸和颜料印色等，是专备客人中的书画家随时挥洒用的。老人平日作画，章法构造总是十分慎重，有了腹稿，也要再三斟酌，非得认为没有什么疵累，决不轻易动笔。所谓"急就章"，他向来是"敬谢不敏"的，这原是他对作品负责的优良作风。梅兰芳交游广阔，家里常有宴会。那时的风尚，宴会多在晚上，往往直到深夜始散。老人有早睡的习惯，也就不能常去参加。他曾对我说过："听戏熬夜，还算值得，朋友应酬，大可不必奉陪。"实则另有一个原因：他是不喜欢和人多作周旋的，尤其在生客丛中，更是视为畏途。王湘绮给他印草作序，曾说他："朋坐密谈时，有生客辄逡巡避去，有高世之志，而恂恂如不能言。"有人说他性情孤峭，就是为了这一点。但是梅兰芳对他始终以师礼事之，数十年间，从未怠慢。老人自创红花墨叶的画法，所需红色颜料喜用德国出产的，所谓"西洋红"。梅兰芳每次从南方回到北京，总是带一些来送给他。抗战期间，北方市场上很不容易买到洋红，梅兰芳先在香港，后住上海，也是常给他买些寄来。

老人对于我国传统的医药学也很有一些研究。我知道当今名医施今墨丈和他也有来往，曾经问过施丈。施丈说：老人的副室胡宝珠病时，施丈曾去诊治，每次去老人都招待得非常殷勤，对于病人，更是关切备至。施丈诊脉时，他在旁不厌其详地探听病情。施丈写方时，他伏在案上，一边目不转睛地看开药方，一边又絮絮地询问。他本是个很心细的人，无论什么事总要搞个彻底明白，不肯随便含糊了事。记得20多年前，他对我说过：李时珍的《本草纲目》，他早年是用过功的，曾劝我多读些医书，于自己是有好处的。还叫我搜集史料，编一本比较详细的李时珍年谱或传记之类。我有高血压旧症，他很关心我的病情，时常嘱我多加注意，不可疏忽，还介绍了几种民间流传的草药方。他常说："用这种药方很灵验，这是我国前贤遗留下来的珍贵经验，我们应该重视它。"

1933年鲁迅和郑西谛（振铎）编印《北平笺谱》，第五册内收了老人画的20页；荣宝斋印的12页是花果，李振怀刻；松华斋印的4页也是花果，张东山刻；静文斋印的4页是人物，杨华庭刻。当《北平笺谱》出书后，他非常高兴地对我说："这两位选录得很有眼力，可算是我的知己，我必须要去认识认识他们。"后来郑西谛和他见过面，鲁迅他始终未曾见着。老人只见过鲁迅的弟弟周启明，周是由徐悲鸿介绍来到他家的。徐悲鸿原是他的好友，曾替他印过画集，交由中华书局出版。在此之前，老人的朋友胡君曾用铜版印过一次老人的画集，老人自己也曾用珂罗版印过一次，这两个本子，印得都不够清晰。抗战胜利初期，他自己又把临摹八大山人的几幅画印了出来。那是在徐悲鸿印本之后了。

幸福晚年

老人常对我说，同乡中对他的画几乎都很称赞，唯独对他的字，却有不少人不十分赞赏。新中国成立后，章行严（士钊）师来到北京，老人画了一幅画送去，没曾落款，也没有题识，就是因为不知章是否喜欢他的字的缘故。实则行严师并无这种成见，这是他的多虑。行严师曾把他的近况偶向毛泽东主席谈起，毛主席派人和行严师到他家里，请他到中南海丰泽园去晤见。这时是1950年4月间。据行严师事后对我说，到老人家时，老人正吃午饭，吃的是一碗面条，一小碟萝卜，生活异常俭朴。他一生都是过的这样俭朴生活，凡是跟他接近过的人，都知道这一点。那天，他见到了毛主席。丰泽园内海棠盛开，主席请他赏花，和他谈了很多的话，还一起进了晚餐。他回家后，兴奋到了极点，逢人必告，谈得津津有味。他还说："我一辈子见到有地位、有名望的人，并不在少，哪有像毛主席那样的诚挚待人，和蔼可亲，何况是人民的领袖、国家的元首哩！"行严师有诗纪事，说："北京故

140

宫丰泽园有海棠两株，各高三丈余，庚寅三月花盛开，毛主席约余与齐白石共赏之，余即席成五绝句。"诗云："赤制由来出素王，汉家图箓夙开张（原注：东汉纬学家谓春秋为汉制作，赤制字见史晨碑）。微生也解当王色，粉粉朱朱壮海棠。""棠梨本色自婀娜，海外移根作一家。莫怨东风多顾藉，却教异种出檐牙。""故苑春深花满畦，重来亭馆已凄迷。残年不解胡旋舞，好下东郊入燕泥（原注：海棠花入燕泥干，剑南句）。""七年曾住海棠溪，门外高花手自题（原注：重庆故居，余咏海棠诗甚多）。高意北来看未已（原注：用荆公句），分甘原属旧棠梨。""相望万里羽音沈，海曲羁人怨诽深。几度低回旧词句，海棠开后到如今（原注：时余将于役香港）。"

老人一生，原是从艰难困苦中经历而来，在旧时代，受尽了欺骗、剥削和压迫，直到暮年，光明来到眼前，才过着真正幸福的日子。虽说他享受幸福不过短短的几年，但是，"太平看到眼中来"，他若回忆旧作的诗句，一定可以含笑瞑目了。

画坛挚友

——父亲胡佩衡与齐白石

胡 橐[*]

20世纪的前一半，正是齐白石和胡佩衡这一辈画家活跃在中国北京画坛上的时候。这两位老画师生前数十年的交往，也是值得回忆的画坛往事。

早在1917年齐白石老人在军阀混战的湖南湘潭老家待不下去而来到北京，生活比较安定，从此定居。当时，北京画坛被因袭守旧的势力所统治，因此，外地来京的农民出身的画家白石老人不受欢迎。

当时陈师曾认为白石老人的中国画很有功力，但缺乏独创风格，要求他改学吴昌硕，他听信其劝告，自此"衰年变法"，十年工夫，白石独特绘画风格形成了。他的作品达到了雅俗共赏的天地，这个时期他的作品充满着稚气，令看画的妇女儿童都能喜爱了。当时画坛上被保守势

＊ 胡橐，齐白石门人。其父胡佩衡为齐白石挚友。20世纪40年代起从齐白石学习绘画、篆刻。著有《齐白石画法与欣赏》。

力所统治，多数画家反对创新。只有陈师曾、徐悲鸿和胡佩衡支持白石老人的创新。陈师曾把他的作品拿到日本去展览，白石老人在《白石诗草·卖画得喜价复惭然纪事》诗自注云："陈师曾壬戌（1922年）春往日本，代余卖杏花等画，每幅百金，二尺纸之山水得二百五十金。"老人很高兴。后来，徐悲鸿也拿老人的作品到欧洲去展览，白石老人也很高兴。

徐悲鸿说："白石如六十而殁，湮没无闻。"白石老人的可贵处还不在于从古人那里继承了什么（当然这是变法的基础），而在于他变法后那些创造出属于他独特风格的东西。

当时我父亲正在北京大学画法研究会任导师，主编《绘学杂志》和《湖社月刊》，很有名声，他作画不少，得稿费较多。这时他拿出稿费来编印《齐白石画册》第一集，他在画集序言中首先介绍白石老人小传，然后介绍老人的艺术见解，"先生尝谓作画当以能得自然之精神者为上，画山水当推石涛，画花卉古人当推青藤、雪个，今人当推缶老也。先生见解既超，故作品之意境深刻而新颖"，并引用法国画家克罗多氏的话说："先生作品之精神与近世艺术潮流殊为吻合，称之为中国艺术界之创造者。"对白石老人的艺术可谓推崇备至了。然后介绍白石老人创作态度严肃认真，一丝不苟的精神："先生之作画也，用笔自然又极慎重，非惬意之作不肯予人，诚恐有一损笔为画之累。"接着他驳斥骂白石老人的画家们："近日画家之用笔率意及以干擦为能事者，先生均斥之，以其有误后学也。"最后介绍白石老人的高尚品德："先生性爽直，喜任侠，有古烈士风，故见有不平之事，即义形于色。噫！世之衰也，人唯利之是图，假艺术之名为自肥计者比比然也。先生人洁面傲，笔挽颓风，求诸今人岂易多得哉！"

这篇文字写于1928年，今日看来，对白石老人的评价是公正的，为他当时在北京画坛上确定地位起了一定的作用。因此，白石老人对胡佩衡另有一种情谊，他经常有创新的作品送给胡佩衡，并在上面题道："冷庵画侣良友也，特此为赠惭愧。"白石对这一段经历处之坦然，他当时曾题画道："余友方叔章尝语余曰，吾侧耳窃闻，居京华之画家多嫉于君，或有称之者，辞意必有贬损。余犹未信，近晤诸友人面目。余画巫荒唐。余始信然，然与余无伤，百年后来者自有公论。"

在旧社会，画家能自得温饱已经不易，胡佩衡能对待有困难的白石老人"解囊相助"，编印《齐白石画册第一集》行世，十分难得，可称得上是画坛上的一段佳话。

齐白石与我家三代人

黎泽渝[*]

我家与白石老人不仅是同乡同里的近邻，而且是世交。我们的老家同属湖南省湘潭县晓霞山下的乡村，两家先后定居北京时，又同住在西城区，相距只一二里路，祖父、父母与白石老人的交往，长达半个多世纪。

祖父与白石老人

白石老人从27岁开始学习作诗，后又学习书法篆刻，他对诗书画印的酷爱，成了与祖父结为莫逆之交的桥梁与纽带。

祖父名黎德恂，字松庵，生于1870年，卒于1953年，出身于以科第起家为名宦的书香门第，考取过举人，由于不愿做官，长期闲居老家，过着陶渊明式的生活，以诗书画印自娱。

1894年，32岁的白石初到我家为曾祖父画"衣冠遗像"（曾在1958年齐

---

* 黎泽渝，黎锦熙之女，曾任教于北京师范大学。

白石遗作展览会上展出）。这是白石老人首次来我家，他和祖父对艺术的共同爱好，使他们一见如故。祖父见他聪慧好学，就留他在我家住下，此后八九年间，白石老人每年总有好几个月是生活在我家的。

我家对面不远是罗山，花月佳辰，必开诗会，祖父与白石等十几位乡间亲友于1895年共同成立了"罗山诗社"，大家经常在我家饮酒赋诗。白石老人对这段生活是十分留恋的，在十年后给祖父信中还回忆道："聚必为十日饮，或造花笺（即在信笺上绘画——笔者注），或摹金石，兴之所至，则作画数十幅。日将夕，与二三子游于杉溪之上，仰观罗山苍翠，幽鸟归巢；俯瞰溪水澄清，见蟹螟横行自若。少焉月出于竹屿之外，归诵芬楼（即祖父的书斋——笔者注），促坐清谈。璜不工于诗，颇能道诗中之三昧。有时公或弄笛，璜亦姑妄和之。月已西斜，尚不欲眠。……璜本恨不读书，以友兼师事公……安得化身为蜗牛，负其庐置之于罗山之侧！"白石老人在晚年还曾赋诗曰："难得当年快活时，贫家只有老松知，不妨四壁烟如海，燃节为灯夜作诗……"

白石老人住我家时，除吟诗作画外，学习书法篆刻也是一项重要活动，即前信中所提的"摹金石"。白石老人是1896年在我家学习篆刻的。当时祖父及几位伯叔对研究篆刻之道兴趣正浓，白石来我家后，祖父就把家藏图书和一些艺术珍品给他观摩，如西泠六家中的丁龙泓、黄小松两派的影印等。

祖父比白石小8岁，当时是20多岁的青年，见白石如此珍爱这些佳品，一天，就对他开玩笑地说："你若能一次光口吃掉一碗咸鱼，我就任你挑一方好印送给你。"白石果真一口气吃完了，于是得到一方好印章。又有一天，祖父指着门前杉溪上的独木桥对白石说："你若能退着走过去，我就送你一方佳印。"白石又胜利了。后来白石老人写了一首诗追忆此事："三十年前溪上路，丹枫乱落黄花瘦。与君颜色未曾凋，人影水光独木桥。"此诗注释中记载了上述故事。从这两个小故事中，可见白石老人当年对篆刻艺术是何等痴迷！

　　白石老人的《罗山旧事》一诗，更为生动细腻地反映了他与祖父等人在我家学习篆刻的实践活动，是何等刻苦顽强。诗曰："石潭旧事等心孩，磨石书堂水亦灾。风雨一天拖雨屐，伞扶飞到赤泥来。谁云春梦了无痕，印见丁黄始入门。今日羡君赢一着，儿为博士父诗人。"

　　距当年刻印半个多世纪后的一天，父亲拿出几十方家藏印章给我看，并对我说："这里面有些是白石老人和你祖父等人当年在咱们家初学刻印时的作品，白石刻的第一颗印章是'金石癖'，可惜已丢失了。"

　　我见到这堆印章大多为极普通的寿山石，形状各异：有方的、长圆的、古钱形的，还有极不规则的，似乎是随意拿来的一块石头，磨磨就刻。其大小也不一：小的如蚕豆大，大的底面积如铜板，高度却不到一厘米，想必是刻了磨，磨了再刻，才变得如此模样。有的则是上下两端，乃至侧面都刻为名章，可能是为了充分利用石料。这些印章有的是名章，有的是闲章，所用字体有行、楷、草、篆等。有的无边款，有的有，其中白石刻的约有十来方。边款上有的刻："仿某某人，规范否？"或"白石曾刻之"等字样。

　　祖父与白石老人在青壮年时，由诗书画印结下的友情，随时间的迁移变得更加深厚了。从30年代后给父亲的来信中也可见一斑。如："尊大人与璜别后，三上书，只得一答。老书生胆小避乱之沪，沪如此。尊大人处能无枪声否？璜甚念之。新年以来有家书否？如常通音问，乞转示我，为幸！先请尊太夫人福安。"

　　"咫尺久不相见，真似天涯矣……尊亲大人一函并拙诗草九本，皆请添上尊大人之居址，并为璜寄去。浊世虽有家，迁移无定所，殊可感叹也。"

　　抗战前，祖父曾来京住父亲家，当时白石老人也已定居北京，他俩又会面了。从父亲当年的日记中可看到：祖父与白石老人经常互相拜访，在重阳节还一起登高游玩，又曾一起去观音寺听圆瑛和尚讲楞严经等。1950年祖父

80大寿、父亲60寿辰时，白石老人送巨幅《松鹤图》（此画1958年齐白石遗作展曾展出）祝寿。三年后，祖父83岁谢世。

从祖父与白石老人交往中，可以看到：他们对于诗书画印有共同兴趣，并曾一起研习，但两人发展道路迥别。祖父比白石老人更早地接触中国传统文化，他5岁启蒙，青年中举，而且如白石老人所说："其天资胜于余"，况且祖父家中又有丰富的藏书和艺术珍品，更便于学习借鉴，但是，祖父只是把诗书画印作为消闲自娱的对象，最终半途而废，一事无成。而白石老人把艺术作为终生的事业，锲而不舍，精益求精，从模仿到创新，终于自成一家，成为被国内外尊崇的艺术大师。

父亲与白石老人

父亲名黎锦熙，字劭西，生于1890年，卒于1978年，是我国著名的语言学家、教育家和社会活动家。

1894年白石老人初来我家住时，父亲才4岁，开始读启蒙教材《诗经》，父亲年幼，课凳上不去，常由白石老人抱上去，祖父也让白石一起就读，他们的塾师是王仲言。

在家庭环境的影响下，父亲自幼受祖国文化熏陶，十来岁读完《十三经》，《文选》也读完一半，诸子及唐文熟读了数百篇，古今体诗读至万首。同时他也极喜爱作诗、绘画、书法、刻印、吹箫、弄笛，所以他10岁就参加了白石和祖父等人组织的"罗山诗社"，和长辈们一块饮酒赋诗，受白石的扶掖。他15岁时考取了清朝末科秀才。

父亲成年以后，诗书画印虽不是他的专业，但少年的坚实基础，使他日后显示了突出的艺术才华。比如他的书法艺术曾广为世人所承认，许多人向他求字。他不是为艺术而艺术，而是以书法为工具，来推动他所从事的普通话运动。在《黎锦熙写字润笔单》中明确规定："中堂、对联每副30元，不写国音字母者加两倍，每幅90元；招牌、匾额，每字10元，字旁不注国音者加两倍。"父亲就是利用一切机会使国音字母普及开来，以推广全国的普通话（当时称为国语）。父亲还曾创拟出注音字母草体，此字帖由商务印书馆出版，在当时曾广为流传。

父亲在诗歌艺术上，也颇有成就，他的诗作几十年来常见于报纸杂志，并曾出版《劭西诗存》，被专家们评论为"诗家之诗、史家之诗、学者之诗"，"诗中有史，史中有诗"。诗歌韵辙，属于他的语音专业范围，所以成绩更大，影响更广，比如他与人合撰的《中华新韵》，曾被当时政府颁定为全国作诗填词押韵的标准。

父亲与白石在诗歌创作上常常相互交流，共同提高。现录白石老人函如下："拙诗集日来文岚簃已送印页来校阅，始知先生费精神不少，可谓字字留心看过。甚感！甚感！《过洞庭观日》短古一首（樊、王皆不取者），因君称之似太白，吾自细看，此时不能为。作此短古时，吾正在家，或读太白诗，是学太白，未可知也。……吾之所学，君能全知，惭愧对诸故人言。己酉后，世不变乱，读十年书，行数万里路，闭户作诗，或有可观者。……总而言之，吾应知足，既画、刻已有虚名，又欲作诗，近于好事，然性之所好，不得不为也。"

1963年人民美术出版社出版了八开大本的《齐白石作品集》，其中诗集一册就是由父亲校订的，并写有长序。

1948年父亲与胡适、邓广铭两先生合编的《齐白石年谱》，由商务印书馆出版，父亲在序中说："参加撰写他的年谱，其所谓义不容辞，责无旁贷。"

从父亲4岁与白石老人相识，到白石老人97岁去世，近60年的忘年之交，情深意切，这不仅由于他们有共同的艺术爱好，更由于他们在人品道德上有许多相似之处：政治上，都爱国爱民，在旧社会他们虽都有较高声望，但绝不为官，连国大代表也不当，而新中国成立后却都欣然接受被选为全国人大代表；在生活上，都非常朴素，待人谦和；事业上，都认真严谨，敢于革新创造；教学上，又都毫无保留，真心诚意地希望青出于蓝而胜于蓝。我认为他们的这些精神与他们各自的艺术作品、科研著作，都是我们民族文化的宝贵遗产，是我们后辈永远学习的榜样。

我与白石老人的交往

我与白石老人相识是在抗战胜利后不久，当时我还是小学低年级学生，随父母从兰州来北京定居，住西城区成方街，距白石老人家仅一站多路，因此从小学到高中的十来年间，常随父母去看望白石老人。

我母亲贺澹江，湖南长沙东乡人，生于1907年，卒于1983年，她工作之余喜欢赋诗、填词、绘画，1936年与父亲成婚后不久，就与白石老人相识并拜白石为师。老人在世的最后十来年间，母亲常携我去拜访他，耳濡目染，使她画的小鸡、鱼虾、花卉等颇具白石之风。

当时白石老人住在西城区跨车胡同15号，这是一所典型的北京四合院，老人住两明一暗的北屋，小套间为卧室；大间则是他的客厅、餐厅、画室三位一体的房间：西墙根是一排木柜，其上系着一根长铁丝，常夹挂着老人的字画，柜前一张长长的画案，铺着墨绿色台布，其上有"文房四宝"，进门中间是一张能支成圆形的旧方桌，即餐桌，几个小方凳；桌前靠南墙是一把旧藤躺椅，这是老人的专座，椅旁一根红漆龙头木拐杖。到冬季，椅上多一条皮毛垫，椅边多一个煤炉子。这就是世界文化名人白石老人晚年工作和生活的处所。这种陈设，不用说在今天，就是在当年也是够简朴的了。

小时候我差不多一周就要来这里一至两次，老人总是穿着布长衫，戴一顶布帽，坐在旧藤椅上接待我们。我和母亲围坐他身边，老人常用他的大手握住我的小手，我静静地听他和母亲谈画画、聊家常，有时我悄悄地摸摸他胸前稀疏银白的长胡须。去他家最有趣的事是看老人画画。他画时很少讲话，全神贯注一气呵成，运笔不快，有点像打太极拳的动作，运好气后一个动作接一个动作，不紧不慢，柔中有刚。寥寥数笔，毛茸茸的小鸡，活蹦乱跳的鱼虾，笨拙横行的螃蟹都跃然纸上了；水灵灵的蜜桃，沉甸甸的柿子，饱满的荔枝或枇杷挂满了枝头；艳丽的牡丹、雅淡的荷花、金黄的葵花、紫色的喇叭，争相怒放……画完后，老人总让我们帮他夹挂在身后细铁丝上，静静观看并问我们画得好不好，有时他认为有不妥之处，就取下来再添几笔，一直到满意为止。他对艺术如此认真严肃精益求精的态度，在我幼小的心灵中，留下了极深的印象。

我从学龄前到读小学期间，受家庭影响也很喜欢用墨笔水彩乱涂抹，母亲就把她画画和父亲写字剩下的宣纸零头，钉成巴掌大的小画册送给我，几年间我竟也画了十多本，也常带去向白石老人请教，他有时指点我一番，但更多是点头称赞："好！好！"于是我很得意，也就特别喜欢去他家。一次他看了我画的一只死板板的小鸡后，起身走向画案，为我画了一张一尺多长的雏鸡图：两只毛茸茸的小鸡叼着一条已被啄为两截但尚在蠕动的蚯蚓，旁边又有几只小鸡飞奔过来，正欲参加这场口中夺食的激战，小翅膀急急扇动，小脚爪紧张地奔跑跳跃，栩栩如生，极富有动态感和活力。不等老人画完，我就拍着手大笑起来，一反小姑娘平素文静的态度。母亲忙呵斥我："不要'人来疯'！"可是我依旧开心地咯咯笑着。但看了白石老人的题词，我却突然停止了笑声，老人不解地问我："怎么啦？"我指着题词中的"一笑九十岁"不答话，顽皮地看着老人。突然白石老人和母亲同时笑了起来，原来题词是分行写的：第一行是"泽渝小朋友"，第二行是"一笑九十岁"，第三行是"白石老人"。

自此白石老人似乎更喜欢我了，每次去他家，不仅像平素一样要留我们吃饭，而且还常常亲自打开柜子给我拿些小食品吃，并鼓励我要多练画画，他还曾向母亲提出希望结为儿女亲家。

读初中后，我的兴趣从画画转移到读课外书上，考入高中后，我就决心继承父业，将来报考大学中文系。功课忙了，也长成大姑娘了，我不愿再做母亲的"小尾巴"到处串门儿，去白石老人家的次数也相对少多了，不过逢年过节或老人的生日我总是要去的。记得有次生日饭是在湖南曲园酒楼，老人身穿大红缎子长袍，像京戏戏装，给我留下很深的印象。老人曾一度迁居到北城雨儿胡同，离我家较远，我一次也没去过那儿。此间政府给老人颁发国际和平奖金的大会，我是参加了的。也许因为去他家的次数比小时候少些了，所以我们一旦去了，他总是特别高兴，还曾主动为我刻名章。每次去都有说不完的话，记得有一次我和母亲向他告辞，他非要拄着拐杖走出房门，倚着铁门目送我们，我们已快走出院子，老人仍依依不舍地向我们挥手，他的四子（或五子，我记不清了），正巧经过院子，见此情景，忙取来相机，拍下了这难忘的时刻。白石老人97岁临终那年，还给我画了一张一尺见方的牡丹，题词是"泽渝世侄女雅嘱，九十七岁白石老人"，画面上只有一朵红牡丹，很艳丽很有质感，但花瓣全部张开着，有的还向下垂着，似乎马上就要凋谢了。后来我每每望着这张画，心中总是升起一种无名的悲哀，好像这朵快要开败的红牡丹正是当时白石老人生命即将结束时的写照。

1957年9月16日，我家大门门铃急急地响着，我跑出一看，原来是白石老人的幼子齐根，他哽咽地对我说："爸爸病故了，让我去通知三姐，顺路先来告诉你。"我被这突然的噩耗惊呆了，我为齐根从此成为孤儿而伤心，也为自己失去了一位慈爱可亲的长者而难过，更为我国乃至世界人民失去了一位伟大天才的艺术大师而悲痛。此后我随父母一块儿参加了在北京医院的遗体告别，在嘉兴寺殡仪馆的公祭，在跨车胡同15号的家祭，最后跟着灵车一直送到北京西郊白石桥墓地。

白石老人虽已离开我们了，但他的音容笑貌永远活在我的心中；他的精神时时激励我在语言文字工作中奋进！

捧读白石老人的回信

李　立[*]

我是湘潭县堂市乡（现属株洲县）人，和恩师齐白石老人是小同乡。今天，如果说我在金石书画方面有一点成就的话，我应该感谢白石老人的奖掖、鼓励和教诲。

我幼年丧父，寄居在外祖父家。外祖父出身于当地的大户人家，书香传世。记得每逢过年，外祖母把家中收藏的字画挂出来，我看着字画上盖的那些图章，特别是白石老人刻的，气势磅礴，觉得非常漂亮。等字画收到阁楼上，我偷偷跑上楼将字画上那些鲜红的图章剪下来，贴到自己的书本上。在湘潭竹冲找来许多黑色的楚石，打磨平整，照着这些图章一一摹刻。真想不到幼时的这一幕恶作剧，成了我一生金石缘的起点。

当时，外祖父家收有不少齐白石的画。通过这些画，我接触齐白石的印章也逐渐增多。我觉得白石老人的印章刻得奔放洗练，与人家的大不相同，我十分喜欢。渐渐地，我刻的印章越来越像白石老人的了。读中学时，我将

＊　李立（1925—2014），号石庵，晚号立翁。工书画，尤擅篆刻，曾得齐白石亲炙。曾为中国书法协会会员、西泠印社社员、湖南省文史馆馆员。

自己所刻的印章拓成一册小小的印谱，自题《石庵印草》。

湘潭中路铺竹冲的胡沁园和我外祖父家是亲戚，我姨父同胞兄弟二人（弟弟胡文效，号卧龙），是齐白石的恩师胡沁园之孙。有一年冬天，胡卧龙来到我外祖父家看了我的印章，大为赞赏，白文印和朱文印是白石老人的风格。胡卧龙这时也在私淑白石老人学篆刻。他建议我将这些印章寄给白石老人，请求指教，并告诉我如何写信。于是，我不揣冒昧地给在北平的白石老人写去一封信，附上我摹刻老人的"湘潭人也""古潭州人""人长寿""愿人长寿""大匠之门"等印章拓片。不久，白石老人居然给我回了信。信云：

石庵贤世兄鉴：

　　来函始知兄台为卧龙侄戚人，兼以从事刻印。承拓来摹予所刻之印数方，刀法足与予乱真，予叹之。白石刻石之替人二三，皆在四川；不料家山又有卧龙、石庵能倾心学于予，予心虽喜，又可畏可惭也。窃意好学者，无论诗、文、书、画、刻，始先必学于古人，或近代时贤，大入其室，然后必须自造门户，另具自家派别，是谓名家。愿贤兄察予言之是非为幸。白石行年八十又三矣，十指养上下廿又三人，日费百元（原注：北京通用纸币百元可换上海纸币六百元），苦极愁极！倘天见怜，使长途通行，予决还乡，与二三子长相往还。未卜有此缘数否？不一一。

　　再者，白石自刻之"古潭州人"四字印，甚工，此时不见，想是自己磨去。昨想再刻，恐不能有旧时之工。湖南若有人来北京，愿世兄将"古潭州人"四字印赠我为望。

白石老人　顿首

（民国）卅二年八月廿五日

接到老人的回信，我真是喜出望外。没有想到名满天下的一代宗师，已届83岁高龄，竟对我这个在篆刻艺术上刚刚起步的晚辈如此关爱。尽管我和老人之间有着胡家祖孙与我外祖父家的姻亲关系，但白石老人从乃师胡沁园身上继承下来的那种发现、培养人才，奖掖、鼓励后学的精神品格是感人至深的。

白石师的信，我捧读再三，仔细体味其中的深意。

"刀法足与予乱真"，这是老人对我鼓励有加。老人自己早年刻的这几方印章堪称经典之作，我喜极爱极，摹刻时十分认真，几乎惟妙惟肖。从老人信中"愿将'古潭州人'四字石印赠我"一语来看，老人对我的作业是基本肯定的。

"白石刻石之替人二三，皆在四川；不料家山又有卧龙、石庵能倾心学于予。"在四川者，指的是从老人学习篆刻的四川人罗祥止等，在京时常代老师刻印，后因北平沦陷，都回四川了。因而对家乡有人能潜心学艺深感高兴。

"窃意好学者……是谓名家"，这段话既是老人对自己毕生在艺术道路上辛勤探索的总结，又是以自己成功的体会对后学传授和劝导，足见其良苦用心和一片赤子之诚，当时我真是茅塞顿开。后来我赴杭州国立艺术专科学校学习，乃至一生在篆刻书画艺术方面的不懈追求，都一直以白石师这番话作为座右铭，从而获益匪浅。

"白石行年八十又三矣，十指养上下廿又三人。"老人回信时值1943年，正是风雨如磐，民族灾难深重之时，北平沦于日寇之手，老人民族气节凛然，决不屈身事敌。曾在大门上告白："画不卖与官家……"这里的官家是指日伪官员。然而家中20余人的生计，老人又岂能稍歇？全靠一双手！故言"苦极愁极"。读来令人戚然。

"使长途通行，予决还乡"，表现了老人浓浓的乡情，深深的乡思。

接白石师的信后，我尽快地将摹刻的那枚"古潭州人"印章寄往了北平。

新中国成立后，1955年夏天，我到了北京，去白石老人家拜望老师。我因与齐子如、齐佛来早就熟悉，见面后老师非常高兴。看了我的篆刻书画作业后，说了一些鼓励的话，也指出了许多不足。写字方面，要我先写小篆，老师告诉我，他就是从《三公山碑》和《天发神谶碑》写出来的。谈到画，老师指着墙上的画，再三叮嘱："要多看、多画。"第二年，我拟再次进京看望老师，并想请老师为我题写印鉴。后来由于学校教学任务甚忙而未成行。可能老师是从齐佛来口中知道我将去北京，特意为我题写了"李立刻印"四字，这四个字我珍藏宝用至今。同时，老师还为我画了一对青蛙，并题道："闻立也已来京华，犹不得相见，寄此嘱题数字，予以蛙还之。白石老人。"

此后，无论是在教学上还是在艺术探索中，我都谨记老师的教诲：先学古人时贤，然后必须自造门户。书法，我以小篆为基础，规范中参以《天发神谶碑》意，追求金石味；篆刻，学习老师奔放、爽劲的印风，参以沉稳、浑朴。目前，从我的作品中既可探寻到师承的脉络，又可看出"学于古人或近代时贤"，力图"自造门户"的心得。

对于老师奖掖教诲的恩德，我铭感五内；对于老师的艺术造诣，我由衷景仰。我虽曾受老师亲炙，然而终不及老师所达境界之万一。90年代初，湘潭齐白石纪念馆嘱我题写"刻石留芳"四字，我落款是"李立拜题"，这是向老师敬礼！近年来，有感于自诩"白石门人"的人日多，我倒觉得自己于师门尚未登堂入室，不如自署"白石门外"反觉于心稍安。但这丝毫不会有减于我对白石恩师的缅怀和追念之情。

我与白石大师的一段交往

吕宜园[*]

初次见面

我自幼喜爱书画。对书法艺术，几十年来，我还不断地研习，而对于绘画，虽然有时也乘兴涂抹几笔，但严格地讲，只能算个外行，未曾专门学过。

我十七八岁在开封中州大学读书的时候，就常听人说，中国现代的大画家中有一位齐白石，但一直未遇机缘和他见面，也没有见过他的画，只认为他雄踞艺术宝座，是一位高不可攀的人物。

大学毕业后，我长期在高中或师范教英文或国文。当时教员生活极为困苦，常想改行。1943年，适另一位老同班侯镜如，时任第九十二军军长，带着一部分新兵奉调去四川整训，路过汝南，邀我从军参加抗日，即随之西去，任司令部中校秘书。

1945年抗战胜利，我随军由武汉空运参加接收北平，住在石驸马大街。

---

* 吕宜园（1907—2001），河南商丘人。教育家、书法家。工诗词、善书画。曾随齐白石学习绘画。

一天，军政治部主任侯吉晖等几个人对我说："我们是齐白石的湘潭县同乡，今天去瞧看他，你愿不愿意和我们一同去？"这正是我多年求之不得的夙愿，遇此良机，哪有不愿之理，于是我就和他们驱车到了西城跨车胡同15号齐先生的住宅。我们一敲门，看大门的老尹即开门把我们让进去。

这时齐先生的护理夏女士（齐老常叫她老夏）忙从后院出来欢迎。我看这位女士约有30来岁，身穿蓝色旗袍，文静朴素而态度大方。她原是某医院的护士，见齐先生年迈孤独，由于景仰这位艺术大师，竟毅然辞职，为之尽心护理，可谓难得。

我们走进中院三间北屋，见到齐先生，一位80多岁的老人，身穿宽松的长袍，清瘦慈祥，银须飘胸，使我不禁联想到旧小说中所描写的仙风道骨似的人物。

齐老见了我们，忙从躺椅上站起来热情欢迎，可是他的满口湘潭口音我还听不很懂。

房子中间摆着一张画案，上边放着文房四宝及颜色碟子之类，并无端砚玉洗等名贵之品。齐老到底是一位平民画家！

地上摆满了画，墨色淋漓，还未干透，在那里晾着。这是我初次欣赏齐老的作品，大饱眼福。原来这些都是给政治部那几个人画的，看样子他们已经熟识，并且有了约会，齐老早备好酒席等着我们的。

吃过饭，我想如此空手回去未免可惜，也援侯吉晖诸人之例向齐老要一幅画。齐老欣然答应，伸手从书架上取下一张宣纸，我慌忙添上半砚台水，准备研墨。齐老笑道："用不了那么多水，一点水就行啦。"我赶紧又把水倒出来，水少了，很快就把墨研浓。齐老于是凝神站定，濡染大笔，饱蘸西洋红，先画了两个大桃；再换笔蘸墨，画了枝叶；但见桃大如斗，颜色浓艳，顿觉满室生辉。我说："人言齐先生的画，无不精妙，尤以画虾，久负盛名，可惜我还未见过，殊为遗憾；只是齐先生今天太累了，我不敢再麻烦了。"谁知齐老并不答话，又取出一张纸，贾其余勇，几点几抹，又画了九个大虾，生动逼真，神态各异。后来我把它和大桃裱好挂在屋里，一天被齐老的弟子娄师白见了，他认为都是齐老的精品，不可多得，一定是齐老当时乘兴挥毫，才能出此效果。

此后，我成了齐家的常客。一些军政巨公们常给侯军长写信要齐老的画，都是着我办理，并且都是随去随画。按齐老的润格是每方尺法币6万元，我都是照数付给，从不短少分文，前后大概买了20多幅；当然，钱都是向军需处领取的。

怎样画虾

我曾问过齐老："您的画，无论山水、人物、花鸟、草虫，无不精妙，不知以画什么为最擅长？"他说："我的画从60岁以后就退步了，唯有画虾，直到现在仍在不断地进步，从未停止过。"

齐老以画虾如此自负，我虽说曾亲眼看过一次，但对于其中奥妙尚未渗透，常蓄意要请他给详细地示范讲解一下，以便学习。

军需处有位军需，名叫李介人。他当时是中共地下工作者，和侯军长有亲戚，而我是侯的老同班，大家都是豫东同乡。李看与我谈话的观点大多一致，常和我商谈九十二军的起义工作。

李很喜爱书画，常在我俩吃小馆的时候表示对齐老的景慕。一天下午，我向他提议同去拜访齐老，他欣然愿往，便一同骑车到了齐宅。我向齐老说明来意，是想让齐老详细地谈一下虾的画法。齐老欣然答应，拿出一张约二尺长的宣纸，磨好墨，准备动笔。我和李站在一旁注目留神地细看。

齐老拿起大笔，先在调色盘中把墨调匀，又从小水盂中舀出一勺清水滴入笔头的根部；笔尖向左，笔头与桌面略呈40度角，然后用力一捺，因根部被那一滴水冲淡，现出一个极淡的圆点；随手在点的右下角补了一笔，一半压住前一笔，一半露在外边，斜入虾头的尖部，并两侧各点了一下。此后，卧着笔，一节套一节地，以向上隆起的形状画了六节作为虾身，再趁势往前一拉，又侧着笔上下两抹，作为虾尾，下边添上足和螯。然后用更浓的墨添上虾眼，又在头的背部点了一下。

我当时还不了解这一点的作用，适夏女士走进屋里，站了一会儿，看我有怀疑的神情，忙对我说："这是食。"起初我把"食"误听为"屎"，觉得屎怎么会跑进头上呢。再仔细一想，才弄明白她的意思，但我又想，食应在虾的腹中，不应在头上，恐怕她说的也不尽然，也许那一点是为了加深头部的颜色。

下面该画虾须了。至此，齐老才换用小笔，由虾头的前部向后撇了几条长须，一个大虾就完成了，一共还不到一分钟。

我说："看齐先生这画也很简单，不像我想象中那么惨淡经营。"我这本是表示钦佩的意思，而齐老则误以为我是怀疑他有点保守，还留着一手呢，便呜呜啦啦地说了几句。一着急，他的湘潭口音我又听不大懂。老夏见我有点发愣，忙向我解释："齐先生说，虾的画法就这么些，都给你说完啦，你就是再给他拉来一火车票子也不能再给你多说一句啦。"我听了此话，暗自高兴，以为已尽其技，不觉技痒，便说："我也来画一下行吗？"齐老说："可以。"就递给我一小张纸，我便依照齐老的画法抹了起来，结果画得不但轮廓全非，而且洇得一塌糊涂，分不清鼻子眼。我问齐老："按您的画法为什么画不成？"他笑着问我："你画了多长时间啦？"我说："我这是头一画。"他说："我已经画了几十年啦，才画成这样，你头一画就能画好，那还了得！现在我把画法已完全交给了你，以后只有练的问题了。"齐老说罢这话，我点头称是，而李介人也要画一下试试。齐老也给他一张小纸。谁知他画的更糟，还不到一半就失掉了勇气，嗒然搁笔了。

李介人也以学画为名，请齐老给他画一小幅，齐老也满足了他的要求。李把这幅画连同给我示范所画的一幅，请齐老都落上款，盖上章，我们高兴地拿着道谢告辞。

关于画虾，我还想起一件事：有一次我又请齐老画虾，已画了几个，我忽然想起，曾听娄师白说，齐先生画虾有个特点，都是头朝左，我所见到齐老画的虾也确实如此。大概这因为如果叫它头朝右，有点"背劲"，没法下笔。我就把娄师白的话给齐老一说，想给他出个难题。谁知齐老并不答话，把纸一翻，在背面又画了一个头朝左的虾，但再翻到正面，虾就头朝右了。原来他是利用宣纸的性能，而出此效果。这种画法，我还没听娄师白说过。翻一下纸不过一举手之功，固然很容易，但如哥伦布之立鸡蛋，他人尽虑不及此，那就难能可贵了。

我还看过齐老画螃蟹。正在欣赏他画的蟹壳很有质感，好像敲着能呼呼响，齐老说："你再细看一下，螃蟹腿上都有毛。"我一看，果然不错，螃蟹的腿都毛茸茸的。这是他对水分的掌握恰到好处，用笔一抹，自然洇出来的。

有一次我看齐老画飞着的蜜蜂：先将头、胸、腹画好，然后把笔涮净，笔尖上蘸一点较浓的墨，以蜂腰作圆心，卧着笔，由上而下画一个半圆形作为右边的翅膀；又把纸磨动一下，用同样的办法，由下而上画成左边的翅膀；最后添上腿，一个活生生的蜜蜂就跃然纸上，看着好像在嗡嗡地飞动。

书画的渊源

中国的书画艺术，虽说流派纷呈，但各大书画家也都有他们的承传关系。为此，我问过齐老："您的画是属于哪一派的？"他说："我最佩服吴昌硕，还有石涛、八大及扬州八怪等都对我很有影响。"

接着我又问他怎样执笔和怎样运笔。他说："这个没有一定的法则，你以为怎样得劲就怎样来。古人也是各不相同，不要被那些所谓传统技法给束缚住，那样反而不好。"我说："先生这种画无定法之说，则既闻命矣。我每见您在画上的题字，浓墨蘸水，淋漓尽致，都别有风味，与众不同，我还看不出是出于哪碑帖，是否也有所本？"他说："提起字来，行书我最佩服李北海，篆书我最佩服《三公山碑》。"

回想起来，寻常我见到的齐老题画的字，大多草率，只有两件最为精彩。一件是他给自己订的润格，约有5尺长，2尺宽，装在玻璃框里，倚在堂屋的后墙根上。隔了些时，这个框子忽然不见了，我以为是齐老珍惜此件，把它收起来了，所以也没问他。后来我在常给梅兰芳编剧的齐如山家见到此物，问他这个润格怎么弄到这儿了。他说："这个润格写得浑厚雄健，且法度谨严，是齐白石的精心之作，不可多得，所以我就把它拿来了。"再一件是他赠给我的《双喜图》，约有3尺长，2尺宽，上面只用水墨画了两只和实物一般大的喜鹊，翘尾相顾，精彩动人。下边题了几行行书："今夕通夜不睡，谓之守岁；未动晨钟，吾尚只有八十又五岁也，谁谓吾老？"其中的"只"字是写掉后又在旁边补上去的。字写得苍劲恣肆，足与画媲美。当他递我的时候，我如获至宝，十分高兴；可是老夏忽然提醒齐老："这不是您留纪念的吗？"齐老恍然，"啊"了一声，说："是的，这一张不能给你，以后再给你画吧。"随后老夏又对我解释："齐先生每年除夕画的一幅画是留作纪念的，例不送人，请你原谅。"说罢，齐老又把那张画放回柜子里去了。

隔了几天，我又到齐宅，老夏没在家，我和齐老谈高兴了，他说："我送你一张画。"随手打开柜子，拿出一个纸卷，我抻开一看，还是那幅《双喜图》。我大喜过望，携之而去。大概对于此画，老夏有点痛惜而齐老决意要给我，所以才有此曲折。

现在我回想起来，这幅画与画上的题词，真是太巧合了。夫双喜者，喜欢两次也。这幅画的赠收经过，正是如此。可惜这幅画终于也没有保存住，双喜变成空喜。

赠诗志喜

一日，我又去齐宅，齐老拿出一小块纸递给了我。我一看纸上书七律一首：

> 蓬门长闭院生苔，多谢诸君慰老怀。
>
> 高士虑危宜学佛，将官识字本多才。
>
> 受降旗上日无色，贺喜樽前鼓似雷。
>
> 莫道年高无好处，眼前又见太平来。

诗中充分表达了齐老对抗日胜利的欢喜。哪知好景不长，内战旋起，中国人民又遭受战争与饥饿之苦，当日贺喜的心情一下子变成了绝望的愁叹。我也想等待机会脱离军职，以书画自给算了。于是我不揣冒昧，步齐老原韵和了一首，最后两句是："若许樽前称弟子，不辞旦暮叩门来。"

后来齐老对我说："你的晚景还不错。"我问他此话有何根据，他说："你和我的那首诗，押韵还相当稳当，凡次韵和诗能把韵押稳当的都有很好的晚景。"我听到这话，以为似涉迷信，只笑着说："齐先生还会凭诗断运呢。"

再说那首和诗的最后两句，是表示愿拜他为师，我并问他这应该举行一个什么样的仪式。他说："不必拘泥形式，你这一说算啦。以后你要勤来，我画着，你看着，随时给你指点一下就行了，光讲些空洞的理论没有多大用处。"

老夏看我们说到收徒弟的事，忙插嘴说："齐先生收徒弟并不讲究要什么仪式。"接着她讲了下面一段故事。以前齐先生还能走动的时候，有一天因事去城南，经宣武门回来，在街旁地摊上见一个卖齐白石假画的，齐先生认为有损他的声望，便厉声喝问："你为什么冒充我的名字在这儿卖假画骗人？"那人笑了一下，便郑重答道："齐先生，你好不懂道理！不错，这都是些假画。你要明白，凡是大画家没有不被人造假的。造假的人越多，说明他的名气越大，无名之辈，谁也不造他的假画。所以我造你的假画，对于你没有损伤，只有帮助。再说，我这些假画卖得便宜。有钱的人，还是买你的真画；没钱的人，买我的假画，并不妨碍别的有钱人买你的真画。你又何必生气呢？"这一番话，竟把齐先生说得闭口无言。停了一会儿，齐先生从地上捡起一幅画，说："我看看你画得怎么样。"看罢说："还有点意思。这样吧，我收你做个徒弟行吗？"那人一听，趴下就给齐先生磕头。这样，齐先生在大街上收了一个徒弟。可惜我当时没有问老夏这个徒弟的姓名。

大概从此以后，齐老对别人卖他的假画，不但不反对，反而高兴。有一次他对我说："吕先生，你来买我的画，价钱虽不少要，但是我保证这些画都是真的。"我说："我亲眼看着你画的，当然不会怀疑；但像琉璃厂里大书画店，大概有些真的。"齐老大笑："我给你说实话吧，那里面一张真的也没有。"我听到这话，到底有点怀疑。有人说，真画他们可能有，不过他们轻易不往外摆，大凡往外摆的就靠不住了。我认为此话也合乎情理。

回头再说一说齐老的那句诗——"蓬门长闭院生苔"。有人问齐老长寿之道，他说："我没有其他缪巧，只是不看报而已。"其实他不仅不看报，甚至与世人也少往来，终日庭院寂静。"蓬门长闭院生苔"是写实，虽然大门是木制的，院内也不见苔藓。

门外物价飞涨，国内炮火连天，他都视若无睹，充耳不闻。卖画的钱，够100万就用纸包起来，上面写上"搬尸过关之用"几个字，放在箱子里，锁好，永不动用。我们曾劝他把这钱买成实物，免得受通货膨胀的影响，但未被采纳。后来法币日益贬值，到新中国成立后，干脆都成了废纸。齐老可谓精于作画而拙于理财，其所以享大名跻高寿在此，其所以受困穷也在此。

有一天，我见齐老桌上放着约有3尺多高的一大堆纸卷，都是预付过润资等着取件的。我问道："您这些画债几时才能还清呢？"他说："这个没有关系，我如果画不完死了，把钱再退给他们嘛。"于此见齐老这一切达观，毫无忌讳，这也是他享高寿的一个因素吧。

几块水果糖

我每次去齐家，他常拿出几块水果糖来招待。有一次家里没有糖了，他踌躇了一会儿，对老夏说："你到门口看看，街上有卖××糖的没有？"老夏到门口看了一下，回来说"没有"；停了一会儿，齐老又对她说："你再去看看，街上有卖××糕的没有？"老夏又去看了一下，回来仍说"没有"。停了一会儿，齐老又对老夏说："你再去看看，街上有卖……"老夏有点不耐烦了："齐先生，这样好不好，叫老尹坐在门口，看街上有卖什么吃的，见什么买什么，行吗？"齐老显出无可奈何的神情，只得点头答应。但因为他住的那条胡同太偏僻，老尹等了半天，也没有见到有卖什么的，只得作罢。

后来，我有次找王雪涛求他画画，顺便将齐老刚画的一幅菊花，拿去与他共同鉴赏。他看过后，对画的艺术特点不置一词，只是叹道："看这幅画，齐先生的精力还是那样饱满，一点也不显衰老，他还得几年活，真要寿比南山了。"当我谈到齐老先生简朴，拿水果糖招待我们的时候，他大为吃惊："啊，你真了不起！几块水果糖，固然算不了什么，可是齐白石的水果糖是不容易吃的，我们还不知道齐白石的水果糖是啥味儿，你竟然能够吃到，真是太了不起啦。"我不禁暗笑，想不到这几块水果糖，其意义之重大有如此者。如果让他知道齐老给我买糕点的情景，不知又当做何感想。

三百石印

　　常见齐老在画上钤着一个上刻"三百石印富翁"的印章。这当然是说他有三百颗石头章子，但不知都是些什么样的，也没问过他放在何处。

　　一天，我去齐宅闲玩。老夏没在家，齐老从书架上取下一本石印的他自作自写的诗册赠给了我，我默默地读着，其中几乎都是七言绝句，所以书页上的空白很多，不多时便读完了。此时齐老在躺椅上闭目养神，我闲着没事，偶尔抽开画案下的一个抽屉，发现里边摆满了整整齐齐，大小各样的印章。啊，三百石印原来在此！机不可失，我便掀开印泥盒子，在诗册的空白处钤满了章子。齐老一直躺在那里，任我翻石头，钤印章，不闻不问。事毕后，我就把那些章子仍放进抽屉，携着那本诗册回去了。

　　我看那些印章都是些青田、寿山之类的普通石头，绝无鸡血、田黄等名贵之品，但经他一刻，尽成珍贵文物，齐老自称"富翁"，可谓真实不虚了。

　　几天后，老夏见了我，突然说："你可给我招了个大麻烦。"我说："我几天没来，怎么能给你招了麻烦？"她说："就是那些章子的事。"我说："我看罢不是都放归原处了吗？"她说："你不知道，好些章子放的都有一定位置和次序，用的时候容易挑选，这一下被你给弄乱，几百颗章子，我直整理了大半天才算就绪。"我说："原来如此，不知道你放章子还有些讲究，请你原谅。"

齐老的印章都由老夏掌管，老夏很知道在哪种情况下钤哪个章子。比如有一个章子，上刻"王樊老去，天留齐大作晨星"，意谓自齐的好友王闿运与樊樊山去世后，只剩齐老一人了。另一个章子刻的是"老来肯如人意"。此章齐老在给我画的一幅画上曾经用过。老夏解释："齐先生给人画画，是想画什么就画什么，从来不准'点戏'，今天是你点的，所以用上了它。"其实，不仅在那一天，寻常我请齐老画画，也是请他画什么就画什么的，大概他到了老年已比较随和了。

三次犯愁

齐老一生专心画艺，淡泊自甘，平时的心情都是很愉快的；但既居人间，就有人际关系，不能完全排除社会的干扰。齐老也有犯愁的时候，兹举三事作例。

齐老有一个儿子在九十二军政治部工作，因性非所近，亟欲摆脱，以碍于军纪而不敢开口。有次当我去齐宅求画时，老夏说："齐先生这几天快愁坏啦，今天实在画不成，改一天吧。"遂把情由一述，我说："这不算什么大事，请齐先生不要发愁，我回去给侯军长说一下试试。"我回去向侯一说，即准其所请。

事后我到齐宅，告诉齐老他儿子的问题已经解决，可以作画了。齐老却说："现在还不能。"我问他为什么，他说："现在我请你吃馆子，你如果去，就给你画；你如果不去，就不给你画。"我说："这事好办，我就遵命啦。"

　　齐老、老夏和我乘三轮车到了西单西黔阳饭庄吃贵州菜。齐老先问伙计："有狮子头吗？""有。""只要有狮子头就行，我只要这一个菜，其余的菜你们随便点吧。"当时我还不知什么是狮子头，及至伙计把菜端上来，才知道所谓狮子头就是我们豫东的大头丸子，或叫作"四喜丸子"。大概西黔阳饭庄以做此菜出名，所以齐老特别爱吃。吃饭中间，齐老说："我看你的字也可以应酬了。如果有人请你写个中堂、对联什么的，你有章子吗？""没有。""你买两章子，我给你刻一刻。"饭后，我就去琉璃厂买了两块寿山石章，齐老给刻了一名一字。后来他给我章子的时候，说："你的名字很不好刻，尤其是'宜园'两个字封闭在两个方框里，不能伸腿，我琢磨很长时间才刻成这样。"

　　自从蒋介石挑起内战，弄得物资匮乏，民不聊生。北平的市民，吃不上白面，都勉强以杂和面充饥。这一下可苦了齐老。当我又来求画时，但见齐老躺在那里，紧皱双眉，低头不语。我正在疑惑出了什么事，老夏忙对我说明原委，并求我想个办法。我说："此事不大，请不要愁，我尽量给想办法。"我回去对侯军长一说，他马上批个条子，着副官处给齐宅送去两袋洋面。这又一次解决了齐老的问题。

　　一天，我去齐老家串门，又见他面带愁容。我问老夏又出了什么事，她说："齐先生又出了个愁人的事，给你说了恐怕你也没办法。"我说："请你说一下试试，行吗？"她说，齐老有个大徒弟（已忘其名字），是齐先生的得意高足，书画篆刻都得到了齐老的真传。他现在北平平汉铁路局工作。听说最近局方要把他调往东北去，为此齐老不胜犯愁。我说，调东北有什么关系，在哪里工作不一样！老夏说："话虽如此，可是他那位徒弟与众不同，不但精明能干，并且对齐先生还非常孝顺；上次齐老夫人的丧事，全是这位徒弟给操办的。如果这个徒弟被调走，别人到给齐先生操办丧事的时候，就考虑不了那么周到了，所以齐先生现在直愁得吃不下饭，恐怕谁也没有办法。"

我一听说平汉路局，忽然想起平汉路局的局长是石志仁，我曾代侯军长给他写过信，知道他们有交情；如果用侯的名义给他写封信，这件小事，或可挽回。我把这个意思给老夏一说，她大为兴奋："这件事你如果能办成，齐先生一定要重谢你，我一定叫这徒弟给你画画刻章。"我回去对侯一说，他马上答应，就叫我用他的名义给石局长写了一封信。

过了几天，我去齐宅询问那件事的时候，老夏一见我就高兴地说："齐先生正夸着你写的那封信呢。"齐老接着就说："那封信写得好啊！"老夏说："你那封信生效啦，那位徒弟已确定不调动啦。"这算是我给齐老办的又一件好事。

"六一"节前访齐老

任方明

　　1956年春末，我在北京市东城区一中心小学（现改名叫东城区府学胡同小学）读六年级。那时我是学校的少先队中队长，又是学校美术组的组长。辅导我们学习美术的是温老师。温老师为了培养我们成才，几乎把所有课余时间和精力，全花在了我们身上。大家都从心里敬佩他。温老师曾说，等我们学习基本功扎实了，要带我们去看美展和进行野外习作。老师说过之后，我和同学们几乎天天盼着早日到校外去活动。

　　1956年5月26日下午，温老师通知我们美术小组的8位同学，在第二天下午2点以前，务必穿好少先队服，系好红领巾来学校，说他要带我们出去进行小组活动，但没说去什么地方。同学们一听可高兴啦！暗下里叽叽喳喳地互相猜测着到底要到哪儿去和做什么活动。第二天下午2点整，我们按时聚集在美术组教室内，温老师把每人都仔细打量了一遍，然后笑眯眯地告诉大家，我们要去看望著名国画大师齐白石爷爷。老师话音刚落，同学们立即欢腾起来，大家又蹦又跳，两个女同学还互相搂在一起。这种高兴的情景是我们美术小组成立两年多来所未有过的。

　　整好队后，教我们文学课的李老师也来了。他身背照相机，手里还捧着

171

一尊毛主席石膏像和一条鲜红的绸质红领巾。温老师当着我们的面对李老师开玩笑说："李老师是以记者的身份陪着我们出访的！"大家都笑了。

在老师的带领下，我们来到了齐白石爷爷的家，事先已有人在传达室门口迎接我们。进院以后，一位年轻的阿姨悄悄告诉温老师，说齐先生午睡还没有醒，叫小朋友们先在会客室静候一会儿，李老师也叫我们注意安静。那位阿姨将我们让进客厅小歇。客厅里光线明亮，墙上挂着周总理以及党和国家的其他领导人同齐爷爷的合影照片。北面的墙上还挂着一些知名人士书赠的条幅，还有两条屏是齐爷爷自己作的画。客厅的一端是齐爷爷作画的地方，只见那大长方桌上铺着墨绿色的台布，桌上摆着不少笔墨颜料和各种画稿纸张及印石等，一看就知道齐爷爷是个十分勤快的人。阿姨说：齐先生就在这张桌子上画出了许多蜚声中外的国画。同学们都仔细地看着，生怕错过了这个好机会。

午后3点钟了，年轻的阿姨轻轻地说，齐先生睡醒了，要见小朋友们！我们在阿姨引导下进了客厅的另一端屋内。只见齐爷爷身穿一件深色的大夹袄，半躺半坐地靠在特制的大藤椅上，双手放在扶手上。这时的齐爷爷，年事已高，脸上已出现了一些老人斑，头发和胡须又白又长，却仍是红光满面，冲大家不住地点头微笑。我们站成双行队向齐爷爷致少先队敬礼，并由我领声带着大家说："齐爷爷好！祝齐爷爷健康长寿！"齐爷爷点了点头。那阿姨俯身在齐爷爷耳旁说了几句我们听不懂的话，然后朝我们微笑着说："齐先生问小朋友们好！问你们的老师好！他说谢谢你们来看望他！"这时温老师也俯身在齐爷爷耳边说："小朋友们早就盼望来看您老人家，今天也没给您带什么礼物来，等将来他们长大了画出了好作品再献给您！"齐爷爷又微笑着点了点头。这时两个女同学将毛主席石膏像捧在胸前，站在齐爷爷左手旁，并将红领巾给齐爷爷系上，敬过礼后，齐爷爷还和她握了握手，李老师早已将相机架好，等着拍照。温老师对齐爷爷说："小朋友们想和您合影留念。"齐爷爷点了点头，温老师这时又把我拉到齐爷爷右手旁，让我紧挨齐爷爷站着照了相。在随后的自由活动中，有的同学上院子去了。我舍不得离开，仍在齐爷爷的画室内仔细参观。温、李老师和另一位年轻的阿姨围坐在齐爷爷身旁，问候齐爷爷的身体情况。由于齐爷爷是湖南人，温、李老师听不懂他的话，就由阿姨做翻译。齐爷爷对老师说，教小孩子画画，不要管得太严太死，要启发他们自己的兴趣，要让小朋友们多看，多想。看的东西多了，脑子里才装得多，不要过于限制他们，要让他们发挥想象力。他们比我小时候学画方便多了。老师不住地点头称是。

我在屋内参观后也来到了院子里。时值初夏，鲜花怒放，飘散得满院子都是香气。院里还养着不少鸟、鱼及其他小动物。同学们一会儿看花，一会儿看虫鸟，都快看花了眼。一个同学说："齐爷爷家的花比公园的好，咱们都叫不上名字。"还有一个同学说："怪不得齐爷爷画什么像什么，原来家里都有。"我们有不懂的或叫不上名字的就问那阿姨，阿姨高兴地给我们一一解答。

一玩起来就忘了时间，已经是午后5点钟了，老师和阿姨又把我们召集在齐爷爷身边，大家好像还没玩够。老师再次代表同学们向齐爷爷表示谢意，并请齐爷爷再给同学们讲几句话。齐爷爷说他在家里还是第一次会见这么多小朋友，他很喜欢小朋友们，欢迎小朋友们以后有机会再来做客。最后他感谢小朋友们来看他。温老师说："我们还要谢齐先生哪。苦禅是您的学生，我是苦禅先生的学生，他们又是我的学生。学生看望老师是应当的。"老师说完大家都笑了，齐爷爷也笑了。齐爷爷又用浓重的湖南乡音对那阿姨说了几句什么。阿姨说："齐先生本打算让小朋友们吃了晚饭再走，你们老师怕齐先生累着，一再推谢，就不挽留了，先生赠给你们学校一幅画表示谢意。"她说完大家立即鼓掌致谢。随后阿姨将一幅盖有齐爷爷石印的好像茶花的画，交给了温老师。齐爷爷并叮嘱那阿姨，送我们到大门外，大家才恋恋不舍地离开了齐白石爷爷的家。

回到学校后，其他同学听说我们见到了齐白石爷爷，也都和我们一样高兴，不少同学跑到美术小组的教室，争着要看齐爷爷送的画。温老师怕同学们把画弄脏了，很快找来了镜框嵌了起来。

当天晚上，我们8个同学的日记上，几乎都详细记述了这次不平常的会见。非常遗憾，我的日记及我们同齐白石爷爷的合影照片，在"十年动乱"期间丢失了，不知其他同学有无保存至今的。

时间已经过去很久了，当年的红领巾，如今都已人到中年。而举世闻名的国画大师齐白石先生也早已作了古人。齐先生离去了，他的画作为无比宝贵的财富留给了后人，而齐先生孜孜勤奋和关怀晚辈的美德，作为精神财富，也永留人间，这就是引起我时常回忆往事的原因。

"白石画屋"访大师

刘　迅

　　大约在1951年，那时我还在《人民画报》工作，为了配合当时世界和平运动和宣传，画报编辑部决定请白石老人画一幅和平鸽。白石老人的学生李可染同志陪着朱丹、胡考、我和《人民画报》摄影记者刘有声等几位同志一同去拜望老人。老人是一位驰名中外的大画家，去前我心中想象画家的庭院一定十分豪华排场，虽然不一定是大观园，但也是深宅大院、前栏后厦、假山水池、雕梁画栋，颇为壮丽的宅邸。可是当我们来到老人的家中，原来只是一座极普通的东西北房的小院落。北屋外间正厅是会客室也是画室，方砖地，也就是白石老人自己称之为的"白石画屋"。老人就坐在画案前和我们聊天。我时而听听老人的言谈，时而用眼睛扫视周围，怀着年轻人的好奇心，总想发现这位世界闻名的大画家的住房有什么与众不同的地方，结果是失望。室内一切陈设简朴，没有任何文玩摆设，画案上一块陈旧的毛呢，上面尽是宣纸洇过来的墨迹和国画颜色，这块不大的画毡老人已经用了几十年，文房四宝也极普通。就在这样一间近乎"陋室"中，老人创作了为数惊人的中国画杰作。

　　关于白石老人的篆刻艺术，也有人专门著文论述过，如已故的傅抱石先生、胡佩衡先生就是。在这里只想讲一件小事也可看出画家对艺术的严肃认真的态度。我曾亲见白石老人为作家方纪同志刻一名章。白石老人是以刀代笔的，一块寿山石握在手中（老人从不用"印床"刻印），用毛笔勾画了"方纪"二字的构图位置，打量了一下，即用单刀直刻，刀下后决不回刀，画家那时已是80多岁的老人了，可他那干瘦的手握刀运行之有力和神情之专注，真像比武场上的英雄的气概，着实令人感动。待刻完以后，老人用朱砂印泥拓印了一帧，在旁边看的同志都说很好了。老人看了一下拓印的"方纪"二字，一句话也没说，把印章交给在身旁侍候他的护士。那位护士明白老人的意思，立刻拿到磨石旁磨去刻成的"方纪"二字，擦干净了又交给老人。老人对大家说，刀力软了，构图章法乱了，要重刻。对80多岁的老人来说，刻印要算"重体力劳动"了，像白石老人这样一位篆刻大家，按常理，亲手刻完，在边款上落上"白石"二字，人们都会视作珍品收藏起来。可是齐白石没有利用人们对自己的慕名的心理而放松对自己的要求。这也可以算作是齐白石精神了吧？

第三辑

桃李情浓："我爱您的画，想拜您为师"

忆恩师白石翁二三事

李苦禅[*]

　　去年（1982年）国家决定重修齐白石先生旧墓，中国美术家协会和齐家子弟请我这个85岁的老弟子为齐老师重书墓碑。我非常高兴，用了一个上午连写了20多条，选择再三，命我儿子李燕仔细双钩于另纸，送到美协。

　　今年清明，齐老师墓地修整一新，我与齐门弟子们一道去扫墓并参加新碑的揭幕仪式。是日风和日丽，汉白玉的墓碑愈显得晶莹圣洁。我端详着自己亲手为老师写的碑，倍感荣幸，数十年往事不禁涌上心头。

　　1919年，我这个穷乡下人来到古都北京，靠半工半读或租拉"洋车"维持生计，很不容易进入了国立艺专西画系，但我更爱土生土长的国画，很想拜一位国画老师。可是，当时画坛死气沉沉，盛行临摹"四王"，陈陈相因。悲鸿先生对我说："唉，文止于八股，画止于四王啊！"当时我得知一位虽不太出

---

　　* 李苦禅（1899—1983），山东高唐人。画家、美术教育家。1923年拜齐白石为师。其写意花鸟自成一家，尤擅画鹰。曾任中央美术学院教授、中国美术家协会理事、中国画研究院院务委员。

名，却很有创新精神的老画师，就是齐白石先生。我贸然前去拜访，一见到他就说："我爱您的画，想拜您为师，不知能不能收我？现在我是个穷学生，也没什么赞敬礼孝敬您。等将来做了事再好好孝敬您老人家吧！"齐老欣然应允了，他知我穷，不收学费，那年我26岁。日后齐老师忆及此事，感慨良深，还赠我一首诗："怜君能不误聪明，耻向邯郸共学行。若使当年慕名学，槐堂今日有门生。"并注曰："余初来京师时绝无人知，陈师曾（字槐堂）名声噪噪，独英（李苦禅）也欲从余游。"还亲自奏刀治印一方赠我，印文是"死无休"，以寓"丹青不知老将至""语不惊人死不休"的精神。

其实，我不仅尊崇齐老师的画品，更尊敬他的人品，他一生只知砚田耕作，靠自食其力度日，他丝毫不懂巴结权势，深耻巧伪钻营，逢场作戏。对于吹拍场面上必不可少的本事，诸如抽大烟、打牌、吃请、聚赌之类一概不沾。日复一日、年复一年地从早到晚，完全靠艺术独立于世。齐老师卖画也有原则，北京沦陷时他在画室里贴出布告："与洋人译言者（指伪职翻译），不画。"我一向认为无人格便无画格，学作画需先学做人。我每每听到年轻画者中出现狂妄吹嘘，不择手段汲汲于名利的坏品质、坏作风，就越想念齐老师的可贵品质。

齐老师对于艺术之外的事都很"傻"，常受人骗。那时因国家动荡，钞票骤然变成废纸乃是常事，齐老师不知丢了多少血汗钱才想到要买黄金。他不瞒我，让我看买来的黄金，我很吃惊："金子还有绿色的吗？"老师明知又吃了亏，还不敢声张，生怕惹祸。真是哑巴吃黄连，苦在肚里。

记得有一次齐老师问我："苦禅，你从不问我要画，你不喜欢我的画了吧？"我连忙说："不是，我看您一只手养活一大家子人吃饭。您教我画画，让我看您动笔，又不收我学费，已感激不尽了，哪忍再向老师要画？"老人很感动，当即送我一幅《不倒翁》精品。我在齐老师门下34年之中，齐老师主动赠我五件作品，还赠予李燕一幅《世世太平图》。老师赠我的书画、印章一直珍藏身边，穷到什么地步也没有卖过一件，直到"文革"浩劫时，字画皆被抄完，印章被李燕藏在破鸡窝中保存下来。前年中央美术学院一些同事为我找回了一部分字画，这些老师的手迹，失而复得的纪念品，如今越加觉得珍贵无比。

现在，国家形势越来越好了。我望着齐白石老师那幅画上的几个大篆字"世世太平"，心中又浮现出了齐老恩师的音容笑貌。

齐白石与画友的交往

娄师白

　　齐老为人纯朴正直，对待同时代的画家、画友，一向是尊重的，我很少听到他贬低别人的艺术成就，或抑人而扬己。20余年间，他很少对当时的画家妄加任何评语。间或有人问到某画家的艺术如何？他总是说，某人的画也很不错。他常用这句话教导我："勿道人之短，勿说己之长，人骂之一笑，人誉之一笑。"他也曾说："别人说我好坏，我不理，只怕吴昌硕说我，但是他已经死了。"从这句话，充分说明齐老对吴昌硕的推崇。

　　我曾看到过老师的一方闲章，上面刻的是"一切画会无能加入"。我问他这方闲章是什么意思。老师对我说："你不知道，金潜庵搞了个'湖社画会'，周肇祥搞了个'中国画会'，两家不和，都要我参加。我和他们两家又都是朋友，我就对他们说，我都不参加。一次，'湖社'举行展览，挂了我的画。周肇祥来问我为什么参加'湖社'展览会。我说这画是他们买去的，我没有送画去要他们展览。他（周）说，那我们也买你一张画去展览。因此，我为避免这些无聊的事，就刻了这方印章，盖在画的压脚，随他哪个开展览，我没探闲事。就是告诉人家我不是他们画会的人，这样就减少了好多是非。不然的话，总有好事者要来找麻烦。"老师这个做法，给我教育很

182

大。我从学画起直到新中国成立前止，没有参加过任何画会的活动和展览。只是在新中国成立后，北京成立新中国画研究会，我才开始参加画会的学习和展出活动。

和齐白石先生同时代的画家中，与他过从甚密的画友，可称陈师曾与徐悲鸿二人。这两位画家对齐老的"变法"（改变画法画风），起到积极的促进作用。陈师曾又名陈衡恪，是著名诗人陈三立的长子，系齐老的同乡，对齐老的变法帮助极大。齐老常对我这样说："陈师曾能诗、善画，笔墨格调很高。他劝我改变画风，可吸取吴昌硕的重彩着色之法，免去八大冷逸之风，我信之。1922年（壬戌）陈师曾去日本开展览，带了我几张画去，一幅杏花就卖了百元，一幅山水卖到250元。可惜陈师曾无寿，听说他到大连去，谁知从大连又去南京为母奔丧，不幸得痢疾病死了。死时才40多岁，真是可惜。"齐老还叙述了他新写的悼念陈师曾的诗，足见其感情之深。诗曰：

> 哭君归去太匆忙，朋友寥寥心益伤。
> 安得故人今日在，尊前拔剑杀齐璜。

一次白石老师拿出《借山图》来给我看，见到陈师曾为老师题的诗。诗曰：

> 曩于刻印知齐君，今复见画如篆文。
> 齐君印工而画拙，皆有妙处难区分。

白石老师还向陈师曾说过"君无我不进，我无君则退"的话，他们真称得起是知己的画友了。我虽然从师年数不少，但由于陈师曾死得早，我没有

183

见过他。

关于白石老师和徐悲鸿先生的交往，起先我没有注意过。有一次，老师要我给他清理来信，带我到西后小院的小西屋里，只见存了满满一洗衣盆（旧式的铅铁大圆洗衣盆）的信。老师顺手递给我一个小板凳，让我坐下。他说："你要仔细地一封一封地看，有很多是名人的信，你把它分开来。每个人的放在一起，把它捆起来。有些不相干的信，另外放在一处。"

我遵照老师的嘱咐，坐下来一封一封地看信，记得其中知名人有张勺圃、罗敷庵、罗瘿公、周大烈，还有一些其他人的信，内容大多是寒暄，也有和诗的，也有恭维老师和索画的。其中以徐悲鸿的信较多，内容大都是代国外友人，尤其是南洋华侨汇款订购画件，有时涉及画论的探讨，这引起我的兴趣，可惜我没有注意把它记下来。凡是画件已经寄去和已复信的，老师都在来信上批注着某月、日已寄或已复的字样。我在这些信件中发现有一封信上没有批注，就拿去问老师。老师拿过信看了好半天，然后笑笑对我说："你看这上面写的是'拟要三尺画虾一幅，笔润另行函汇'。一定是后面还有汇款的信，你查查看。"我原想老师一定会夸我清理得仔细，谁知反而碰了一鼻子灰，倒找了麻烦。后来齐老看我把来信整理得很好，他从中抽出了几张徐悲鸿给他的信送给了我，作为纪念。因此我对徐悲鸿先生就有了较深的印象。

1936年9月，当老师从四川返京后，《小实报》记者王柱宇前来采访。齐老曾对记者说："我在成都时，某报记者曾访问我，我们只是泛泛谈了话。不料，后来那位记者给我发出报来，说我批评徐悲鸿是'可望'两字，批评刘海粟是'洋气太重'。这些话绝对不是我的意思。悲鸿先生是我多年的益友，他画马和其他动物都很有神态，画人物更是传神，我很佩服他。刘海粟先生是我闻名而未见过面的画友，他的作品也很有价值。这两位都是中外驰名的闻人，我无缘无故地批评人家，哪有此事？这是那位好事的记者记错了，否则就是有意来搬弄是非，真是岂有此理。总之，不是我的谈话，我绝对不能承认，请你代我在报上发个更正。"

我还从《齐白石画册》上看到徐悲鸿先生为老师写的序言，更可以说明徐悲鸿先生对齐老艺术的评价。序言如下：

夫道以中庸为至，而固含广大精微。昧者奉平正通达温顺良好为中，而斥雄奇瑰异者为怪，其狂者则以犷悍疾厉为肆，而指气度雍容者为伪，互相攻讦，而俱未见其真者也。

艺有正变，惟正者能知变，变者系正之变，非其始即变也。艺固运用无尽，而艺之方术至变而止。例如瓷本以通体一色纯洁无瑕为极品，亦作者初愿所期望，其全力所赴，若形式之完整无论矣。如釉泽之调和，精密配剂不虞其他也。即其经验所积，固已昭然确凿审知也。不谓以火率先后之差，其所冀通体一色纯洁无瑕之器，忽变成光怪陆离不可方物之殊彩，拟之不得，仿之不能，其造诣盖出诸意料以外者，是固非历程之所必有，收效之必善，顾为正之变也。恒得此境，要皆具精湛宏博之观，必非粗陋荒率之欺象，如浅人所谓似是而非之伪德也。

白石翁老矣，其道几矣，由正而变，茫无涯涘。何以知之，因其艺至广大尽精微也。知之者，中庸之德也。真体内充乃大用非腓，虽翁素称之石涛亦同斯例也。具备万物，指挥若定，及其既变，妙造自然。夫断章取义所窥一斑者，必背其道。慨世人之徒袭他人形貌也。而尤悲夫仅得人形貌者，犹自诩以为至也。

辛未六月悲鸿序

从这篇序言中，可以看出徐悲鸿先生对齐老的作画艺术是非常钦佩的。

我认识徐悲鸿先生，是在抗日战争胜利之后，徐先生来北平主持国立艺专的时候。我在老师家第一次见到徐先生，那是徐先生同其夫人廖静文来看望老师。后来又在陪老师应酬时，多次见过徐先生。也陪同老师到徐家走访过。

印象较深的是1949年北平即将解放时，当时我们对中国共产党的政策还不太了解，加上受反动派的宣传，人心惶惶，莫知所措。有些人劝齐老暂去香港躲避一下，或是回到南方去。老师这时已经88岁了，对于去留，犹疑不决。但最后终于接受了徐悲鸿先生的忠告，才除去疑虑，决定留在北平迎接解放。通过这些事，我知道徐悲鸿先生和齐老的友谊相当深厚。在艺术成就上，他们不仅彼此钦佩，而且徐先生还是齐老艺术在国外的宣传者。

1936年，画家张大千从南方到北平，首先来看老师。那天我正好在老师家，只见张身穿长袍马褂，虽然年纪40余岁，但却蓄着墨黑的长髯。他和老师谈笑风生，并没有使我感到他对老师有什么傲慢之态。他走的时候，我搀着老师送他出门，他拱手告别。张大千第一次在中央公园（今中山公园）水榭举办展览时，亲自邀请齐老参观，我陪齐老到公园去看展览。会场上展出的山水画较多，人物花卉各有几张。当时老师还订购一张画。归后老师说此人很聪明，笔墨有独到处，学石涛很像。过了一段时间，于非闇到齐老师处，说起张大千和徐燕孙打官司的事，并说双方都请了律师在法院起诉，原因是有人说张大千看不起当时北平的画家，有人传说："大千可以奴视一切。"我当时听了也很生气，于非闇走后，老师拣出了一大方莱阳石章要我磨平，刻了"我奴视一人"的印章。我说："他（大千）'奴视一切'，您刻'奴视一人'是怎么回事？"老师说："有些好事者，就是爱搬弄是非，挑来挑去，搞得大家不安宁。我就是'奴视传说奴视一切的这个人'。"老师对待这件事的做法，给我教育很大。因此我对一切是非，除亲自经历、有确实的根据外，不愿意轻率地谈论别人，就是由此而来的。

再有一事，就是当我陪老师去艺专上课时，他总坐在课堂里，很少到教员休息室去坐。到休息的时间，我问他为什么不去休息室里坐一下。他告诉我，一般同行在一起，难免言多语失，招惹不必要的麻烦。他说："过去肖致泉就骂我画画是'厨师刷灶'，我也和他开玩笑说，你画画是'槁工擦船'。"我问老师"槁工擦船"是什么意思？老师说，槁工就是划船的，每年都要修船。修船是个细活，他怕搞得不好船舱漏水，一定要仔细地擦油打腻，总是慢慢地擦。这是20余年间仅有的一次我听到老师对当时画友开玩笑的一句话。

白石老师对画家陈半丁的态度很好。他曾说："有人说半丁总在骂我，可是我不信。相反我让子如（白石老人第三子）拜半丁为师，要学好他那几笔功夫。你也要多看看他的画。"确实齐子如在北平时，曾拜陈半丁为师。从这点可以看出老师对画友是何等尊重。

画家王梦白与白石老师一起教过课。我听说过去王对老师不满，但这时王早已故去。一次，有人拿来王梦白画的一张半侧面仕女画，请齐老照样画一幅。我以为老师不肯照样画，谁知老师画了，然后题道："此幅乃友人索予临王梦白，予略所更动。知者得见王与予二幅，自知谁是谁非。老年人肯如人意有请应之。"画好后，老师把这两幅画都挂在墙上让我看，问我："这两幅画哪里不同？"因为老师画画，我是在旁边看着的，知道老师在画腰带时有所改动。我说："王梦白画的那幅仕女，腰带没有系住，是松垮的；老师画的这幅仕女，腰带是紧束的，合乎道理。其是与非就在于这一笔。"老师很满意地笑了，说，"你的眼力不差啊！"他虽然认为王梦白画的这幅仕女不太好，有缺欠，但是却没有向我提出贬低他的批评。这说明老师对同时代画友是尊重的。我从中也受到启发，理解到我若临摹他人的画，也需要有所批判。

至于对国外的画家，齐老也十分尊重。我在老师的印谱里，看到有"栖凤"和"翠云"的印章，他曾谈到这两位日本画家的艺术。老师说："日本南画虽然与我国画相近，但是它却有它日本的味道。竹内栖凤和小室翠云也是我的朋友，他们的画都很高明。"

又一次，我陪老师去看某个人的油画展览。他对我说："你看这些西洋画（指油画）画的山水、人物都很逼真，好的是颜色多样。如果我倒退30年，我也要学学这种画法，可惜现在已经老了。"

综上所述，老师不仅对当时国内的画友持谦虚谨慎的态度，就是对国外的日本画家和西洋画家，他也是十分尊重的。可以说，旧社会那种文人相轻相互贬低的恶习，老师并没有受到感染。这点对我的教育很大。后来我到各地讲学时，牢牢记住了"借贬低别人来抬高自己是十分可耻的"。因此，我在讲课时，首先向同学们交底，说明我是画大写意的，在大写意画法中，又只是专门研究和继承齐白石流派的，而且我又是白石弟子中最小最笨的一个，所以无论在艺术技法上和理论上，必然有局限性，你们只能各取所需，有批判地听取，绝对不能而且也不应该以我讲的东西去衡量其他不同的画派，更不能以我讲的东西去否定别人或对别人妄加评论。在我讲课时，也不希望你们提出要我对某家或某人的艺术作品妄加评论。这是我自认为在继承白石老师的艺术技法之外，也继承老师对待艺术有成就的画家的态度。一句话，就是杜甫说的"转益多师是汝师"。这是老师经常告诫我们的话。

总之，齐老的艺术成就，根据我的体会，可概括为以下几个方面：

一是齐老艺术成就之取得，首先是因为他一生虚心好学，勤奋劳动。除在他哀痛母亲逝世有十天未曾作画和在大病时有几天没有作画外，长年从事绘画创作。

二是他的创作方法符合现实主义精神，因而耻落前人窠臼，敢于独创。正如他所说的，"要我行我道，下笔要我有我法。虽不得人欢誉，亦可得人诽骂，自不凡庸。"

三是善于批判地吸取文人画的笔墨，而没有接受没落文人的颓废情调，同时更没有舍掉民间艺术的优良传统。

四是不为名利冲昏头脑，牢牢守住劳动人民的朴实本色。

尤其可贵的一点是，齐老的思想感情是热爱生活的。他的创作思想符合广大人民美好的愿望，因此，能为百花写照，为百鸟传神，在笔墨淋漓气势磅礴的画面上，总是给人生气勃勃健康美的享受。

我认为这几点是齐老一生艺术获得巨大成就的主要因素，也是我一生创作的指南。

师徒之间二三事

娄师白

正式拜门之后，我和老师的感情逐渐亲密起来。我对尊师之道的理解，认为师徒如父子，所以我对老师是毕恭毕敬的。尤其是这位72岁高龄的大名家，对我热心教导，使我非常感动。只要是老师吩咐的事，我一定尽力去办，而且总要办得好，务必使老师满意。我认为这样才能增进同老师的感情，从老师那里学到更深的技艺。我想趁老师衰年健在之时，抓紧时间尽量多学几手，希望能够比较全面深入地继承他老人家的艺术技巧及创作方法。从这点出发，我和老师相处25年之久，彼此无隔阂。所以能如此，一是齐老喜欢我的所谓少年老成，沉默寡言，学而不倦。他看我无急于成名成家的追求。我有一种个性，凡是有客来访老师，我就自觉地退出室外，和师弟妹们在院子里玩，非老师呼唤不入。老师说，早年他在胡沁园家做门客，也是这样。二是我崇拜老师的艺术，踏踏实实、亦步亦趋地虚心学习。这种态度，使得我和老师不仅在业务学习上没有矛盾，日常生活中也很少有矛盾。即或有时有不同的意见，我也尽量克制自己。如磨墨理纸、制色调胶等事，原本都是老师的姨太太胡宝珠的事（她患有极严重的哮喘病）。自我拜门之后，这些事就逐渐由我代做。当然，这也是弟子应该做的。又如迎送客人、开关大门，我在他家时，也由我代替老师去做。同时，传达、送信、购货、找人等，也都成为我应做的事了。就是到南纸店结算稿酬，我也是不可少的一员。在这些琐事之中，最艰难而又危险的一件事，是我替老师去日本宪兵队打官司。经过是这样的：1937年日寇侵略华北，北平沦陷后，齐老在石驸马大街买了一所房子，是给他的四儿子齐良迟的。这所房子里住着一个"韩国"人，据说是卖"白面"①的。齐老要他搬家。这人不但不肯搬，连房租都不愿给，还唆使日本宪兵队传齐白石去打官司。我记得那时日本宪兵队是在西城兵马司。对这件事我紧张得要命，但是为了老师，我只好硬着头皮代他去。由于我在北京美术学校上学，认识几个日本教员，也学会说两句日本话。我到日本宪兵队说明了情况，还算好，事情讲清楚后，没有闹出什么大乱子来。

老师要我做的许多事情之中，我最喜欢的是陪老师出门赴宴、看戏。因为这样的活动，能使我有机会见到一些社会上的名流，如罗敷庵、张伯英、陈半丁、汪蔼士、萧龙友、施今墨等，使我在应对方面增长一些见识，也领略了一番所谓名士派的作风。抗日战争胜利后，又常见到徐悲鸿及其夫人廖静文、李可染、蒋兆和等。新中国成立后，又得见艾青、黄苗子、郁风、黄胄，以及黄琪翔、罗隆基等。老师要我做的事，其中有一些琐碎的事，本不一定需要我去做，但是老师既嘱我去做，我也就担当起来。如1934年夏，那时盗匪猖獗，抢劫事件屡见不鲜。老师为了加强门户管理，要在他住的三间北房的廊子上和作为贮藏室的东厢房外，加一道铁栅栏，这项工程自然落到我的身上。因为我的父亲是搞工程的，与建筑行业联系较多，从买料到施工，我们父子忙了三个多月，才告竣工。从此，"铁栅屋"就成为老师在画上题跋的一个名词了。又如，齐老的子女长大了，需要添置三间瓦房，从设计图纸、准备材料到施工完毕，也全是我们父子奔跑的。经办这些杂务事

---

① "白面"又称"海洛因"，是一种毒品。

情，老师是付钱的，但是他年高容易忘事，我也不好意思向老师算细账，只有多退，没有少补。当时我是这样想："有酒肉先生馔，有事弟子服其劳。"除此之外，每年"三节两寿"①必须送上四色厚礼，以示尊师之意。但是老师也不亏待我。每逢年节过后，总要画一两张画送我，师徒感情是深厚的。有一年，师妹良怜辍学，我为良怜补习了一年的功课。老师认为我很勤劳，就捡出一幅裱好的山水画，上面题有"江上青山树万株，树山深处老夫居，年来水浅鸬鹚众，盘里佳餐哪有鱼"的诗句，把这幅画送给我，并在画上另加两行题跋，大意是：少怀弟为良怜补课年来辛苦，捡此赠之。（因这幅画在"文化大革命"中已经遗失，故只记其题跋大意，今若有人拾得者，我愿以厚礼收回。）

1936年，四川军阀王缵绪邀请齐老去蜀一游。老师拟就此让胡宝珠回川探亲扫墓，因而慨然允诺。那时老师在国立北平艺术专科学校任课，要我替他到该校代课，并要我给他管家。其实他的外孙邓平山就住在他家，家中还有个女佣人。但老师还不放心，一定要我住在他的外间画室里。这使我很为难，我认为管家的事不好办，老师却再三要我做。我建议老师明确规定每日菜金和每月日常开支的数目，并请他在除我住的两间画室之外，全院门窗箱柜一律贴上封条，以便看管。关于代课的事，因齐老去四川要住个长时间，艺专的学生都不愿意他走，因此商量了这个办法。老师临行前，把每周上课的画稿都交给了我，详细地讲给我听，并要我反复临摹，使我比其他学生先学一步。他又带着我一起到艺专教室里上了两次课，这就使我代课时能够心中有数。他叮嘱我，上课时如果学生不问怎么画，你就看着他们去临；如果学生问，你就画给他们看。当时在校的同学有肖琼、卢光照、谢时尼、刘琢等。

老师去四川以后，我在"铁栅屋"内整整住了五个月之久。老师从四川

---

① 三节是端午节、中秋节、春节，两寿是老师和师母的寿辰。

返京，对我完成任务的情况很满意，于是把他最得意的一张八尺对开的大幅残荷（这幅画原是参加法国博览会的作品）赠给我，并且送给我父母一匹川绸，作为对我们全家的答谢。

还有一件事。当齐老的夫人陈春君在原籍去世一年后，老师曾和我说，姨师母胡宝珠带病服侍他多年，相当辛苦，也生了这么多儿女，眼看儿女都长大了，想把姨师母立为继室，将来也好载入家谱。并且趁着齐老健在，把南方老家置的田地房产和北方保留的书画财产给儿女们分了，日后免得南方、北方兄弟之间有麻烦，让我参加意见。对老师的家务事我认为难办。南方的师兄弟，我见过子贞、子如和师姐菊如，当时他们的年纪都有四五十岁；而北方的师弟妹，年纪最大的不过20岁，南方的田地财产，北方的子女又如何能去管呢？曾建议老师，不如南方的财产归南方的子女，北方的财产归北方的子女更好。后来，齐老在西长安街"庆林春"饭庄请了三桌客，作为立继扶正仪式，并拿出老师亲笔写的分关（分家单），请来宾在上面签字盖章作为证人。证人之中，以我年龄最小。事后，老师把单子交给我，送去照相制版，印了百十张。除齐家子孙各执一份外，凡参与证明者均各发一份。后来，白石老师于1957年逝世，其子孙把他的一部分遗作献给人民政府。文化部为了奖励白石子孙的义举，给他们颁发了25000元奖金。这时我又被找来协助处理这笔钱，解决了南北两方面师兄弟之间的争议。这是我参与齐家的一项大事，也是对老师死后的一次效劳。

感念齐白石老师

于非闇[*]

　　"正由于我爱我的家乡，爱我祖国美丽富饶的山河大地，爱大地上一切活生生的生命，因而花了我毕生精力，把一个普通中国人的感情画在画里，写在诗里。直到近几年来，我才体会到，原来我所追逐的就是和平。"这是齐白石老师在荣获国际和平奖金授奖典礼上的一段心里话。齐老师不仅是卓越的国画家，而且是爱乡土、爱祖国、爱人民、爱和平的伟大艺术家。他的艺术成就，也丰富了世界艺术的宝库。

　　我做齐老师的学生，是从1928年起始的。那时，我还不会画画。我白天教学，晚间写北京掌故之类如《都门钓鱼记》等的东西投发各报，换取一些稿费维持生活。齐老师怜我之穷，倾心地教我刻图章，教我在生宣纸上渲染雪景的方法。他老人家既不要我报酬，还送我许多印谱印泥。他不但不反对我不去学他的刻印风格，而且他还鼓励我在传统的基础上自创自己的风格。

---

　　* 于非闇（1889—1959），原籍山东蓬莱，出生于北京。工书画，尤擅花鸟。1928年师从齐白石。曾任中央美术学院民族美术研究所研究员、北京画院副院长、北京中国画研究会副会长。

我在旧社会生活的压迫下，没有很好地认真学习，有负于师门的期许。但是，齐老师艺术创作的精神，我从那时起却已学会了不少。

我每到齐老师的家里，觉得齐老师事必躬亲，生活非常朴素。冬天，在屋的一角，总是堆着半麻袋所谓"半空儿"的花生，边教我，边剥花生米吃。从老师的谈话里，知道他早年对旧体诗、各家印谱、法书名画等都下过相当大的刻苦钻研的功夫，并曾对古代名画进行过油素临摹，所谓油素，就是上过桐油的薄纸，透明而不渗墨。

本来齐老师的创作，在我这游夏之门是不敢赞一词的。但是，就我个人的体会，齐老师的艺术创作，是他从生活中千锤百炼地炮制出来的。他对生活的理解，不仅是通过观察分析与比较，不仅是大胆的概括与集中，他在创作之前，总是先充分地了解遗产中有哪些反映和刻画的手法与风格，之后，他才提出他自己对于生活的看法，和自己的表现手法怎样比古人更加适合。所以，齐老师的诗、篆刻，特别是绘画，是从他辛勤劳动，刻苦钻研中创造出来的。他的艺术创作被广大的人民喜爱，并不是偶然的。

当我看到他画工笔写生贝叶草虫的时候，他画贝叶，先把贝叶的主筋画出，然后一笔一画地把贝叶上的网状脉，用他瘦硬纤细的笔法，淹润匀停的色彩，把贝叶描绘下来，又真实，又生动，活力充沛，看起来是有笔有墨在写生，而不是一味地纤巧工致地描"花样"。齐老师画工笔草虫，也有他独特的手法。他对六足虫的六条腿，既要表现它有骨有肉有关节，又要显示出用笔的来踪去迹、顿挫转折。他对我说草虫的六足，"既要工，又要写，最难把握"。

齐老师不但工笔写生已到了化境，他的粗笔写意画完全是从他工笔写生的基础上创造出来的。首先是他的用意非常工致细密，他所画的长松大荷以及小动物，完全从工致细密出发，不是顺手地胡涂乱抹。因此，就容易使人理解，使人看得懂，使人喜爱，使人百看不厌，而且那一种气魄，那一种富于青春的活力，给予人民精神上莫大的鼓舞，无论是国内是国外的人民！

齐老师特别喜欢奖掖后进。我那时还不会画我现在这样的画，全部精力都忙着教书来维持生活。可是，我受齐老师的教益，却终身不敢忘。齐老师在那时就谆谆地告诫我：刻图章不要学他，学他就是模仿，没有好处。他曾衡量他的诗文书画篆刻说，这些都是在传统的基础上别创新意，不落老套。因此，他认为自己刻印第一，诗词第二，书法第三，绘画第四。他认为他的画还没有跳出古人的窠臼，还受着前人的影响。

在那时，齐老师的画已经是驰名中外了。他家里却非常朴素，齐老师事必躬亲，充分显示出劳动人民崇高的品质。他的画桌上总是放上一个大海碗，碗里放满清水，养着几条小鱼，有时养着几只小虾。画画刻印的闲空时，他总是看看鱼，看看小虾，研究它们的游动。偶然好像有所领会，他就抻纸执笔画了起来，画后又看，看后又画，有时竟把纸画满了各式各样的小虾，同时还换用几管大小新旧不同的毛笔。画完，绷在墙上对坐，有时就此睡去。齐老师爱吃螃蟹，也喜欢玩螃蟹，往往放两个螃蟹在地上或在水里，看它横行觅食。蒸熟了的螃蟹，他也一样放一两只在画桌上，前后左右地琢磨它，怎样用色彩来描写。小鸡雏也是养的时间、研究的时间比画的时间要多得多。以70岁的高龄，仍然这样的刻苦钻研，真使我深深地受到感动！他后来所描绘的小动物，受到世界人民的喜爱和欢迎，并不是偶然的。

齐老师画工笔草虫，我没有瞧见过他怎样画，我也没有见到他养过蛐蛐、蝈蝈等草虫。但是，齐老师亲自画出来的工笔草虫，却和他自认为是他衣钵传人的齐子如（老师的三子，已故）先生所画的有显然的不同，其他门弟子们的模仿，那更容易鉴别了。子如先生的画，确实可以乱真。可是，比起齐老师的工笔草虫，总是觉得工致有余而气韵不足，不如齐老师的有筋有骨、有皮有肉，使人耐看。例如，画蜻蜓，齐老师对四个翅膀的描写，先着力地写出每个翅的主筋，用笔有去有来，瘦硬秀挺，使人一望而知这是翅膀

196

的钢筋铁骨。其余大部分网状纹，则是随着翅膀的筋节，一笔一画地描写，又匀停，又润泽，使人看了有透明的感觉。又如，画蝗螂的六条腿，齐老师仅运用笔的一提一顿、一转一折，就把六条腿的筋骨皮肉特别是关节的交搭表达出来，达到了兼工带写、生动活泼的境界。子如先生对这些，似乎功力还不够。我们不妨将齐老师的工笔草虫和故宫所藏的五代黄筌"珍禽图"比较一下，齐老师在工笔草虫传统的基础上，确实是又有所发展了。

齐老师不止一次地对我说，他在早年，既临摹，又写生，曾下过多少年勤学苦练的真功夫。他用大笔水墨描写一些小动物以及长松破荷，既不是顺手乱涂，也不是全凭想象，而是在写生的基础上，用意用笔都是从工致细密、一丝不苟出发的。同时，在用墨用色方面，也是从全局设想，浅深浓淡，变化多端，总的效果，是在人民精神生活方面给人以青春，给人以活力，真不愧为人类灵魂的工程师！

本来我是"游夏之门，莫敢赞一词"的。但从齐老师在70来岁时自己评定自己的诗词书画篆刻来说，老师又经过20多年的刻苦钻研，各有不同程度的前进。齐老师的绘画，公认为应列为第一位，非常允当。由于我非常顽钝，未能继承师学，愧悔之余，特将齐老师在授奖典礼上一段心里话写在前面，作为我继承师志的座右铭。

一篇序言　终生准则

卢光照[*]

1934年，我开始向白石老人学画，那时老人是国立北平艺专国画系教授，我是艺专改组后的第一届学生。此后，直至1957年老人去世，几十年间，除抗战八年与老人暂别外，我一直都受到老人的关怀、教导，可谓恩泽独厚！

记得开课那天，老人由夫人陪侍来校上课，拿一幅画稿，张于堂上，叫学生临摹。老人坐于堂侧，态度威严而又温和，使人有点怕他，而又愿亲近他。他的课，秩序非常好，没有一个敢嬉戏的，大家都认真听讲和认真地做作业。

可能是我性格开朗的缘故吧，一开始，我就爱上了老人的泼墨大写意画。我觉得痛快淋漓，叫人畅怀。我是个从零开步的学生，入校前，我并没有很好的基础，但我非常喜欢花鸟画。一旦有了学画机会，又是名

---

　　[*]　卢光照（1914—2001），河南卫辉人。擅写意花鸟，亦工篆刻、书法、诗文。1934年师从齐白石。曾任人民美术出版社编审、北京花鸟画研究会名誉会长、北京齐白石艺术函授学院名誉院长。

师教授，所以学画的劲头很大，很浓，很自觉，可以说是废寝忘食，夜以继日。每次上课我都认真地一临再临，还经常把我课下练习的作品请老人指教。不久，老人发现我是一个苦其心志、饿其体肤、堪怜堪爱的青年，有些另眼看待了。他每次上课，总喜欢到我座位上坐坐，给我改画，给我讲画理。有时也给同学作画作示范。我们班的同学，差不多每人都得到了老师的画。老人还给我刻了两方印章，一直保存到现在，我遇上得意之作时，往往用这两方图章。

老人教课很认真，从不缺课，从不迟到，钟声未落，他早坐在堂上了。有时因病不能来，也要派人带着他的画稿代上课。老人的严肃负责精神，一直影响着我的为人。

老人很爱才，还很会发现人才。老人欣慰于认真学他的画的弟子，但更喜欢有创造性的学生。李苦禅毕业后到南方教书，作画取材、景色、章法、气氛都有江南特点，老人看了非常高兴，情不自禁地在他的《墨荷》上题道："苦禅弟有创造之心手，可喜也！"老人本人就是一位非凡的富有创造性的大师，他那单纯的用色，强烈对比的色调，枯笔焦墨的运用，工笔写意的搭配，山水花鸟的结合，都是前无古人的。他的为艺名言"学我者生，似我者死"，尤为我们后学者应该认真考虑的一个重要问题。不学老师，就无法度；死抱住老师不放，不加以发展，艺术生命也就完结了。这一点，我是深有体会的，但我做得还不够，在绘画的征途上，我还要继续向前探索。

老人似乎对我有点偏爱，他的家门，白天总是落锁的，是非允难入的。但叫我随时可去。我自学生时代就经常登门求教，常为老师磨墨抻纸，一同和老师欣赏画好的画幅。老人有时留我吃饭，有时赐以点心，情逾骨肉。一日为师百年父，一点也不错。

我古体诗写不好，因为我平仄弄不准。但画幅上有时需要题诗。记得一年暑天，我写了几首古体诗去请教老人，老人说意思还可以，平仄不对。就去拿了纸笔，即席把李白的一首《与史郎中钦听黄鹤楼上吹笛》写出来，一字一句地分析。老师费了很大的劲，我当时似乎有点明白。总因我不是写古体诗的材料，到现在也还只能写点四不像的打油诗。

抗战期间，我在重庆教书，但作画从未懈怠。积少成多，我挑了一些满意的，在中苏文化协会办了一个画展（1945年）。展后，朋友们怂恿我出个画册。我写信给蛰居北平的白石师，说明原委，请赐书一封面字。辗转数月，得到了老师的复信。捧读之，承奖誉有加，《光照画集》的书签写来了。使我喜出望外惭愧汗淋的，老师又另纸篆写了"吾贤过我"四个大字，并说，时间来不及，这权作序言吧。并注明尺寸不合，来信再写。老师的赐言，其寓意我是清楚的。我绝不敢满足于现状，止步不前，应努力向高峰攀登！

使我一生受用不尽和视为做人做学问准则的，莫过于我艺专毕业那年，和两同窗好友合出的一本《三友合集》上，老人给我们亲笔书写的一篇序言。大约老人看我们作画颇有长进，有发展前途似的，鼓励我们出一画册。序言写道："夫画者本寂寞之道，其人要心境清逸，不慕官禄，方可从事于画。见古人之所长，摹而肖之，能不夸；师法有所短，舍之而不诽；然后再观天地之造化，来腕底之鬼神，对人方无羞愧。不求人知，而天下自知，犹不矜狂。此画界有人品之真君子也。今谢炳琨、雒达、卢光照二三同学，心无妄思，互相研究，其画故能脱略凡格，即大叶粗枝，皆从苦心得来。三年有成，予劝其试印成集以问人。"老师这一席肺腑之言，几十年来我都念念不忘，始终恪守不渝。我一向不与人比，乐道安贫，不把作品当商品兜售，努力作艺术的探索。我尊师礼贤，不在背后道他人短长。我非常拥护"百花齐放"的方针，不管谁的画，只要不反党反社会主义，都应该承认是朵花，自己不喜欢的，也不反对别人喜欢。即使别人不喜欢的，还要画家自己喜欢嘛。万紫千红才是春，清一色还成什么世界呢？

老人的学问道德，仰之弥高。我要倾毕生之力学习之，以不负老师厚望！

从白石恩师学篆刻

刘淑度

我叫刘师仪，号淑度，祖籍山东德州，1899年7月14日生于河北正定府。我在保定读小学，后到上海入神州女学读书。1925年，我考入北京女子师范大学中文系。1930年毕业后，在北平、南京等地中学任教。

我热爱教育工作，但我更热爱金石篆刻。长期以来，我在学习和工作之余，总是专心学习并钻研金石篆刻。1958年，我退休了，但我的刻刀始终没放下，为继承齐白石老师的篆刻艺术，我决心贡献自己的余生。

寻师访友

1923年7月，我在上海神州女学毕业。这时，父亲已到北京的北苑军队中工作。于是，我也从上海来到北京的新居，在大学读到二年级。1925年冬，就考入北京女师大文科预备班（在西单石驸马大街）。这时，鲁迅先生正在女师大任教，他虽然不教我们，但我们可以去听他的课。

我在上海一直在钻研金石篆刻，而且刀法和篆刻技术也有了一定的提高。我注意读别人的印谱，特别喜欢吴昌硕的印谱。人们把刀法归纳成16种，什么埋刀、藏刀、铡刀、双刀、切刀、乱刀等，我均未取。我喜欢从平直入手。我为了进一步提高篆刻技艺，就到处寻师访友。1925年，我四妹刘师蕴正在师大男附中女生班读书。该校有位教国文的老师叫董鲁安，他熟谙篆刻。经四妹的介绍，我去拜访董先生，他看了我刻的印章说："你的刻法很像齐白石，你不要跟我学，你去找齐先生吧。"以后，我又经人介绍，去请教当时的名刻家寿石工、陈师曾、金息侯、张海若、章南溪等人。登门拜访寿石工先生未能得见。金先生以年老而推辞。张海若、章南溪两先生不仅接见了我，而且不吝赐教。张海若先生传给我他的绝技"颖拓"。一般的拓，是先在要拓的原物上均匀地涂上墨，铺上纸，而后手拿软布在纸上轻轻地拂按。张海若先生的"颖拓"则别具一格，他把要拓的原物放在旁边，看着原物拿笔蘸墨在纸上画、抹、点，作品与原作在似与不似之间。张海若先生这种"颖拓"有很高的艺术价值，很受人们的欢迎（他一方尺汉瓦"颖拓"润笔要10元，而齐白石老师一方尺画润笔只4元）。章南溪先生的书法和篆刻都很好，尤其是隶书写得很出色。他对我说："不会写是没法刻的，要先练书法。"他并向我讲了篆刻知识，他说："有些篆刻家，刻的笔画虽未相连，但气是贯通的。"我在章先生那里学了两年多的书法篆刻，他从不轻易给我改章。他说："刀法不能随便改。你的刀法与我不同，不要学我的，我的刀法乱。一个女子学我的就学乱了。你的刀法近乎齐派，去找齐白石吧。"经过董、章两位先生的指点，我找齐白石的心更切了。

拜师齐白石

在当时，齐白石老师早已是大名鼎鼎的国画、篆刻大师了，想求教他的人很多。因此，没有人引见，贸然登门求教是不行的。我日夜苦思苦想，到处求人打听，想找个晋见之人，但怎么也找不出个合适的人。正在没办法的时候，恰巧我的同学刘转坤告诉我，她有个同乡姓赵，认识齐白石的弟子贺孔才先生。贺孔才的祖父贺松坡是清末保定莲花书院第四代山长。这位贺孔才先生很有学问，他是带艺投在齐白石老师门下的，他的年岁虽然不大，但青年老成，服装打扮、长相，很像个小老头。经赵先生的介绍，我认识了贺孔才先生。从此，我经常拿着我刻的印章去请教他。他对我的每件作品，都认真地批改。有一次，他说："我学不到老师的刀法，那种气势难学。你的刀法像老师，你可向老师学习。"我接着说："我很想见见齐老师，您是否可以带我去拜访齐老师？"这时，贺孔才先生说："老师老了，不能再接受新学生了，等以后有机会再说吧！"我向贺孔才先生学习了大约一年，学到不少东西。

想通过贺孔才先生去见齐白石老师的愿望是不能实现了，但我没灰心。有一天，我的四妹师蕴很高兴地对我说："我有个同学，认识北平艺专一个学生叫李英（即李苦禅），他是齐白石的得意门生。我们去求李英，请他引见。"我自然很高兴。我和四妹在那位同学引见下，见到了李苦禅。我们把来意讲明后，他很热情，表示愿意帮忙。没过几天，李苦禅就去见齐老师，把我要拜师的意思说了。齐老师说："老了，闭门了。"李苦禅怎么说也不行。我听了，难过极了。李苦禅安慰我说："你不要忙，慢慢再说。"

又过了些日子，年岁已近40、艺术上已取得了一定成绩的于非闇，要拜齐白石为师。齐白石破例收了他。这件事让李苦禅知道了。他就跑去见齐老师，又求齐老师收下我。这时，老师没办法，只得说："你先把她的作品拿来我看看。"我把印拓交李苦禅拿去，老师看后，就对李苦禅说："你叫她来吧！"随后，李苦禅陪我去见齐老师。老师当时住在跨车胡同15号。我就把学刻的经过，向老师讲述了一遍，并说："人家都说我刻的像您，我很仰慕您，日夜想有一天拜在您的门下！"老师说："篆刻，男孩子都不愿意学，女孩子却喜欢这个！"

1927年春末的一天，我正式拜齐白石为师了。在老师家，仪式很简单，除李苦禅外，还有两个人（现已想不起姓名）。我恭恭敬敬地向老师行了拜师礼，随后，把写好的门生帖呈给老师。老师接过后，对我说了几句勉励的话。李苦禅讲了几句祝贺的话，拜师礼就结束了。随后我又去拜见了师母。

老师传艺

我正式拜师后的第一年，始终都是我拿去作品请老师阅批。老师对我的每件作品，每个字都是认认真真地批改，写下简明扼要的批语，如："弱了""细了""平了"等，并向我讲解哪刀好，哪刀不好，哪笔的弯直和粗细应该怎样掌握，指导得很具体。但是，我每次去老师家都看见老师在作画，始终没看过老师实际篆刻的刀法。因为老师篆刻多在早晚，上、下午均作画。我早就听说齐家的刀法是单刀偏锋，但一直未能亲眼见到。一次，我鼓起勇气对老师说："老师，请您给我刻方章吧，让我看看您怎样刻。"老师欣然同意了。

1928年初春的一天下午，我把早就准备好的两方寿山石带给老师。老师拿起石头，不打样，也不用印床，左手拿着石头，右手握刻刀，边刻边讲："刀法有几十种，总起来有16种。但我的刀法，就是单刀偏锋一面下刀。"

我聚精会神地看着老师下刀，只见老师神态自若，动作熟练，约有十几分钟，"白石弟子"四个白文字就刻出来了。这方有纪念意义的名章，至今我还珍藏着。另一方老师后来刻了"淑度长年"四个白文字。印拓收在老师后来出的印谱中。

我跟老师学习了几年，篆刻刀法有了一定的进步。一次，老师说："我的徒弟很多，但是在篆刻上成绩突出的只有三个。一是罗祥止；二是余中英；你是第三个。你虽然是第三个，但在女子中是难得的。"罗祥止，四川人，精于书法、国画、篆刻。1930年左右，他在四川已颇有名气。他为深入钻研篆刻艺术，千里迢迢慕名来到北平，专为向老师学篆刻。他来到北平，为了清静，不住旅店，住在庙中。白天除了去老师家、逛厂甸书肆外，没事不出门，在庙中不是画就是刻。在他和老师接触的七八个月中，亲眼见到老师的刀法高超，对老师十分钦佩，最后，才正式拜在老师的门下。拜师会特别隆重，可惜我没参加。按规矩他是我的师弟，可他的年岁比我大十几岁。因为他的功底深，所以，老师对他十分器重。他在北平待了约两年，临走时，老师特刻"吾道西行"以赠。并对我说："他回四川，吾道西矣。你何时回德州？你回德州时，我刻'吾道东行'送你。则吾道东矣！"

1933年，老师给了我个润例（又叫润格、润笔、笔单，指为人做诗文书画所定的报酬标准，通常写在挂出的招牌上）。老师说："我刻一个字4元，加边款4元。我给你定每字2元。"这样，我在琉璃厂的淳青阁挂出了润例。但在旧中国，男尊女卑，女子受歧视。我母亲是旧社会的贤妻良母，她受旧思想的影响，反对我挂润例；所以，我只在淳青阁挂了不长时间的润例就撤回来了。从此以后，我就把自己喜爱的篆刻为工作之余的消遣，始终没有再挂润例。

我非常感谢老师对我的教育和爱护，他不仅给我开了个润例，而且希望我搞个印集，并为我将来的印集写了序。老师的序是这样写的：

从来技艺之精神，本属士夫，未闻女子而能及。即马湘兰之画兰、管夫人之画竹，一见知是女子所为，想见闺阁欲驾士夫未易耳。门人刘淑度之刻印，初学古人，得汉法，常以印拓呈余，篆法刀工无儿女气，取古人之长，舍师法之短，殊为闺阁特出也。余为点定此拓本后，因记数语归之。

辛未十二月齐璜白石时居旧京越明日乃壬申元日也时年七十又二矣

老师赠我贵重礼物

老师对我的教育很深，影响很大，做到了"传道、授业、解惑"。老师赠给我的东西很多，无法说全，但主要的是老师的刻苦学习精神和在艺术上的创新精神。老师的这些精神都集中在他的印谱上。老师每出一部印谱，都赠给我一套。他所出的每一部印谱，都有很大的影响。在今天看来，它们可以说是国宝了。但是很可惜的是我得到十来部老师的印谱，现仅存四部了。

老师生于清同治三年（1864年），青年时做木工，酷爱刻画。20岁开始学篆刻，仿浙派西泠八家的丁敬和黄易的刀法。从清代乾隆以来，丁敬、蒋仁、黄易、奚冈、陈豫钟、陈鸿寿、赵之琛、钱松等8人，讲究刀法，善用切刀，在篆刻艺术上有较高的成就，影响大。老师在模仿丁、黄等人时，刻了不少的印章，而且留下了印拓。但在1917年湖南军阀战争时，印章和印拓都丢失了。后来他又积存了一些印章，在1928年时出了第一部印谱。这部印谱一函四本，共200印拓，前面有两个序，除了老师的自序外，还有王闿运先生作的序。王闿运先生是清末著名的学者，一生的著作很多，他的诗文在当时堪称全国第一。他收了不少的学生，老师那时正在他家做木工，王闿运先生看到老师爱学习，善刻画，很喜爱，并收为弟子。1904年，王闿运先生为老师的印谱写了序。1917年，湖南战乱，老师的印章丢掉，而独把王闿运先生写的序珍藏在身上，带了出来。这次出印谱，老师特意把王序放在前面。王序写道：

印谱传者，唯昭潭老渔，纯仿秦汉玺章，墨文不印朱，见之令人肃穆。余童时见从兄介卿有一本，问姓名不知也，意其明末隐士，至今想慕焉。介卿亦隐僻不得志，自负刻印高雅，亦存印谱，不轻示人。及余友高伯足、李篁仙、赵扐叔，皆以刻印名世，而赵傲兀，求者多谩绝之。余出都，乃自赠余名章，明日京师来观者踵相接。游艺之事，孤僻者乃绝伦，理势自然也。

白石草衣，起于造士，画品琴德，俱入名域，尤精刀笔，非知交不妄应。朋坐密谈时，有生客至，辄逡巡避去。有高世之志，而恂恂如不能言。吾县固多畸人，余妻母舅李柯先生，画入逸品，雕琢工艺尤精，亦善刻印，而不为人作。晚年坐一室，终日不移尺寸，见人默无言。白石傥其流与？何其独厚于余也。余既为题借山，因要以同访沈山人，见其印谱，复感生平所交游奇古之士，而叹一艺成名之非偶然，复为序其意云。

甲辰七月王闿运题于南昌馆

在王闿运先生序后，有老师的自序。老师的自序中，介绍了他学刻的经过及其发展，表达了对王闿运先生的崇敬之意。他在自序中写道：

余之刻印始于二十岁，以前最初自刻名字印，友人黎拙厂借以丁黄印谱原拓本，得其门径。后数年，得《二金蝶堂印谱》，方知老实为正，疏密自然，乃一变。再后喜《天发神

谶碑》，刀法一变。再后喜《三公山碑》，篆法一变。最后喜
秦权纵横平直，一任自然，又一大变。忆自甲辰前摹丁黄时所
刻之印，曾经拓存，湘绮师赠以叙，至丁巳乡乱，余欲避难离
家，因弃印草，仅取叙文藏之破壁，得免劫灰。然叙文虽存，
印拓全没，余不忍辜负师文，乃取丁巳后所刻诸印实之。是等
诸印，乃余偷活燕京，自食其力，无论何人求刻之印拓存之，
共得四本，成为印草，仍冠湘绮师叙于前。

戊辰冬十月齐璜白石山翁自序时居燕京

这部印谱是老师从初学丁黄浙派，到学习古汉刻走向发展成熟阶段时
积存的印拓，是很有代表性的。因之，艺术价值高于初学丁黄阶段的印拓。
1928年，老师装订成这部印谱后，就赠给我一套。几十年来，一直珍藏在我
的身边，目前它可能是国内的孤本了。

1933年，老师准备出两部新印谱。因为老师在1928年出的第一部印谱
的版权，被一个人用高价买了去，一些朋友劝老师再出个印谱。老师就
从过去的旧章中，选庚午（1930年）、辛未（1931年）两年所刻之印500
方，每方拓6页，共6套，每套分上、下两函，上函5本，下函5本。选壬申
（1932年）、癸酉（1933年）两年所刻之印200方，每方拓10页，共10套，
每套4本。为了提高印谱的质量，特请有名的制印泥好手吴迪生先生来精
制印泥。老师拿出家存的好油、好朱砂，又从南方找来艾绒。由于原材料
好，加上吴先生的古法制泥，所以这两部印谱的拓印，到现在色泽还是朱
红鲜艳。

同时出两部印谱的工作量相当大，帮助老师拓印的有周君素、白云和我
等几人。周君素是跟老师学画的女弟子，她也是湖南人，她的父亲是老师的
好友。白云是老师大女儿的儿媳。因为这两部印谱是同时出的，所以老师就

用一个序。其序道：

予戊辰年出印集后，所刻之印为外人购去，拓本二百，此二百印自无制印集权矣。庚午、辛未二年所刻印，每印仅拓存六页，得六巨册，每册订为十本，计印约五百方。壬申、癸酉二年世乱至极，吾独不移，闭门读书，有剥啄叩门求画及篆刻者，不识其声却之。故篆刻甚少，只成印集四本，约印二百方，共得十册。以上皆七十衰翁以朱砂泥亲手拓存。四年精力，人生几何，虽饿殍长安，不易斗米，是吾子孙珍重藏之，以待倾倒之知者。

癸酉秋八月齐璜白石山翁自序时居旧京

以上两部印集，连他家里人及周君素和我每人各一套。

我现收藏的老师赠给的第四部印谱是老师的300方自用印拓。老师为了罗祥止、余中英二人学艺，让他俩亲眼观摩，不到一年的时间把300方石头刻完，并拓印集谱。老师在他的印谱序中这样写道：

余三十岁后，以三百石印名其斋，盖言印石之数。所刻者名字印数方，适诗画之用而已。至六十岁，集印石愈多，其中有佳者十之二三，丁戊连年已成秦灰矣。丁戊后避乱居京华，得印石，又能满三百之数，惜丁戊所失之佳者。年七十一，门人罗祥止欲穷刻印之绝法，愿见当面下刀。余随取自藏之印石，且刻且言，祥止惊，谓"如闻霹雳，挥刀有风声"。遂北面执弟子礼。越明年，余中英继至，亦有祥止之愿。余一时之兴至，不一年将所有之石已刻完，实三百之数过矣。其刻成之功实罗余二生，故序及之。今暂拓数册分给家藏，使儿孙辈知昔人有平泉庄一木一石，子孙不得与人；亦必知先人三百石印斋之石印三百，亦愿子孙不得一印与人也。

甲戌冬初白石山翁齐璜自序

　　时间到了1937年，七七卢沟桥事变爆发，平津相继沦陷。北平研究院也停止了工作，因此，我就正式到通县女师附中工作。后又回到北平城里，去女二中教课。1938年，母亲不幸病故，我很悲伤，一些同学好友劝我换个地方，以减哀思。我遂于1941年离开北平去南京。在离北平前，我去老师家辞行，老师语重情深地勉励我，要我不断努力，提高技艺。我对老师十几年来对我的谆谆教诲再三地表示感谢。师生就这样依依惜别了。

　　我初到南京时，在模范女中任教，后去华侨子弟学校。1943年，我接受南京女二中的聘请，到女二中执教。1946年冬，老师来到南京。他是从北平到上海办画展，路过南京小住。我听说后，去旅馆看他。我到旅馆时，他正刻"年八十六矣"白文印章。我从1941年离北平到南京，已六年，这次见到老师非常高兴。在闲谈中，我问："老师这次来，可带印石？"他说："带来了一些。"我说："我拓一些。"他说："可以。"我听说可以，心中不知有多高兴，马上走出旅馆，找了个人力车匆匆地赶回学校，选了个精制的锦缎面的小本，又乘车回到旅馆。我拿着老师的印石，连同"年八十六矣"之印，共拓印42方。老师在这小印集前写道：

　　淑度，白石之门人也。北平别来已越六载。今逢于南京，值予正刊此印，求拓之以纪事。

丙戌十一月一日白石翁

210

把老师的篆刻艺术接过来传下去

1949年南京解放后，我从南京女二中调到男二中工作，后又调到工业学校、十中工作。我从1941年离开北平后，经常给老师去信问候。1956年暑假，我回北京，看望过老师五次。记得是第三次去时，老师问我："这几年没放下刻刀吧？"我说："不常刻。"老师说："下次带两块石头来，带刀来，给我当面刻刻。"第四次去时，我带了石头和刀，约上李苦禅。到了老师家，发现老师精神不太好，坐在那里，眼睛也不愿意睁开。我问老师怎么样。老师说："睡不安。"苦禅说外院正在收拾，环境太乱。我也没再提刻石的事。临走时，老师家里人对我说："迟几天走吧，可以赶上仪式（指保卫世界和平委员会向齐老师颁发和平奖金的仪式）。"我说："学校要开学了，怕是不能参加了。"第五次去看老师，我是去向老师辞行的，看到老师在那里睡觉，就没惊动他。没想到这一次竟成了我和老师的最后一次见面。1957年，惊闻老师不幸病故，我悲恸万分。后来我也病倒了，于1958年退休回到北京。回北京后，就闭门养病。

齐白石老师是全国公认的国画、金石篆刻艺术大师。他在金石篆刻方面的精湛技艺是我们，尤其是我这个白石老人的弟子，应该下大功夫研究继承的。尽管我在金石篆刻上没学到老师的百分之一、千分之一，但就是这百分之一、千分之一，我有责任和义务把它传下去。所以，我这些年来，除了个人钻研老师的刀法外，还收了几个学生，尽我所能，把他们教好，使白石老师的篆刻刀法不失传，以对得起国家和人民，以告慰去世的老师。

1982年，北京图书馆为了出齐白石印谱，派人找我，来看齐老师的印谱，也看了齐老师给我写的序和给我开的笔单。他们问我为什么没出印谱。说来话长，我也记不清是一九三几年了，老师曾问我出不出印谱。我说不敢。老师说："你现在不是给人刻吗？你要觉得哪方好，你就印它100页。将来够120方的时候就可以出100册。"遵老师所说，我将历年所刻选择了120方印，每方印拓100页，分装在120个牛皮纸袋里。我想再从中精选出100方印拓。这个工作还没来得及做，就赶上了"文化大革命"。真可惜呀！这些印拓连同其他资料、书籍、往来书信、日记等，统统作为"四旧""黑材料"被抄去。1976年，"四人帮"垮台后，退还给我一些，但少得可怜。被抄去120纸袋的印拓，只还给我22袋，也就是22方印拓。我就把这22方印拓，交给了北京图书馆。另外向各方搜集我过去刻的印章，得到各方面朋友的热情帮助，共征得印石30多方，其中就有1931年左右，曾受到老师称赞的"冰心"之印。这样，共得印拓50多方，印集命名为《刘淑度刻石残存集》，并得到书法家启功的支持，为印集题写书名。文学家、我的老友冰心为印集写了序，她在序中写道：

　　　王庆淑同志来，给我看了一本"淑度印章"，前面有齐白石老人写的一段话，盛赞刘淑度先生刻印"篆法刀工无儿女气……取古人之长，舍师法之短，殊为闺阁特出也"。这篇文字是我从未见过的！五十年前我所见到的谦逊恬淡的刘淑度先生的印象，又涌现到了我的眼前。

　　　我是在三十年代初期，在郑振铎先生家里见到刘淑度先生的，振铎夫妇把她介绍给我，还说她很会刻印。过几天刘先生就送给我一方刀工秀劲的篆字的"冰心"图章。我十分珍爱它，而且经常用它，但刘先生从来没有对我自夸为白石老人的弟子，更不用说自己是老人的得意门生了。

白石老人名扬中外，人人皆以和他有过瓜葛，为莫大的荣幸，像刘淑度先生从不特别提到她和白石老人的这一段因缘，我认为这是她的过人之处！

王庆淑同志还带了淑度先生的一封信，说："江宁一别，三十年不见"，还说她"一病卧床"。我也因行动不便，几乎两年没有出门了。但是我相信只要我们还都健在，促膝谈心的机会还是会有的。

让我们互祝健康吧！

一九八二年二月二日

比北京图书馆稍后些，北京师范大学也来人找我，要出我的印集。我自己原来有20本印集，是自己随刻随拓的。集子是从故宫博物院买的，制作精良。可惜只剩下了8本。北师大从中选取了100方印拓，原准备在80周年校庆（1982年10月）前影印出版，取名《淑度百印集》。最后听说，要把它作为国庆35周年的献礼出版。

以上两部集子，作为我对国家和人民的一点小小的心意，对恩师齐白石的一片怀念之情吧！

忆宗师齐白石

朱光宇

　　齐白石宗师，是当代杰出的大画家。下面我以亲身经历，略谈宗师数事和自己的感受。

　　1928年8月，我由杭州西湖艺术学院辍学，赴北平，想入北平艺术学院续学，因无学费未果。戚人王代之系艺院教授，与白石老人交谊很深。其时，我由他介绍至白石老人家，为他抄抄写写。老人见我写的字有骨劲，颇为满意。我在他家工作期间，见老人诗书画印为中外文化名人所称道，道德品质亦堪为人师。于是，我便向他老拜师学画，得到应允。当时学徒费需100银圆，我无力缴纳，蒙宗师惠予免收。那时老人年约66岁，我才20岁，这种奖掖青年进修的美德，确是难能可贵。

　　宗师教诲："画画非易事，要勤学苦练，一日也不间断，朝于斯，夕于斯，才会有所成就。"我遵师训，日日攻画，久之，手愈灵，心愈巧，进步较快。

　　宗师说："画画要先观察实物的真实形状，胸有成竹才下笔，不能臆揣。譬如画虾，先看它几个节，哪节起弯，几个脚，大脚几节，都要熟悉才画。我水盂里养着一些虾子是供平日观察的。我画的虾透明活泼，与别人画的迥然不同。初只略似，一变色分浓淡，再变逼真。"

宗师着色：色调对比，远近虚实明暗，映衬分明。他主要运用红、黄、蓝三种原色，以浓淡、轻重的技法绘画。他老画的牡丹、荷花、桃子、樱桃、荔枝、红梅、牵牛花、鸡冠花……鲜艳夺目，栩栩如生。宗师独创红花墨叶的画法，以洋红画花瓣，以墨分浓淡涂荷叶，色彩强烈、清雅、大方、脱俗。有一次，我画了一幅《鸡菊图》，请白石老人指正。他老说："鸡身上的羽毛，要先涂淡色，后加浓色，这就是所谓'浓破淡'，你是用的'淡破浓'，不相宜。这浓淡相破，是一种技法，你必须多看我画，才会得心应手。"又一次，我画了一幅"千丘万壑云外峰"的山水画，请老人赐教。老人看后说："这种画法是清朝四王的画法，但是我衰年变法创新，就是要跳出这个樊笼，另出新意，独创风格。对这种画法，我在一幅山水画上题云'山外楼头云外峰，匠家千古此雷同，卅年删尽雷同法，赢得同侪骂此翁。'我原先也是这种画法，画梅花学北宋杨补之的。陈师曾说过：'你这种画法，没有气势，又费时间。'劝我变法。因此，我变法以后的画，气势磅礴，声誉大噪，遍及东洋西欧。"

我姐丈王代之教授，原是在法国巴黎学西画的，他回国后改画中国画。一次，他将作品请老人评议。老人认为他的派韵高雅，迥与众殊。尤其他的"点"，点得最得当，恰到好处。老人说："点是一幅画的最后工序。点得适当，画龙点睛，醒目提神；点得不适当，全幅逊色。"又说："画画不要太像。太似为媚俗，不似为欺世，要在似与不似之间，才是好作品。"我对此言，深有领悟。

老人画画，首先凝神集思，再后下笔，一气呵成。一幅画画完，夹在对面墙壁上的铁丝上，自己坐在隔五六尺远的藤椅上，凝神注目，感觉不够处，取下来，补两笔，点两点，又挂上再看。有一次，他老画一对竹鸡，两竿竹子，一个出土的小笋，画面显得特别清幽，引人遐思。我在旁赞叹不已。老人轻捋银须，神采飞扬。后来这幅画为日本人赏识购去。

老人还擅长作诗，精通书法篆刻，堪称诗书画印四绝，这里我不一一赘述了。

老人弟子极多，艺院学生向白石老人亲自拜师的，入室的，信函求教的，不计其数。那时，李苦禅已是老人的高足。名京剧家梅兰芳及新凤霞等，都是他老的弟子。

老人勤俭朴素，可为人楷模。那时，他老的画已遍卖东西各国，日人购其画者极多，老人虽收入颇巨，却布衣大褂，不改乡土本色。至于食用，同样俭约，每早亲到菜市买菜，爱好湖南风味，喜吃永丰辣酱。那时，老人住在北平西城跨车胡同15号，是一栋旧四合院子。画室里陈设一张大画案，几把古老椅子，二张黑长香几上，摆着一框镜屏，内装着赏画润格，真个古色古香。

老人待人和蔼，怜贫恤苦，照顾同乡。我们湖南人，流落北平或有急需相告者，他能解囊周济十元、二十元、三十元至二百元不等。一位高级人士，一时窘迫，老人慨然相助一百银圆。

1931年春，我离北平返乡，老人给我多幅册页，并在条幅上题了款，写了我的名字，可惜在"十年动乱"中被我剪掉上下款。现在除卖掉四幅册页给湖南省博物馆和衡阳博物馆外，仅存三幅，残缺不全，实在痛惜！1931年回乡后，我从事教课，未专画画。1951年离家，荒芜近30年，前功尽弃。1971年归来，怀念师恩，重拈画笔，反复琢磨，颇有所成，皓首奋志者，以期不负恩师春风化雨之恩。

1984年元旦，宗师诞辰120周年纪念，国家文化部和全国文联等单位在湘潭市举行纪念大会并筹备建馆，我谨绘《梅兰》一幅献礼，取"梅花高皎洁，幽兰抱清芬"之意，并作五律、七绝各一首以颂之，其中七绝诗云：

从游时忆旧京华，五十年前学画虾。

几度沧桑风雨路，至今迟滞到师家。

齐白石先生二三事

胡翘然

　　1924年秋至1935年春，我于国立北平艺术专科学校国画系攻读国画，有幸亲聆国画艺术大师齐白石先生的教诲，在我的生命里，留下了幸福的回忆。

　　30年代的国立北平艺术专科学校，是全国艺术界的最高学府。校址在西单中京畿道，校舍古色古香，校园曲径通幽，我这个家在农村的孩子来到这里，无异于进了天堂，喜悦之情溢于言表。然而，当我得知齐白石先生将亲自给我们讲授大写意花卉的喜讯时，那才真可谓心花怒放了！我禁不住立即修书回乡，让家人分享我的快乐。

　　终于盼来了先生给我们授课的那一天。上课钟一响，同学们便不约而同地盯着门口，我清清楚楚地听见了自己的心房在怦怦地剧跳。门慢悠悠地开了，先生身着蓝布大褂出现在门口：中等身材，面色红润，高大的颧骨、隆起的鼻梁和向外微翘的花白胡须，第一眼就给我留下了难忘的印象。先生迈步走进教室，面对同学们站住，用深沉而慈祥的目光望着大家，抱了抱拳，又转身缓步登上了讲台，用极平和的声音说道："作画之道，贵在形神兼备。有形而无神，失之呆板；无形，则神无所

218

倚。然则，形、神安在？在手熟耳。唯诸君师造化，勤练不辍，则传神之笔生矣。"说到这里，先生伸出左手，捏住右臂袖口，右手做作画状，笔走龙蛇。这时，我才注意到了先生的手，手指修长，瘦骨嶙峋，完全是一双普通的老年人的手，然而，在国画艺术的天地里，采得了片片彩云，撷取了朵朵奇葩，描绘出了一幅幅不朽的珍品，为中华民族的艺术宝库增了辉添了彩的，就是这双极普通的手。我目不转睛地盯着先生的这双手。

那时，先生已是年逾古稀的老翁，但授课却一丝不苟。每节课，先生总是准时进教室，在一张大画案前站定后，一招手，全班12名同学便围着那画案站成半圆形，听先生授课。先生每堂课只重点讲一个问题，边讲解，边示范，讲完了，一幅画也完成了。每当这时，最令我惊叹不已的是笔洗子里的水——那水依然至清，足见先生胸有成竹，惜墨如金。

当我们回到自己的画案前练习时，先生总是在座位间巡视辅导，或纠正练习中的错误，或指点用笔的技巧，有时则提笔在小幅的宣纸上示范。同学们都盼着先生给自己示范，好得到先生的墨宝。这样的幸运我有过两次：一次，先生给我画了一小幅虾；另一次，画了一只蟹。每次先生都嘱咐我："勿失，候用印。"这两件珍品，我裱好后，先生果然都给盖了印章。

有一次，我照标本画一个蚂蚱，先生看到后说："照标本画出的是死物。你看这个蚂蚱，它的触须是向后弯的，而活的是向前竖起的。要师造化，到大自然中去写生。""师造化，勤练不辍"，是先生第一堂课就谆谆教导我们的，它成了我一生艺术创作的座右铭。

1935年，日本帝国主义发动侵略华北事变，华北局势岌岌不可终日，学校于5月被迫停办。分别之前，先生理解学生的心情，让我们各人说出自己喜爱的花鸟虫鱼，赠每人一幅画做纪念。我喜爱荷花，先生听了深情地望着我连声说："好，好！"很高兴地为我画了一幅中堂荷花，画面题"出淤泥而不染"，上款书"翘然弟之嘱"，下款具名后加盖了双章——"白石""齐璜"。我激动得双手接过画幅，久久地端详着画面，端详着"出淤泥而不染"的题字，我想到了先生的为人。先生极重气节，处在如染缸般的环境中大半个世纪，却能洁身自好，不染半些儿尘渣，尤其是在日本人染指北平后，先生闭门谢客，不与日本人沾一丁点儿边，所具有的不正是荷花那种"出淤泥而不染"的品格吗？先生借题字向我提出了殷切的希望。

"京都游子拜国手"

——李可染与齐白石

孙美兰[*]

未曾拜师先睹画

李可染与恩师齐白石的缘分，是从可染与悲鸿先生的缘分开始的。

李可染第一次看到齐白石真迹，是22岁，在西湖国立艺术院。那时，林风眠校长在艺术上、学术上兼容并包。30年代前后，青年接受鲁迅的观点，追求进步，但不免偏激，对京剧和中国画没有什么好印象，视为封建老朽。而从法国归国不久的林风眠，却在艺术院研究部教室里，挂着齐白石的画，当时可染觉得非常亲切。40年代的重庆，时处战争岁月，生活艰苦，看藏画机会不多。可染有幸结识徐悲鸿，不但在徐先生筹建的中国美术院，可以看到陈列品、历代名画，还同时得到徐悲鸿的信任，常到先生家里看其个人的藏品。其中，先生将自己收藏的齐白石精品，一一展示给可染观赏。一边看画，一边品评，使可染大开眼界，看到齐画真迹近百幅。那时，可染已经拜读过齐白石自略状，

＊ 孙美兰，湖北武汉人。现为中央美术学院教授。

现又看了齐白石大量作品，佩服得五体投地。悲鸿先生说，你这样崇拜齐白石，有机会，我介绍你跟齐老先生认识。李可染一生中，又一次的关键时刻终于来了，李可染收到了南北两份聘书。时在1946年，抗日战争胜利第二年。他经过激烈的思想斗争，反复考虑，终于做出慎重、果断的抉择。

1946年，来自北平和杭州两份聘书，同时到了可染手里：一份是徐悲鸿聘请他到北平国立艺专，一份是母校——杭州国立艺专发来的聘书。可染最后到了北平（京）。

可染先生后来说："我决定北上，是因为北平是中国文化古城，有故宫藏画"，又说："我们这一代人最大弱点是笔墨功夫差。北平有齐老在，有黄老在，我是一心冲着齐老师、黄老师来的。"

1946年，可染39岁，他在研究中国画的道路上，已颇有心得。40年代，他曾经提出两句座右铭，后来成为名言，即对传统"要用最大的功力打进去，用最大的勇气打出来"。经过一段探索，证实了当初的认识是对的。他回顾硝烟弥漫的8年，清醒地得出结论说："我们将近40岁的人，如果不向传统学习，不向前辈大师学习，让传统在我们手里中断，那就会犯历史性的错误。"

徐悲鸿先生是李可染的良师益友和知音。可染应徐悲鸿之邀聘，1946年底，一到北京，悲鸿先生立即实现自己的诺言：在家里邀集文艺界、画界一些好友聚会，他向80多岁高龄的齐白石引荐可染，徐先生说："江南来的青年人李可染，最崇拜你，想拜师求教。"那时，有不少青年人唱赞美歌，老人以为平常，齐见到李，因徐悲鸿介绍，已是越过一般的亲切，但对可染求师之诚，没有在意。1947年春，可染带了20张画去拜见齐白石，齐师正靠在躺椅上养神。画送到手边，老人先是半躺着在那里看，看了两张，坐着看了，后来，竟站起来把画摆在案上，一张张仔仔细细看，20多张画全看完了，他有了笑意，说："怪不得你要把画拿来给我看……30年前我看到徐青藤真迹，没想到30年后看到你这个年轻人的画……"老人说着，动用了身上挂的一串钥匙，打开柜门，拿出一盒上好皮纸，类乎"蝉翼宣"，对可染说："你一定要出本画册，用这种纸，你没有，我有……要用珂罗版精印，你没钱，我给你，我写序跋。"可染先生常常带有暖意地谈起这件往事："第一次拜见齐老师，老人没什么表示，就像火石，碰了碰，没搭上'火'；第二次，带了画去，我还是诚心诚意到齐师家拜见求教，'火'搭上了，点着了……"

这第二次见面、第一次看画，师生二人结下了不解之缘。可染告辞时，齐老当即留饭，可染推脱有事，齐老一再挽留，他见可染执意要走，一脚已跨出门槛，突然大声说："你走吧……"原来齐老生气了，家人示意可染：要听齐老的，你就留下吧。

这以后，可染几乎天天去齐师家，那时齐老住西单辟才胡同。有一次，可染去了，齐老师特别高兴，说："我藏了很多纸，有点'好宣'，我给你找。"于是找出一张积存多年的上好宣纸，上面的红色印字已经模糊了，齐老落墨，画了五只螃蟹，题字诙谐、错落："昔司马相如文章横行天下，今可染弟书画可以横行也。"到了"文革"期间，一条"横行天下"的罪状，足以按"现行反革命"论处。可染只好将题字剪掉，现在五只螃蟹尚存。

可染一幅写意人物《瓜架老人图》，画的是一位老人，在瓜架下乘凉打盹，齐师赞赏这幅画："太超脱了！"于是乐为可染写题句，赞曰："此画作青藤图可也，若使青藤老人自为之，恐无此超逸。"齐老一生最崇拜徐青藤，对可染评价之高，由此可见。《瓜下老人图》从此又名《青藤图》。1957年，李可染、关良二画家出访民主德国，于柏林举行联展，此画为勃尔兹副总理所收藏。可染还画过一幅《醉钟馗》，齐老喜极，题诗一首，大意是说，从画里，我已经闻到酒气了。可惜，戏笔之作，没有留存。

可染拜师记

"他到底拜还是不拜？"

李可染拜师过程曲折有趣。齐师笔力雄强，震慑人心。可染早有想法，觉得我辈近40岁的人，一般说，造型能力还可以，但笔墨不行。很少有人过了笔墨关的。可染决心拜师，沉浸笔墨，潜心传统，以窥中国画之堂奥，先"进"而后"出"，做"透网鳞"。

可染从重庆到北平，求师心意之切，深知者，莫过于徐悲鸿。照可染本意，拜师是件不平常的大事，想郑重其事地办。谁知过于郑重，反倒把事情拖下来了。一次，齐老问悲鸿："你说的那个李可染要拜师，他到底拜还是不拜？"

齐老还时不时地对身边的夏护士念叨："李可染这个青年人，他不会拜我做老师的，他的成就，将来会很高。"这话传到可染那里，他非常诧异，连忙找到齐老师，诚心诚意地表示，拜师这件大事，必得请郭（沫若）老和悲鸿先生在场主持，必得隆重……齐老一听，连说："那不要，那不要！"可染茅塞顿开，当即拿过椅垫，由齐师第三子陪同执弟子礼。齐师连忙站起身，扶可染起来，眼睛湿润了，喃喃低语说："你呀，是一个千秋万世的人哪！"齐老师非常关爱可染，十年间，无日或离。题赠可染弟子墨迹、得意画作三十几幅，亲书巨幅篆书对联赠给可染夫人——"佩珠女弟子"："海为龙世界，云是鹤家乡"，气势博大，力量雄强。两句话，十个字，超凡的书法艺术，把有限的空间无限地扩展了，扩展到和祖国、和世界、和整个自然宇宙相连在一起了。

1984年元旦，湖南湘潭举行齐白石诞辰120周年纪念大会。李可染委托笔者带赠大会手书对联一副，联曰：

京都游子拜国手，

白发学童念恩师。

春风化雨

李可染从齐师所得教益，非语言所能表达，总括要点，在以下三方面：

（一）勤奋的艺术苦功、严肃的创作态度和笔墨功夫

齐师不满足于既得成就，几次变法，源于严肃的创作态度，大胆的创造精神和勤奋的艺术苦功。

所谓"漏泄造化秘，巧夺鬼神功"，高超的艺术，来自勤奋的艺术苦功。可染先生在齐老身边十年，天天为之磨墨，一方上好青石砚，容纳着老画师创造的天地和宇宙。齐老经常提醒、嘱咐，"磨墨要往四边磨"，那中间的凹处，再磨怕要磨穿了。无独有偶，可染在大雅宝胡同宿舍，画案上铺的"画毯"———一条灰绿色军毯，中间有一个很大的洞，可染先生每天作画的毛笔、墨渍、颜料和"力透纸背"磨穿的洞。坚强的毅力，勤奋的艺术苦功，与齐白石精神同契。

"天道酬勤"是齐白石的一方图章。可染是在齐师87岁到97岁这十年里向他学画的，齐师八十几岁时，每天早起至少要画七八张画。90多岁高龄，每天还要画四五张画，去世前两天，他神志不清，连自己名字有时也忘了，仍在作画。最后一幅，迎风的牡丹，叶筋钩在了叶子外面，而其神韵异彩，饱和着醉人的生命力。齐师一生，只有两次10天没有画画，一次是丧母，一次是自己生病。他朝夕作画，成了习惯，从不间断，叫作"白石日课"。可染先生常以这种勤奋不辍的精神勉励自己，也勉励自己的学生，他曾为画家张凭题写白石语"痴思长绳系日"，为女画家周思聪、吴丽珠题写"峰高无

坦途""天道酬勤"。1961年，可染先生题赠《李可染水墨山水画集》给画家李宝林，写了"深于思、精于勤"六个字，附有题语数行："昔年白石曾刻'天道酬勤'四字印自勉，并常以此语励我，96岁又书'精于勤'三字赠我，今我更加三字书赠宝林学弟。吾近年知吾艺不精，皆由思不深、功不勤之故。宝林读此册，望以为戒。"可染师以这段话，告别了50年代的奋斗历程，酝酿着60年代又一次飞跃性变革。

李可染精通齐白石艺术的精髓，对齐画笔法线条悟其三昧。可染先生说，"我在齐白石家看了10年，最大的心得是线条不能快。好的线条要完全主动、要完全控制，控制到每一点，达到积点成线的程度"，他又把好的线条、行笔的节奏，比作琴师要控制他手中的弦，"齐线如弦"，不是夸张。只有控制，做得笔主，才有"力"——所谓"字力于身"，"力透纸背"。吴作人说齐师写的"寿"字，"寸"的力量，那一勾能挂一座山。

白石老人从一个放牛娃、木匠，成为一个伟大艺术家、文化名人，在世界艺术史上也是罕见的。他天才出众，但他从不恃仗天才，直到晚年，造化在手，白纸对青天，到了随心所欲不逾矩的地步，也仍然以极其严肃认真的态度对待艺术。齐老师晚年往往在画上写着："白石老人一挥"，在一旁看画的可染，不禁从心里冒出一句潜台词："我看老师从来没有挥过。"

一次，荣宝斋请齐白石挥写"发扬祖国传统"横额六个大字，在常人看来，书画大师如齐老者，写六个字还不容易？但齐老师并不迅疾落墨，而是想了几天，还问可染《天发神谶碑》拓片哪里可找，上头那个"发"字应该弄来看看。如是揣摩、周折、思量，写出来的字，挂在了荣宝斋过厅门额上，雄浑滋润，出神入化，看得出其中的"发"字受到《天发神谶碑》中的"发"字的启示，乘搭过气势，倒看不出任何一笔的模拟，这是齐白石之所以为齐白石的地方。

齐师平时给人写字也是仔细得很，一块方纸叠了又叠，有时还用尺比划，看起来很笨，但挂起来一看，好极了，气势磅礴，令人惊倒。"大天才、笨功夫"，这样形容齐白石，最恰当不过。正因为齐白石在艺术实践中的苦功以及他严肃认真的创作态度，给敏感的学生以感染，他的一句话，可染永志不忘，不只是常常提起，还深深影响了可染40岁以后的画风。

可染先生回忆自己三十几岁时，画画很快，画前闭门独步，兴来时飞快落墨，抓住瞬间感觉即成。齐老师看了可染的画说："你的画是画中草书，徐青藤的画也是草书，我很喜欢草书，也很想写草书，但是我一辈子到现在，快90岁了，还是写的正楷。"黄宾虹也曾对可染说，行笔慢是齐画用笔的特点，齐师从可染那里听说此话，很感动，认为黄宾虹是知音。

可染先生由此悟到，"正楷"是作为一个画家一辈子必须坚持的基本功。从此，他的画风由"放"到"收"，"收"而后再"放"，才是真"放"。1956年，也是可染拜师的第十个年头，他第二次外出长途写生，系列水墨山水作品百余幅，是"大收"的成果，也是可染艺术第二个上坡道的重要界标。

李可染在齐白石、黄宾虹二师启迪下，在生活和大自然中验证传统。齐、黄二师的艺术，祖国河山的壮丽，好像一条磁线，两极热点，时时在可染深情的感受中爆发出灵感的火花。

（二）创作方法的启示："妙在似与不似之间"

李可染在青年时代已经初步确立了他的现实主义艺术观和以美术推动社会前进的使命感。西方的现实主义文学、艺术、绘画，曾给可染以深刻影响。徐悲鸿"求真、倡智、崇诚"的写实主义，在40年代卓然成家，开创一派，也给可染以导引；正如林风眠的痛苦求索、寂寞耕耘，从不同的角度、以不同的题材、相异的方法，达到同等的高度造诣，给青年可染以导引启迪一样。

李可染如何在自己的道路上，开拓新途，开创新局面，确实是一个历史性、时代性的重大课题。

李可染在他的笔记中写道："我是想要解决真实性和艺术性的矛盾。"这说明，他对西方的写实——"真实地再现现实"，对东方的写实——"逼真""惟妙惟肖"，都从中发现了不足。过分的"真实"，往往会削弱艺术性，甚至可能走向反面。西方美学家狄德罗，也不得不承认，在诗、在绘画、在雕刻艺术上，为了求取"艺术美"，不得不对"真"、对某些真实细节，"做出必要的奉献和牺牲"（《论拉奥孔》）。

徐悲鸿，是中国现代美术写实主义激进的倡导者、创始人、实践家。在中国画领域，他为确立自己的革新主张、确定写实主义创作原则，奋斗了一生。他不仅有艺术实践的丰硕成果，也有相当系统的写实主义理论。

"写实主义太张，久必觉其乏味"，悲鸿先生所论，固然是针对唐、宋——中兴之世的"第一流人物""美术上之大奇"，如张璪、徐熙、黄筌、黄居寀而言；同时，也不能不说，先生正是从中国绘画史本体，确实看到了一盛一衰、分途嬗变、竞相发展的规律。徐悲鸿支持可染师承齐白石，是其艺术上恢宏大度、远见卓识的表现。因此，当李可染1954年迈出写生第一步时，就有可能突破以往那种"以写生代替写心，以写实代替写意"的模式，超越五四运动以来国画观念追趋西画观念的片面性、局限性，而立于新的国画美观念的不败之地。

1953年9月26日，徐先生在第二次文代会召开的第四天凌晨不幸病逝，但由徐先生奠基、后来又随时代演进的中央美术学院，其国画力量由弱而强，由衰而兴，影响之深远广大，永久地留下了这位先行者的功绩。当我们看到年未及花甲的徐悲鸿大师和90高龄的齐白石大师相互携手进入全国文代会会场的留影时，不禁为这近、现代美术史转折点上的伟大瞬间激动、感慨万分。

齐白石论画，"作画妙在似与不似之间，太似为媚俗，不似为欺世"。

传统绘画的辩证美学，对立统一的思想，到齐白石获得最精彩的阐发，最光辉的实践。李可染不仅是这一精彩论点最早的阐释者、传播者，而且创造性地运用这一思想在他自己的山水画革新的事业中，丰富了当代中国画的内涵，形成一整套对立统一的、充满辩证思想的中国画现实主义美学新观念和新体系。

（三）千锤百炼、大胆独创的精神

齐白石的艺术，"兼吴昌硕之雄健烂漫，陈衡恪之寥润消隽"，自创新格。齐白石有一方印章叫作"老齐手段"，又称秦汉之印，"胆敢独造"，这八个字集中体现了齐白石千锤百炼、大胆独创的精神。

齐白石的独创性，来自对生活美的千锤百炼，意匠加工，同一生活原料、同一表现对象，可以千百次反复锤炼加工，滤净渣滓。所谓"妙在似与不似之间"，是内涵宽广、极富容量的艺术理论，其中既包容着形似与神似的关系、具象与抽象的关系，也包括艺术与欣赏者心理距离的关系。可染先生所着重把握的是艺术的命脉——艺术美和生活美的关系，李可染为祝贺齐白石获国际和平奖金，评价其卓越成就和对世界和平的贡献，撰写了《中国杰出的画家齐白石》一文，对齐白石杰出的艺术创造做出了自己的分析："他的作品中的形象，无疑是从现实中来的，但绝不是自然翻版，而是经过千锤百炼、滤净了渣滓的艺术创造。"这对当时把生活和艺术等同起来的倾向来说，真是一针见血。到了60年代初，可染先生结合自己的实践，将他从齐白石艺术中获得的启示，概括为四个字，叫作"采一炼十"。

可染先生常以齐师画虾为例，他是经过了"写生复写意、写意而后复写生"无限反复的认识深化过程，经过了一变、再变、三变，达到从生活到艺术高度提炼的境界。齐师直到晚年90多岁，又再一次去掉笔下游虾头部的两根触须，使得艺术形象更加洗练，"简"到不能再"简"，而其蕴含却越发丰厚。

可染先生将自己新的认识，传授给学生，他说："从齐老、黄老那里，我确实看到了一点，在艺术上的'采'和'炼'，不下长期的工夫是断不能成的。"他并不隐晦，"我们的要求和一般人距离很大"。又说："齐白石到北京以后一直'炼'了50多年，因为他有40年以前的生活，他在农村住了三四十年，有了'采'，才有可能这样'炼'。生活与艺术之间的距离是很远的。"

白石老人为了将生活升华为艺术，他一生中是经历过许多内心矛盾的。"他有过一方图章：'心与身为仇'，在他走向成熟的道路上，克服了种种矛盾，五次出游，几度'变法'，开拓了老人的生活视野和艺术胸襟"，也因此才开拓了一个真正属于齐白石的艺术世界。

百年中國記憶 BAINIAN ZHONGGUO JIYI

第四辑

眷属缅怀：为他抓痒，为他打扇

父亲的情趣

齐良迟[*]

在将近一个世纪的漫长生活经历中，父亲留给人类数以万计的艺术珍品，无一不渗透着浓郁的生活情趣和强烈的爱国情操。把生活的情趣与爱国情操有机地结合起来，正是父亲具有强大生命力和感染力的坚实基础。

父亲的一生，大部分时间生活在半封建、半殖民地的旧中国。贫困的家境，主宰着他的生活命运。于是，放牛、砍柴、务农、做木工，成了他早年生活的主旋律。大自然的一山一水、一草一木，在他幼小的脑海里，留下了深深的印象。

"追思牧豕时，迄今八十年，都是昨朝过了。"这是父亲在一幅《牧猪图》上的题句，强烈表达了父亲对儿时生活的思念。在另一幅《牧牛图》上，他题诗道："祖母闻铃心始欢，也曾总角牧牛还。儿孙照样耕春雨，老对犁锄汗满颜。"

住在农村，特别是生活在丘陵地带的农村孩子，每年秋冬落叶时节，

---

* 齐良迟（1921—2003），齐白石第四子。擅画花鸟。曾任北京文史研究馆副馆长、湘潭齐白石纪念馆名誉院长。

都要背着竹筐和筢子，筢树下的落叶，好当柴烧。在一幅寻筢松叶的《得财图》（意为得柴）中父亲的思绪一下回到孩提时代，题诗道："豺狼满地何处爬寻，四周野雾一篓云阴，春来无木叶，冬过少松针，明日敷炊心足矣，朋侪犹道最贪淫。"把当时的环境、心情刻画得淋漓尽致。没有生活的磨炼与体会，试问谁能创作出这样的佳作？父亲在创作上所以能随手拈来，好像"腕底有鬼神"，这和他熟悉生活，热爱生活是分不开的。所以说，现实生活是父亲创作的源泉。

中国画是一门严肃的艺术，它是在忠于生活的基础上创作出来的。真正的艺术创作与主观随意性是不可调和的。父亲的作品，无论是山水、人物、花卉，也无论是工笔、写意，所表现的对象首先是博得观赏者的共鸣。他穷毕生精力坚持深入细致的生活、观察和真实地描绘客观物象。他身在农村，熟悉田野的一切，五次远游，走遍大半个中国，现实的生活环境更丰富了他的创作题材。他说：20岁后，弃斧学画画，为万虫写照，百鸟传神。只有鳞虫的龙，未曾见过，不能大胆敢为也。1951年，老舍先生选了四首诗，请父亲画四幅诗中的意境。其中有"芭蕉叶卷抱秋花"之句，老人因记不清芭蕉叶卷究竟是左卷还是右卷，所以迟迟未能动笔，最后只好不画卷叶的芭蕉。即使到了晚年，父亲享誉海内外的时候，对待创作的严肃认真态度仍然没有丝毫松懈。有一次，友人求父亲画和平鸽，老人感到还缺乏对鸽子更深的了解，特意到学生家去看鸽子。90多岁的高龄，仍然在鸽子的写生小稿上注明"白""白""白"，"黑""黑""黑"，以提示画稿中鸽子身体的"白"与"黑"的位置，"鸽子翅不要太尖太直""尾宜稍长"等字样，以注明要点。并对学生说："要记清鸽子的尾毛有12根。"老人常说："我决不画我没见过的东西。"父亲对艺术创作的态度，从来是认真、严肃的，决不苟且。

父亲的很多作品，从某种角度上说，更是时代生活的反映。

234

军阀混战期间，父亲看到友人画的一幅祖国山川风景长卷，顿时触景生情，题了一首绝句："对君斯册感当年，撞破金瓯国可怜！灯下再三挥泪看，中华无此整山川。"他把国家比作金瓯，他为山河破碎而痛心疾首。爱国之心跃然纸上。

1943年，正值日寇横行，祖国大片国土沦陷时期。父亲画雁来红题诗："西风秋景颜色，北雁南飞时节，红似人民眼中血。"署款为"癸未居京华时画雁来红题句——白石老人"。这首诗触景生情，把父亲和人民的殷切企盼之情刻画得催人泪下。

抗日战争期间，父亲在大门上张贴告白："绝止作画。"其实，他哪里静得下心来。他通过诗、书、画作品来诅咒敌人，宣扬民族气节。他在水墨螃蟹画上，有时题上"看汝横行到几时"，有时题上一首诗："处处草泥乡，行到何方好。昨岁看君多，今年看君少。"对日本鬼子横行霸道和他们日暮途穷的命运作了辛辣的讽刺。北京沦陷后，父亲画了一老翁用力向葫芦内部观看的图画，题了"里边是什么"五个字。画中这位精神矍铄的老人在开口葫芦的顶端，向葫芦内看，意味着当时落难的中国人民正在看清日本帝国主义的侵略本质——葫芦里卖的什么药已昭然若揭。父亲在日本统治区能这样置生死于不顾，这是一般人所不能做到的，也是父亲最难能可贵的。

解放战争期间，他又多次用《鼠辈倾灯》来讽刺反动派祸国殃民的罪行。

直到新中国成立后，父亲才又焕发了青春。他不辞辛苦，创作了大量歌颂祖国、歌颂人民领袖、歌颂社会主义新生活的作品。他把81岁时的上乘之作《松鹰图》和"海为龙世界，云是鹤家乡"的五言篆书对联送给了毛主席。以后又相继创作了《祝融朝日》《普天同庆》《祖国万岁》《花中之王牡丹图》和《百花与和平鸽》等。仅1953年就创作各种题材作品600多幅，并拿出很多精品支持抗美援朝书画义卖。父亲的书画作品，是与时代生活、人民的命脉息息相通的。

　　父亲体察生活之细微，了解生活之深入，热爱祖国之赤诚，都是他艺术生活中现实思想与爱国思想的集中反映。用简单明了的一句话说，他老人家的人品与画品，都是值得我永远学习的。

我对爷爷生活片断的回忆

齐佛来

  爷爷齐白石老人，年轻的时候，就非常热爱生活，热爱美。有一次闲谈中，爷爷对我说，他住在星斗塘的时候，家里虽然很穷，生活压得他喘不过气来，但他仍然爱好音乐。每当晚饭后，便拉着胡琴从白石铺漫步到广东桥，往返约十华里。胡琴上端缀着两条五六寸长的彩色绦子，胡琴拉动时，绦子随着摆动，别具风趣。所到之处，无不博得群众热烈的掌声。有一次，母亲给我洗头发，我嫌太长，闹着要剪掉一些。祖母在一旁笑着说："清朝时候，男女都要留发，你爷爷爱美，他的头发留得比一般人都长，并且把它编成两条辫子，辫子上还系着彩色绦子，从肩上一直垂到脚跟，随着迈出的脚步有规律地左右摇摆，人家还争着看哩。"

  爷爷的笛也吹得很好，笛子是自己用斑竹做的，竹皮上镶着贝壳花纹，两端用长约寸许的白牛角镬成，也缀上绦子，非常精致。有一次爷爷问起我这支笛子还存在不，我说以前一直保存得很好，到了沦陷时期，被敌人烧了。爷爷顿时露出可惜的神情说："这支笛子曾经有人愿花两担米向我购买，我舍不得，没有答应，谁知竟付之一炬了。"

  爷爷家境虽然清贫，但穿着很是讲究。听祖母说：爷爷喜欢穿白袜子，但要穿个白净。那时的袜子都是布做的，有一次洗得不太白，爷爷就很不高兴。他穿在里面的衣服也是一样，不嫌破烂，一定要缝补整齐，洗得洁白。这种清白作风，和他的为人一样，一直保持到老。

爷爷从白石铺梅公祠迁居余霞峰时，虽然是白屋变成了瓦房，可谓莺迁乔木了，但屋后荒山一片，门前花木俱无。爷爷为了美化环境，不辞辛劳，将旧式窗户改用12块活页木板连成一片，每三寸宽置一块，上下安于窗户另一横木小孔内，可自由推动，按时遮住反射的太阳。并砍竹为枧，将清新的山泉由枧内引入厨房水缸，人家都称它为乡下的"自来水"。房屋里外，都粉抹成蓝白上下两层，哪怕是小孩，也不准用手在墙壁上抚摸，如被发现，即责以手板，毫不留情。

每逢雨水节到来之前，爷爷总是亲携刀锯，带领儿孙，在屋后房前，种接花果，并开荒植树，杂以南竹油茶，春秋花开，俨然一幅山水图画。

爷爷的自信心也很强。他在漫游广州的时候，看到街上有人骑自行车，也想试试，几次都没有骑好。他的挚友郭人漳便笑着说："齐山人，这玩意儿不是你干的，走吧！"爷爷回答说："那为什么，我不信，一定要学会。"结果便从广州买了一辆自行车带回老家，终于让他学会了，并能在乡村的小路上骑行自如。有一次骑车时，被狗追赶，摔倒在水田中，他才把车卖掉。

爷爷还讲过这样一个故事："离白石铺不远的地方，有个名叫'上宝山'的道士观，要做一条长约五寸，宽五分，雕有二龙戏珠的插香板，经过很多木工承包，均未雕出。我听说后，打算前去试试，师傅劝阻我不要去，并说：'好做的活，人家不早做成了，还等你去。'我没有听师傅的劝阻，毅然把活包下来了。由于插香板小巧精细，要求很严，前几次试制都失败了。但一想起'世上无难事，只怕有心人'这句话，我又浑身是劲，毫不灰心。经过几次改变图样，修整工具，终于让我取得成功。从此白石铺周围几十里的同行和群众，没有不夸奖我的。'木匠王'的绰号，也就由此喊出来了。"

有一次吃饭的时候，爷爷笑着对我说："我喜欢吃淡菜，你妈妈他们做的菜我总说咸了，一天，你祖母亲自为我煮芋头，故意一点盐也不放，端来给我吃。饭后，你祖母问我：'今天的菜不咸吧？'我说：'这才是正盐味。'你祖母笑着说：'一点盐也没有加。'"

爷爷的一生，是艰苦的，不平凡的。他晚年虽然得到人民政府无微不至的照顾——生活、待遇、荣誉，但他一如既往，从不忘本。新中国成立初期，他每日的菜金才五千元（按现在的人民币计算才五角），不过不包括来客添菜。他到去世为止，没有睡过沙发床，一套旧沙发还是公家配给的。爷爷常对我说，促使他事业的成功，不外两个原因：一是时局的动乱（按：指逆境中求前进）；二是家境的贫穷。并说他和黎松庵（是他的好朋友，家境很好）同时学刻印章。一日，黎松庵对他说："濒生，我不学刻印了。"他说："为什么？"黎回答说："坏眼睛。"从此，黎松庵便真的辍学了。爷爷接着深有感慨地说："我当时的家境要是和松庵一样，也就没有今日了。"

以上这些琐屑事件，本来没有什么好说的，不过都是他中、青年时期的事，真实地反映了这一时期的生活习惯、风趣、性格和毅力，这对于他后来在艺术和诗、文各方面所取得的惊人成就及其高度的审美观点，是不无内在联系的。

白石老人的借山吟馆

齐佛来

借山吟馆这个名字,提起来有些人是很熟悉的,因为它是白石老人中年读书、作画、治印、写字的地方,也是他经常用作题画的款识。"借山"的意思是他出身很穷,无力买山造屋,只好借来满足他研究艺术、学习诗文的要求。但它的环境、风景、建筑以及与主人的深厚感情,能知道的人大概还不太多。

湘潭县城南行120华里,山峦重叠,林木茂盛。其中一峰高耸,有平步街衢之致,无悬崖绝壁之虞,翠竹苍松,自成幽境。从峰顶蜿然而至山麓,有高约五尺之壕围,远望如扶椅一般。这就是借山吟馆后的余霞峰。

借山吟馆是一所三开间两头出横屋的旧式有楼瓦房,连牛栏、猪圈、柴厂、杂屋等共20余间。它的前身是一家没落地主的住宅,位于茹家冲的南头。因为这个只有20多户人家的村里,多半是茹姓聚居而得名。距湘江西岸约10里许,北行20里是白石铺,南去50里即南岳山。因为山多田少,村人都很贫穷。一辈子没有去过湘潭县城的人很多,勤劳俭朴,相习成风。

1906年秋,白石老人游历归乡,将作画治印的劳动报酬,加上旧居梅公祠退还的佃银,合起来买下了茹家冲这所旧瓦房,命名借山吟馆。老人在五

240

出五归饱经披星戴月和萍飘不定的客游生活后，打算结庐林下，息影蓬门，以期整理远游时为山水所写真面目，进而提高自己的艺术水平，并借以补读少贫未读之书。

由于白石老人是木工出身，在归里的第二年就开始修葺借山吟馆。亲自设计，亲自动手，将进大堂屋右边前正房的矮小窗户扩大，辟为画室。外安铁柱，内装玻璃，墙壁用石灰抹成蓝白两色，使黑暗潮湿的屋子，显得特别明亮、宽敞、舒适。室内所用的画案、椅子、书柜等家具，大都是自己做的，既简单，又别致。楼上与地下布置一样，辟为书房，除了读书、治印、写字外，就在此与朋友谈论诗文。后正房是卧室。出画室右门是一间装有隔扇的过道，即老人防止蚊蝇，夏秋读书写字的地方，也就是所谓碧纱橱。它是用木做成带有四根柱子的空房似的，上面笼罩着比蚊帐大好几倍的碧纱，内置两张方桌和几把椅子，除个人自学外，还能接待朋友。前面是个长方大天井，光线明亮，空气流通。天井中种了几盆四季常青，叶似铜钱，里外都长着一层绒毛的小草。据说能治耳痛，点缀得更加幽静雅致。与碧纱橱正相对的又是一间过道，有张侧门通向禾场坪。这扇门除老人接待好友外，平常是不大开的。

紧靠碧纱橱后门右边，是一间宽大的厨房。这里显得特别有趣而引人注目的是老人亲手安的自来水。厨房后边是余霞峰山麓，有泉自碗大的石孔里涌出，四季不竭。老人用竹作管，从墙壁挖一小眼，引入缸内，以为饮用。另外在房顶上安了几块明瓦，照耀得厨房更加明亮。

大堂屋后边是倒厅，有个大院子，右边栽了一株小暑梨，大概是到小暑节边就有梨吃。左边是几树开白花的矮桃。梨树下也有一井好泉水，方圆约一丈许，老人曾于《忆内》诗里，用"知得病随春暖起，自开窗户看梨花"，"檐角蜂巢闹似衙，井泉浮底净无砂"等诗句描写过它们。大堂屋左边与右边修葺一样，不过是儿子住着，布置上有些不同罢了。经过老人的精心设计和辛勤劳动，终于把这所旧式瓦房改建成为既古朴雅致，又宽敞舒适的借山吟馆。

白石老人平素就爱植花木，从他后来怀念借山吟馆一句"记得移家花并来"的诗句里就可想见了。为了美化借山吟馆，他更不顾辛劳，亲手经营花木。几年内，不论雨里晴天，将各地精选来的品种，分种在借山吟馆门前屋后，共植有梅、梨、桃、李、枇杷、石榴、葡萄、柑橘等约300株。由于他最爱梅花和梨，种的比一般花木更多。其中最引人入胜的是禾场坪边的芙蓉。每到清秋，花开碗大，迎风摇曳，总是含笑似的接送客人。他曾用"借山劫后非无物，一树芙蓉照旧开"这样的诗句为它自豪过。

在余霞峰的四周，遍栽松树，绿荫拂夏，一片涛声。左右壕围，间种茶树，花开如雪，不但把天然的扶椅披上一条白链，更为主人制出不少的食油。修竹千竿，从左至右把借山吟馆紧紧搂住。数笋园中，是老人春日的乐事。竹林中还盖了一间仅能容张竹床的茅亭，以便倦时休息。

借山吟馆北边约百步有一座老坝，即老人所谓的老溪，一溪流水，两岸垂杨，点缀得借山吟馆更加富有诗情画意。门对一所三间不大的玄武庙。西南角是枫树园，有地一亩半，雨水调匀的年岁，可以播种水稻。但并没有枫树。

由于借山吟馆地处僻静，风景幽美，建筑古朴，以及村人纯厚诚实，更由于那里的一窗一几、一木一花，都付出了老人的辛勤劳动，村前馆后，又是老人饭后吟余散步的地方，所以他后来虽然避乱北上，定居京华，回忆借山吟馆，还总是念念不忘。由下面这几句老人所写的诗里："何时插翅随飞燕，草木无疑返故乡"；"昨宵与客还家梦，犹指吾庐好读书"，就可以看出他对借山吟馆的深情厚感和无限怀念了。

从1906年白石老人造借山吟馆到1918年定居京华，共有12年。其中虽曾几次外出，但都随即归来。所以在这些年代里，表面上看来，是老人乐享田园，悠游岁月，一生最清闲的时候。其实他在这时，把游历半个中国为名山大川所写的真面目重画了一遍，共整理出《借山图》52幅。可惜后来丢失了一些，现在，仅存20余幅了。又为虫鱼写照，花草传神，创画稿约2000纸。有的小至四方不到五寸，大到占毛边纸一张。由于大张多在南方散失，未能保存下来，实为研究老人艺术成就的一个损失。

与钻研艺术同时并重的是他补读少贫时未读之书。他诵读古文经史，钻研唐宋诗词。对老杜、放翁的作品，尤为酷爱。一年元宵节晚上，借山吟馆前正舞龙灯，适老人在书房读唐宋诗，心领神悟，一意钻研，竟未察觉。龙灯去后，老人走出书房问家人：舞龙灯的为什么还没有来？及家人告知，老人也不禁掀髯一笑。这时他对篆刻书法的研究，也花了不少工夫。最近在借山吟馆门前还发现他当年埋藏已经刻好的印章40余块。

在这一漫长的时间里，白石老人除拜访师友，或听水玄武庙，或看山枫树园，或数笋林中外，差不多整天都在画室、书房、碧纱橱里。他的画格、诗境，以及篆刻、书法的独成一派，可以说都是从这一时期开始的。也可以这样说，这10多年是他发奋自学和刻苦钻研，从而奠定他后来在艺术上和诗文上得到卓越成就的时期。

舐犊情深

——忆父亲对我的关爱

齐良末[*]

我的父亲白石老人，生活了近一个世纪，饱经战乱和南北往返的漂流生活，50多岁以后才在北京定居。

1937年，七七卢沟桥事变后，父亲眼见日寇铁蹄踏破我中华长城，同胞遭受凌辱，陷入血腥屠杀的空前浩劫。忧愤之下，决心避世。毅然辞去了艺术学院和京华美术学校两处教授职务，深居简出，不与外界来往。

一些日本军政头目不断来强请赴宴、照相、强送礼物，父亲便在大门上贴出"白石老人心病发作，停止见客"的告白。心病乃心忧祖国存亡之病，是语意双关的。父亲一生铮铮硬骨，不卑躬屈膝，他贴的告白，正是他具有中华民族血性和高尚民族气节的具体表现。

就在这样一个多灾多难的年月，我降生在这个家庭里。父亲特为我留诗

* 齐良末，画家，齐白石第七子。中国画研究会会员、北京书画研究会会员。

一首，以为后来警戒，诗曰："锦绷珍重小儿曹，富贵何如隐逸高。养犬勿伤钱树子，年深防倒莫争摇。"父亲老来得子，喜悦之情是难以形容的。他在日记中写道："二十六日寅时，钟表乃三点二十一分也，生一子名良末，字纪牛，号耋根。字以纪牛者，牛，丑也，记丁丑年怀胎也。号以耋根者，八十曰耋，吾年八十尚有此根苗也。"

由于物价连年上涨，父亲和全国人民一样，心情沉重，他写了很多诗发泄心中的愤懑。国破家何在，父亲深深忧虑着祖国的前途和命运。

1944年（农历甲申年）1月，我的生母去世了。当时我年仅5岁，从此只有依依父亲膝下，开始了失去母爱的童年生活。

1944年6月，北平艺专送来配给门头沟购煤的通知书，父亲深知这是日伪在收买人心，当即去信拒绝。在北平沦陷时期，生活资料非常紧张，父亲并不为名利所动，表现出了他清白的品格和热爱祖国的高尚民族气节。1945年8月15日，日寇终于无条件投降了，父亲非常兴奋，和好友一起饮酒、吟诗，表示庆祝。也就是这一年，父亲带着四子良迟和我及他的学生王雪涛、护士夏文珠乘飞机去南京办画展。虽然他的作品极受欢迎，卖了不少钱，但当时的钞票如同废纸一样不值钱，父亲只好摇头叹息。

父亲对不义的战争深恶痛绝。他曾叫我养了许多鸽子，我的四哥良迟也给我一对白鸽。父亲认真观察鸽子的各种神态和动作，他亲自数清了鸽子的尾羽是12根。在1952年亚洲及太平洋区域和平大会召开期间，父亲用了整整三天的时间，在丈二匹整宣纸上着意绘制了《百花与和平鸽》的巨幅，赢得了中外和平人士的赞赏。

1954年8月，湖南人民选举他为全国人民代表大会代表，他感到无上光荣，经常参与一些活动。这样，他一出门，家中就留下了我一个孤独的孩子。每逢这样的时候，父亲就给我两块钱，叫我买点东西吃。父亲常常抚摸着我说："可怜哪！没得娘的孩子。"

父亲教育儿女是多式多样的，夏季晚饭后乘凉时，常给我们讲故事，每当这个时候，我就高兴地蹲在他身旁为他抓痒，哥哥为他打扇，静静地听他讲述早年经历的往事。有一次父亲给我们讲了螃蟹的故事："早年有一个朋友叫仲孚先生，他有了我好多画，还想要，但又不好明讲，就给我送了一篓活螃蟹，还写了条子讲，喝酒时吃螃蟹，还不如看我画的螃蟹更能多吃点酒。"停了一下，父亲继续说："这样我就只好给他画喽，在画上我写了一句话，仲孚先生无余画蟹，画此与之，胜于赠酒一坛。"父亲说："还有人用活虾来换我画的虾，我画的虾看来吃得了。"父亲还和我们讲了同乡马璧先生向他学画的往事，父亲说："马璧学画肯用苦功，敢下笔，我蛮看重他。"

　　又一天，父亲在乘凉时和我们讲起了早年蔡锷将军请他教课的事。他说："那时教课还得了，一句话讲不好，学生闹起事来，一下把你轰出去。我这样大年纪，哪肯去担这样风险，我辞了。可是后来徐悲鸿先生也来请我教课，我当然也不理会。徐先生真是有耐性的人哪，我两次没答应他，第三次他还是客客气气地来请，我平生爱脸面，不好再推辞，只好教教看。那次我也很担心，可是学生蛮听话。讲完课，徐悲鸿先生陪我出来，我边走边感谢他管学生出了力。徐先生连连说，哪里，哪里，应当是我感谢老先生，是老先生的课讲得好。这以后，徐悲鸿和我很要好，我们的友谊终生不渝。"乘凉中，父亲和我们讲故事，这是我一生中最难忘怀的往事。父亲老年身上爱发痒，总喜欢让人替他挠几下，我当时是小孩子，他中午在躺椅上睡觉，我就在边上蹲着为他抓痒，轻轻挠上几下后，父亲就能发出轻微的鼾声。

　　我8岁时，父亲就为我留了作画范本并在上面题了字。父亲还为我书写了"余年还望汝光前"的字幅，勉励我要努力绘画。我10岁时，父亲便着手教我画《钟馗捉鬼图》，并指出钟馗的手臂应如藕之有节，并当即为我画出手臂图样。

246

我是父亲最小的儿子，父亲生前对满子的偏爱，舐犊深情，使我终生难忘。只是当年幼小无知，不懂得孝顺，现虽祈望承颜侍奉，已再不可能了。寸草春晖，补报无期，这将是我终生无限伤痛的憾事。

　　父亲把清白留在人间，把举世瞩目的艺术瑰宝留给了天下的人们，他那刚正耿直的做人品格，永远留在了我的心里。

海外萍踪忆父亲

齐良怜[*]

　　记得儿时，常在父亲的画案前替他拉纸，看他挥毫作画。父亲告诉我他童年的生活："我8岁的那年，母亲将她预备买银钗的四斗稻谷，买了纸笔书本，送我跟外祖父周雨若读书于白石铺枫林亭。不满一年，害了一场病就停止了。后来，因家贫需人助力，故不再入学，即在家牧牛砍柴。"我时常听他这样说，心里总觉得他老人家该不是只读过半年村塾的。

　　有一次，父亲送我和四哥良迟、五哥良已，以及二妹良欢，一同去香山慈幼院读书，二妹良欢哭着不肯上学。父亲说："我小的时候，没有钱从师读书，12岁便去学做木工，早出晚归，点起松柴火光，读书习字，你们知道我是多么想读书啊！"从这时候起，我才知道父亲完全是自己发愤苦读成功的人。

　　父亲每天从早到晚，总是在作画、刻印，还应付不下求画的门客。在我的记忆中，他早期的笔润，是每尺宣纸银圆2元，后来加到5元，画红色较多的花卉，以及山水人物、工笔草虫等，特别增收一成，后来通用法币

---

　　* 齐良怜，齐白石第三女。

248

和金圆券、银圆券，也还是按银洋的润例折算的。照说父亲每天的收入，很是可观，可是他总是和我们说他没有钱，但是我们都知道他一有整数的银洋和钞票，便默默地藏起来的秘密，有时候我们向他要点零钱花，他便会说："常将有日思无日，莫把无时作有时。"父亲一生节俭所恪守的正是这两句格言。

不仅如此，父亲对于家里任何吃的、用的，都一概爱惜备至，诸如米、面、油、盐、茶，也都是由他亲自经管，连同他最心爱的画和印，都锁起来。有时候父亲起身迎送来访的客人或出门上街，便有叮当的响声，不知者还以为他是佩了铃铛，又怎知他会经常把一大串大小不同的铜钥匙系在身边呢？

父亲是如此的节俭，我知道他是忘不了幼年的穷困，更想到我们一家20多口人，都依靠着他一人养活，尤其像他那样大的年岁，所以后来我不太随便向他伸手要钱，即使我极想添置什么东西，也得看他老人家在高兴的时候才开口。

最痛心的是我母亲死得太早，她在生产时逝世。父亲因需人照顾，不久就请来了一个叫夏文珠的，介绍人曾经劝过我父亲续弦和夏正式结婚，我们看得出夏的为人不善，便坚决反对，结果就以看护的名义留在父亲身边。不出我们所料，她看父亲喜欢她，慢慢地竟左右了父亲的意见，父亲从此对我们子女、儿媳的印象，渐渐凭她的感观而转变；门客买画的否诺，也都由她做了主张，还须按每尺画的润例加收一成归她所有。我父亲对她，真可以说是言听计从，我们都因为看在父亲的分上，不好说什么；只是一家人的生活，受了这个影响而涣散了。这时候我四哥、五哥他们都从父亲手里拿了钱，各人分煮另爨，过着小家庭的日子；我最小的弟弟良末，还一直跟在父亲身边；只有我和二妹良欢、三妹良芷在一起。父亲虽然每天还是把一家人吃的米、面、油、盐拨出来，给佣人们做饭，可是我们既已失去母爱，又失去了家庭的温暖，都不愿再在一起吃这种大锅饭菜，佣人们便一盆盆倒给捡垃圾的，像这样的浪费糟蹋，父亲是一直被蒙在鼓里的。

父亲除了具有持身勤俭的美德之外，再就是他那高傲的风骨，令人敬佩。他一生从不奢求，不苟取也不苟予。

父亲早年为其友人夏午诒的姬人姚无双教画，夏曾想在江西给他捐个县丞，嘱他到南昌去候补；稍后樊樊山也要推荐他给慈禧太后教画，弄个六七品的官衔，都为父亲婉拒了。父亲曾说："我是没有见过世面的人，叫我去当内廷供奉，怎么能行呢？我没有别的打算，只想卖卖画，刻刻印章，凭着这一双劳苦的手，积蓄得三二千两银子，带回家去，够我一生吃喝，也就心满意足了。"

后来父亲定居北平卖画，有同乡宾恺南说父亲的画很受日人欢迎，劝他游日本卖画，足可致富。父亲又说："我居京华九年矣，可以过活，饥则有米，寒则有煤，无须多金，反为忧虑也。"这两回事，都是父亲告诉我们的，他这样的淡泊名利，真不是一般穷苦出身的人所易做到的。

父亲卖画和印，从不重视门客的贵贱，我记得曾有某贵夫人来我家买了一幅画，问父亲多少钱。父亲说："这是二尺画，十块银洋，我不会因为你是某夫人而多要钱，也不能因为你是某夫人而不收钱。"这样的诚实坦率，完全是自然的，可以说是他老人家独有的性格。

又有一次，我的先生陪同一位李将军来我家，他也是湖南同乡，说已久慕父亲的名气，只想瞻仰瞻仰。我先生为他介绍时，说他是个很有操守的将军。父亲听了，便默默地画了一幅画，问李将军有别号没有。李将军连忙说没有带钱，不好意思。父亲说："你是个清官，我钦佩你，这幅画是送你的。"父亲的画，从不轻易送人，像李将军所得的，真是百难见一。

父亲对于送礼给他的也不喜欢，他在大门口是这样地贴着一张告白："我画画卖钱，送礼者决不受，门房谨知。"他心想，"礼尚往还"，人家送他的礼，他必须还人家的画，如此就不胜其烦了。再说，送礼对他也是一种浪费。父亲对人家送给他的礼物都舍不得食用，诸如水果之类，一收藏久了，便要腐烂，等他发现时，再分给我们也不能吃，他只有自叹可惜！

父亲待人很有分寸，凡是客人来访，经过门房通报后，就传知接见。一般客人，都以茶招待。比较亲热一点的戚友，就飨以饼干、瓜子、落花生等食品；他自己也很喜欢吃一种"半空"的落花生，这种"半空"，在北平买起来很便宜，吃起来特别有一种香味。再密切一层的朋友，他更会请到馆子里去吃便饭，北平西长安街一家四川馆庆林春，是他常去的地方。这家馆子知道我父亲节俭的性格，饭前饭后吃的瓜子和水果，都由我父亲自备，吃不了的菜，也会自动送到我们家里去。

父亲不但对于戚友的亲疏，分得如此清楚，对于敌我更加有辨别认识。七七抗战之后，日本人进了北平，他便拒绝将画卖与日本人和汉奸们，他在家门口张贴这样两张告白：

画不卖与官家，窃恐不祥。

中外官长要买白石之画者，用代表人可矣，不可亲驾到门。

从来官不入民家，官入民家，主人不利。谨此告知，恕不接见。

那年父亲的生日，有很多人要来给他拜寿，当然都是一时的权贵，父亲一概挡驾，不许开门，还责怪我四哥走漏他生日的消息，招惹是非。

他对艺术专科学校聘他担任教授，也拒绝了。有一次日本控制的北平伪机关，派人将我父亲接了去，迫他宣导什么"中日共荣"。父亲坚持不答应，被扣留三天，他便写下"予子孙永不得做日本官"的遗言，表示抗拒到底的决心，后来还是王揖唐从中做好，保释他回家。他又在大门口贴上了停止卖画的告白。从此他的心绪意境，往往用诗与画寄托。我记得他画的蟹有一首这样的题诗："袖手看君，横行到几时。"1944年又有《题蟹》诗：

处处草泥乡，行到何方好。

去岁见君多，今年见君少。

第二年秋日本人就投降了，可见我父亲虽闭门不出，他真还能事先知道日本人已到了日暮途穷的末路。

1957年冬天，我辗转接到四哥的来信，告诉我父亲于是年9月16日逝世于北京医院的消息，还附着父亲给我写的一幅《余年安得享清平》的中堂，使我这海外游子，无限的伤心。我悲伤我自己未能稍尽人子之道。后来我和我先生计划，要在他老人家百岁冥寿的那天，展出我们收藏的他的作品来纪念他，谁知天不从人愿，1961年9月12日波密拉台风带来一场水灾，把我们在永和镇的家，冲洗得一干二净，片物无存，哪还有我父亲的画可以展出呢？至今引以为恨！欣喜国立历史博物馆准备于日内将我父亲与吴昌硕的部分作品，同时展出，使我能看到他的这些作品，就如看到他人一样。我爱父亲，爱他穿着蓝袍大褂，银髯飘拂，挥毫作画，大有横扫千军、气吞河岳之势！我默默地想念他在贫苦的环境里，艰苦奋斗；他在混浊的社会里，淡泊明志；他在风雨的乱世里，高傲不折。像他这样，我们究竟学到了多少呢？

父亲的故乡情

齐良芷[*]

　　1937年，当我7岁的时候，爸爸白石老人带我回过一趟湖南湘潭的老家。我记得自己当时身穿红色的布衫，坐的火车椅子很硬，车厢里很挤。爸爸身边坐着别的乘客。我在爸爸身边站累了，就靠在他身上，列车摇晃着，我竟站着睡着了，醒来，才发现自己睡在爸爸的座位上，而爸爸却站在一边。

　　爸爸带我到湘潭老家星斗塘齐家老屋住过。屋子虽然是老式破旧的瓦房，但木框的窗户却还精致，只是陈旧不全了，也没贴窗户纸。晚上点燃了小油灯，屋里是黑乎乎的昏暗。村外远处不时地传来阵阵的狗吠声，使人听了实在害怕。直到一觉醒来，阳光从破木窗外射进屋里，温暖明亮，昨夜的恐怖情绪才从心里消失。

　　从星斗塘齐家老屋走出大门，通过一片水田走不到三百步，就到了一个叫作柏树园的小山坡，下山坡过三角园再往北行，便是蓼叶园了。爸爸告诉我，他的祖母便埋在那里。过了些日子，爸爸又带我到了曾祖母的坟地上。

---

　　*　齐良芷，齐白石第五女。

爸爸说，他的祖母是一个吃得苦耐得劳的好人。爸爸小时总是祖母背着他从事田里的劳动。祖母还给他颈下系上一个小铜铃，说是可以避邪。他说，小时候放牛归家，曾祖母一听到铜铃响，才放心去烧晚饭。爸爸说这些话时，我察觉他的眼中含着泱泱的泪花。我记得，初到家乡，一切都感到新奇。南方天气暖和，花开得很早，山坡上的花很红。在老屋逗留期间，爸爸还带着我在屋前栽了很多小树。也就是这一次，爸爸又顺路带我游了岳阳洞庭湖君山等地。他老人家一边游览，一边兴致勃勃地画了很多山水素描。

1947年偶然一个机会，我又一次回到了湖南老家。南方的子侄们招待我特别热情，家家摆上自家酿的江米酒。想到爸爸临行前嘱咐我一定要去看看湖南的大姐姐，听父亲说她很早就守寡，只带着个儿子生活，依靠她家屋后那片竹园为生，家境很苦。她见到我后很是高兴，说她特别想念爸爸，以后一定去北京看看。我把爸爸对她的想念转告了她。次日，她领我到屋后竹林里去玩耍，又到她的大石磨盘上观看，她说爸爸以前在这里也曾推过磨。几天后告别她时，我把爸爸和我赠给她的银圆拿给她，至今还清楚地记得她用干瘪的手拈起围裙去拭那激动的泪水的情景。每当我想起这些往事，仍历历如在眼前。

回到齐家老屋，看到屋前十年前爸爸所栽的树都长成林了。原来他当年栽下的全是果树，如今一片果林长得实在爱人。我又顺路去看望三嫂张紫环，她在农村教小学，她陪我到齐家祠堂，进了祠堂还跪下叩头。这祠堂是建在一条大路的旁边，路两旁是泥巴的田埂。记得爸爸在北京告诉过我，他小时在祠堂旁边泥巴田埂与邻居小伙伴们捉青蛙，扑蝴蝶，捉虫子玩，我想大概便是这个地方。这次返乡，我几乎走遍了爸爸所熟悉的地方，见到了所有被他怀念的还活着的人。

我离开湖南后到了厦门。有一次，从厦门大学的电台中听到北京四哥在对我呼唤，四哥是奉爸爸之命在寻找我，说爸爸在北京，要我不要去香港，速归！不久，爸爸寄给我一个小木箱，内有为我画的几幅画及刻的两颗图章，其中一幅是《双鱼图》，上面是爸爸用篆字写的"双鱼寄远"四个字。我无限深情地倍加珍惜。

回到北京后，爸爸惊喜地对我说："良芷，你的爸爸还没死呀。"然后他问起了我回家乡的情况，我一一讲述给他听。他栽的果树，如今已成林；曾祖母的坟完好如故，南方亲人们亲切的问候，齐家祠堂、茶恩寺、白石铺、杏子坞、星斗塘、齐家老屋等等，告诉他所有他怀念的、牵挂的家乡的山山水水，亲友故人，一切都好。这时，爸爸激动地提起笔来，作了幅"晚霞红似火，归鸦绕树梢"的写意画，并题了诗，来抒发他对家乡无限眷恋之情。爸爸直到晚年，仍然如此，他时常想起童年一起捉青蛙、捉虫子的小伙伴，爸爸说："不知这些人是否还活着！他们在哪里？"他想念故乡的一山一水、一草一木，每当他怀乡之情无法讲述时，便用画笔作画，挥毫作诗来表达和寄托。他的晚年几乎就是在这种情感中度过的。

和白石老人的父女之情

新凤霞[*]

我从小就会绣戏衣、绣枕头、绣鞋面，花样也是我自己画。一直到新中国成立后我才不自己绣戏衣和绣彩鞋了，也不再画花样了。

因为有从小画花样的根底，我对画特别爱好。新中国成立初期我住在东单西观音寺胡同，在这个胡同里有一个和平画店，有大量齐白石老人的画。祖光最喜爱画，买书买画是他最大的乐趣和唯一的嗜好。我们家买了不少齐白石老人的好画，有大幅的，也有小品，不少都是精品。

孩子的祖父也是书画家，他天天在家写字画画，他的山水花卉都画得很好，故宫里还留有他——吴瀛的墨迹。

我爱画，除了幼时绣花的原因，还有就是环境影响。我和祖光有很多画家朋友：张光宇、张正宇、徐悲鸿、黄永玉、丁聪、郁风、黄苗子、尹瘦石、叶浅予、潘絜兹，还有祖光的外甥蔡亮等，有时他们来我家画画，也同时指点我，但我演戏很忙，没有专门时间画。

---

[*] 新凤霞（1929—1998），原名杨淑敏，天津人。评剧表演艺术家。著有《新凤霞回忆录》等。

新中国成立初期，祖光总是那样兴高采烈。有一次他和我商量，想举行一次"敬老"宴会。他想请的客人是齐白石、于非闇、欧阳予倩、梅兰芳、夏衍、老舍、阳翰笙、洪深、蔡楚生等老人，还有当时还不算老的于伶、陈白尘等。祖光的意志我从来都不拦阻。他的高兴就是我的高兴。我跑去找到当时和我们住在同一个大院里的音乐家盛家伦，画家黄苗子、郁风夫妇，他们都热烈赞成，愿意参加一起做主人。

　　在朋友当中祖光是年纪最小的，可我比祖光还要小十岁，我在这个宴会里就简直是个小女孩了。这一天白石老人来得很早，是他的看护伍大姐陪他来的。看到白石老人，可真叫我开心。我把老人搀进我们屋里坐下。他是在座年纪最长的，连梅兰芳先生也恭恭敬敬地上前来向他鞠躬，叫他老师呐！

　　白石老人坐下来和大家打完招呼，就拉着我的手不转眼地看我。过了一会儿，伍大姐带点责备的口气对老人说："你总看别人做什么？"老人不高兴了，说："我这么大年纪了！为什么不能看她？她生得好看。"老人说完，气得脸都红了。我赶忙说："您看吧，我是演员，我不怕人看。"祖光也上前哄着他说："您看吧，您看吧……"满屋子人都笑了，这时苗子和郁风两口子说："老师喜欢凤霞，就收她做干女儿吧。"老人才不生气了。

　　我在大家的欢笑声里给干爹行了礼。做白石老人的干女儿多好啊！我想，那天我是最高兴的人了。

　　更使我高兴的是老人真是喜欢我，他叫我第二天和祖光一起去看他。我们到了西单跨车胡同齐家，老人从怀里摸出一长串挂在胸前的钥匙，亲自打开一个中式古老的大立柜，从里面拿出一盒盒的点心给我们吃，但是他不知道，这些点心大部分已经干了、硬了，有些点心上面已经发霉长毛了，可我们还是高兴地吃了一些，显然这些吃的东西他是轻易不给人吃的。老人又从柜子里取出一卷画，大幅的白纸，每张上面却只画一两只小小的草虫：蜻蜓、蝴蝶、蜜蜂、知了……他让我挑选，我便拿了最上面的一张知了，老人把纸铺在画案上，提笔画了一棵秋天的枫树，这只秋蝉就趴在枫树枝上，配上红色的枫叶，真是一张好画，老人在画上题了两行字，是：

祖光凤霞儿女同宝壬辰七月
五日拜见九十二岁老亲题记

这张画在"文化大革命"里被"造反派"给抄走了。"四人帮"被粉碎之后，在万幸送回来的少数残余画件里，这幅《红叶秋蝉》像神仙下凡一样地重新回到我们手里了。

干爹送了我们画，他说："这是见面礼。"还高兴地让伍大姐给他穿上新衣服，让看门的老尹给他要车。"走！快走！"他要请大家去吃饭，临时约了一桌人到西单的湖南曲园饭馆。

那天一起吃饭的还有和我们一同到齐老家去的我们的好朋友裱画工人刘金涛和随后约请来的黄苗子、郁风、盛家伦、诗人艾青、画家张正宇、话剧演员戴浩。老人在吃饭之前还到照相馆和大家一起照了相，又单独和我照了相。伍大姐说老人是很少这样高兴的。

可是这天想不到老人又生了一回气，因为吃完饭，老人要付钱时才知道祖光已经把钱付完了。干爹很不高兴，说："是我认干女儿，我请来的客……"大家劝着说："干爹请干女儿，干女儿请干爹都一样的。"老人终于又请我们去吃过几次饭，都在曲园，他喜欢吃湖南家乡菜。湖南菜筷子特别长，盘子特别大，辣椒特别辣，与众不同。

过了几天，金涛来了，送来一个大信封，上面是老人写的祖光的名字，里面是一张宣纸的信笺，上面写道：

桐花十里丹山凤
雏凤清于老凤声

名为新凤霞字为桐山

九十二岁白石老人

　　"桐山"是老人给我起的"号"，这张字我们请金涛给裱起来，装在镜框里，一直挂在祖光的书房。

　　我演戏总是很忙，祖光那时是电影导演也很忙，虽然他很不愿意做导演。我们都没有太多的时间，但我们还是抽空去看望老人。我还有一个目的，是为了看齐白石画画。当时社会上买齐白石的画成了一种风气。诗人艾青也多次同我们一起去齐白石家，他年轻时学过美术，是真正的内行；也常给我讲，一个演员必须懂一点美术，这样对在舞台上创造人物形象有好处。

　　齐老大半世卖画为生。新中国成立后大家请齐老画画也都照尺算钱。我们在认干亲以前买齐老的画都是照尺算钱的，后来就到画店去买画，因为当着面他不肯要我们的钱了。

　　齐白石老先生是劳动人民出身的画家。他当过木匠，有精细的雕花手艺，他终生保持着劳动人民的朴实本色。他很细心，注意节约，画几张画，画什么，心里都有底；用多少颜色他都十分准确地事先配好，画完了，颜色也用完了，一点也不浪费。

　　老人喜欢看我的戏。那时我在前门外鲜鱼口大众剧场演戏，请老人看戏也是我最高兴的事。每次都是伍大姐陪着他来看戏，每次看戏他都是散了戏还不肯走；非等我下了装，一定要看看我，再看看同台的演员们才走。

　　他很喜欢我到他家，一去他就很高兴。他鼓励我学画画，一次我当场画了几棵大白菜、萝卜，老人可高兴了。他在画画时，总是一边画，一边告诉我学会画画有哪些好处。他认真地给我讲课，他真的把我当成画画的材料了。

　　齐老有个犟脾气，有时有人请他画画，赶上他情绪不好，就不愿意画，但是我走到他面前时，老人就会高兴起来，他一高兴就画得很好。因此不止

259

一次有人找我陪去求画。王昆老有一次陪着陈老总①到我家来，就让祖光和我一起同到老人家里去求画。有时我日子长了没去，老人就带话给我："叫凤霞来！"

齐老平时很细心，家务事他也自己管，连大米白面都自己锁起来。这该是在旧社会养成的戒备心理吧！

同时他还有对亡故亲人的感情。有一次我同金涛一起去看他，老人说："你们跟我来。"他走在前头，叫我们跟着他，出了他的屋子转了一个弯，原来在房后有一个用砖砌的圆形小神龛，里面有一个牌位写着"××夫人之位"，是老人的结发妻子。叫我鞠躬见礼，我和刘金涛鞠了三个躬，老人自己也吃力地鞠了三个躬。他告诉我，这是去世的干娘。每逢初一、十五，老人都要给灵牌上供行礼的。这感情多深啊！

齐老家看门的老尹是个孤老头子，秃头、小个子，一嘴北京土话，能说会道。常穿中式衣裤，绸缎的小背心。有人讲他曾经是清宫里的太监，那时他已经70多岁了。我们去了老尹总是热情招待。有一次我和祖光去时，老尹拦着叫我们先到他屋看看，他住在一进门的小东屋里。他把我们让进他的小屋，印象最深的是他为我们倒了一小盅茶。我喝了一口，味道不同寻常。我问："老尹，你这是多少钱一两的茶叶？"他得意地一笑说："不贵，六毛钱。"全在泡茶的功夫上了。

老尹叫我们去他屋里是有目的的。他对我们说，他在这里工作，齐老不给工钱，每月定期给几张画，尺寸也是讲好了的。"你们买画可以在我这儿买，我卖画是为生活。"他说着，拿出不同尺寸的画来给我们看，祖光当时挑选了两张。后来我们在老尹手里还买过一些好画，这位老太监的收藏是很丰富的。

齐老细心地教我画画，他告诉我似像非像才是艺术的道理，画梅要画好

---

① 王昆老、陈老总，指王昆仑和陈毅同志。

260

枝干，画藤要丰满但不能乱。他叫我每天都要画，一张纸铺在桌上，好好看一下，要有整个的布局，要做到心里有数。老人这样热心教我，但是我当时演出任务特忙，没有画出成绩来，辜负了老人对我的期望！

老人真诚地把我当成他的小女儿。他叫老尹叫我小姑姑，他的最小的儿子铁根叫我姐姐。有一次我要走时，他叫我等一等，叫我见见从湖南来的大姐姐——他的大女儿。果然把她请来见我了，是一位70岁上下的老太太，一嘴湖南话，老人叫我上前叫"大姐姐"。我们见了面，大姐姐满头白发，比我妈妈还大20多岁。

老人是这样的喜欢我，不知要怎么待我才好，有一回他叫我随他一道，打开大柜门，拉开一个大抽屉，里面装满了一扎一扎的新钞票。他说："你要钱用就拿些去吧。"我说："我不缺钱用。干爹，您把柜子锁上吧。"那天我和金涛一起离开齐家，路上金涛说："凤霞同志，你是个好人。"我说："金涛，这就算好人，当好人就太容易了。"

我也不知道该怎样报答老人的恩情。除了请老人看我演的戏，只在一次老人的生日那天我送去一块团花缎子的衣料，老人非常高兴。那天又是金涛陪我去的，金涛是个老实的、农民式的劳动人民，一见到老人他就说："老爷子，我给您拜寿了。"趴下就磕头。这就把我僵住了，我是干女儿啊！我也跟着跪下了，旁边的伍大姐把我拉了起来。

我的干爹，天才的、可爱的、特重感情的老画家齐白石，于1957年患病去世。他给后世人民留下了大量的精神财富——美丽的画图。但是就在这个最沉痛的时刻，由于一种特殊的政治情况，我和祖光都没有能够去告别他，告祭他，只有委托金涛同志给我们送去一个大花圈，表示了一点父女之情。

写完了这篇回忆，有人认为我的思想陈旧。我不否认，我和干爹都是从旧社会过来的人，我只能写真实的感情，不会写虚假的东西。

忆叔曾祖父白石老人

齐靖涛

儿时的回忆

在长沙市北门有条并不怎么热闹的小街叫培元桥，我家的旧居——逊园，就坐落在这里。白石老人和我父亲的关系很好，曾给我父亲赠诗曰："欲逃画债仗吾贤，难得清和四月天。前五百年无此梦，逊园楼上做神仙。"

记得我7岁的时候，敬爱的叔曾祖父——白石老老曾在逊园与我们短短地生活了一段时间，给我留下的印象却是不可磨灭的。那时老老已年逾花甲，但体力非常健旺，精神矍铄。六月大热天，他老红光满面，麻白长须，穿一件大白布背心，蓝大布半长裤子，赤着脚，穿双白底黑布便鞋。他不抽烟，也不喝酒。每天清晨总喜欢端坐在一张团椅上，双目微闭，后来我才知道他老这是在作静功——内养功的练身法。白天大约有3/4的时间低头画画，1/4的时间在室外活动。他上楼画画时总爱扶着我的肩膀说："涛伢子，我们上楼去！"我高高兴兴一蹦一跳地拉着老老的手上楼。到了楼上就照例搬一张高椅子，跪在老老画桌前看他练画。老老用毛边纸画了一张又一张，画完一张后，就要我替他拿开铺在地上。他老用宣纸作长幅画时，我总是用双手替他牵纸，他耐心教我怎样牵。我有时抓不牢把纸移动了，老老也毫不生气，总是笑呵呵地对我说："涛伢子，用点劲嘛！你有吃饭吧！"还用暖乎乎的手在我小肩上拍拍。多么慈祥的老人啊！

遵照老老的叮嘱，我家院子里种了不少花木，有牵牛、兰草、紫罗兰、牡丹、茑萝、菊花之类。庭前有一水泥池，池中有假山石，还养了不少金鱼。此外家里还饲养了一群小鸡。

老老每天总要到院子里走走，他背着双手，时而低头观察水中嬉游的金鱼，时而点头微笑，捋捋胡须显出有所领悟的样子。午饭后，他就坐在堂屋里聚精会神地看小鸡啄食、捕虫、相互追逐的神态。平日我看见老老画各种各样的兰草、牵牛花、菊花，各种形态的小鸡：有啄米的，有捉虫的，有吃菜叶的，有展翅飞跑的，有回头张望的，有啄翅抓痒的，生动活泼，栩栩如生。

老老一天也不愿闲着，总是不断辛勤地画。闷热的夏天，坐在旁边观赏的我，衣服都湿透了，老老更是汗流浃背。我劝他歇息一会，他不肯；我拿扇子替他打扇，他也不让。眉毛和胡子都湿了，他就用围在颈上的毛巾揩揩，望着我笑笑，然后又低头作画，一上午就要画上七八张。他常常对我说："涛伢子！做事要持之以恒，不管天冷天热，不可稍有懈怠，我画画是这样，你日后读书、工作也应该这样，千万不可贪图安逸呀！"画完画后，他就坐在转椅上，闭着双眼养神，我就蹲在地上替老老收拾画。每天晚餐后老老总叮嘱我说："天晚啦！快把鸡崽子捉起来关好，莫让猫咬啦！……"

记得有一次老老画荷花时，我问他："老老，这就是您讲的墙上一蔸草吗？"老老说："不是，这是荷花，风吹两边倒的墙头草，我不喜欢。这是出淤泥而不染，濯清涟而不妖的君子花啊！"说完，他看到我圆睁着两眼，有些不理解的神情，又耐心地给我举例子加以解释，还教导我说："我们要像荷花一样，中通外直，不蔓不枝，做一个品德高尚的人才对。"

老老赠画

我妈妈40寿辰时，老老画了四个石榴给妈妈祝寿，画上题有"吾儿多子"四个字。

我爸爸壮年时，曾在海关工作，老老多次来信劝他不要做官，当个老百姓。并赠爸爸一幅画，画的是一个不倒翁，头戴乌纱帽，身穿大红袍，手摇白纸扇，上面题了一首诗："乌纱白扇俨然官，不倒原来泥半团。忽然将汝来打破，通身何处有心肝。"可见，老老对当时的官场腐败是深恶痛绝的。后来我爸爸就辞去海关工作从事工商业了。

记得有一次，我吵着要老老为我画鸡崽子，老老满口答应，要我去他住房取宣纸。可老老给人画画有个脾气，就是他事先已把宣纸裁好叠起，你只能拿上面的，上面这张是大的就画大幅画，上面是张小的就画小幅画，如果你翻动他的纸，他就会生气不画。不巧这次我碰到的偏偏是一张小纸，我有些不高兴，可又不敢翻大的，只好取来递给老老。他很快地给我画了两只小鸡，我要求他多画一点，去扯他的衣袖，谁知一滴墨水掉在纸边上，我想：这下可好！我可以换张大纸了，就吵着不要。可老老笑眯眯地在滴墨处涂了几笔，一只活蹦乱跳的小鸡又出现了。但我还是想要大幅的，便吵着说："老老，我不要这张，这只小鸡歪到右边去了！"老老听了，不慌不忙蘸了一笔墨在左边加写了"二三子"三字，真是画龙点睛，恰到好处。

我于1946年7月结婚，老老托人专程送来一幅白绢帐帘，上面绘有一个大酒坛，几只螃蟹，13朵各色彩菊，左下角盖有一方寸半见方的大图章，上刻"一年容易又秋风"七个阳文篆字。据说这颗图章是老老专为了绘我这幅画，在一天内赶刻出来的。这幅帐帘，我一直舍不得挂，只有一些同事来时我才拿出来让他们欣赏。

1961—1962年，有一个自称是北京荣宝斋来的白发老人（我已记不清他的姓名了），四次专程来湖南找我爱人，要我们让出这张画。最后一次来我家，他还给我们看了国务院的一份文件，说是遵照周总理指示来收集白石老人的画，要妥善保存在北京博物馆，希望我们积极支持。我问他，怎么知道我们有这幅画。他说，白石老人在日记中写道，曾经画了这样一张画送给我们结婚。那颗图章由于刻得匆忙，老人不太满意，只用了一次就把它毁了。他还说这幅画特别可贵之处在于：白石老人从来不画绢的，这是他生平仅有的一张，因此不惜四次来求。这样，我们便把这张画献给了博物馆。

　　新中国成立后，我在长沙三中任教时，老老还从北京陆续寄来十几幅长条画，有《喜鹊含梅》《鸳鸯戏水》《蟹肥鱼壮》《迟迟贪睡》等。这些珍贵的纪念品连同那些毛边纸的画稿，不幸在"文革"中，被一些别有用心的人作为"四旧"抄走了。

我所知道的白石老人

易恕孜[*]

冶诗书画于一炉

我从10多岁起，就喜欢白石老人的作品，常在课读之余，展阅先祖父收藏的他少年时代用作雕花木器的一些样本，以及他40岁以后的各种画稿。后来我旅居北平，又每日在他身边看他刻印、画画，直到我来台湾，这先后有20年之久的关系，所以许多朋友总要我述评他老人家的画。说实在的，我生性愚钝，虽曾听过他有关画画的一些经验之谈，究竟不能算是内行，只能说是对于他的生活和他的艺术进展，有较多的认识而已。

白石老人生平喜说他的诗第一，书法第二，画第三，篆刻第四。民国二十一年秋，我在湘潭故乡家居，适先祖父70寿辰，曾经写了一封信，寄去老远的北平，请这位我心仪已久而未曾谋面的乡前辈、大画家，为先祖父再画一张画，作为纪念。没想到很快便收到老人的回赠，是一幅《菊酒蟹》的大中堂，还题了"霜蟹正肥，竹叶满瓮，家山茅舍好年光，期颐醉把孙曾

---

* 易恕孜，湖南湘潭人，齐良怜之夫。

266

弄"的词；上款写着"光远仁兄旧友大人四正之"。又注"四正者，谓诗书画篆刻也"一行小款；还盖有"悔乌堂""人长寿"诸石印，正是他70岁前佳作中的佳作，更可说是冶诗书画篆刻于一炉。

只念过半年私塾

大家都已知道，白石老人幼年是个贫苦的孩子，只读过半年村塾，12岁就从师学手艺，做木工，后来他自己刻有"木居士""鲁班门下""有衣饭之苦人"诸印，纪念他的出身寒微，和其40岁以前的贫苦境况。他在半年村塾中，只读过几本《四言难字》《三字经》《百家姓》和一部《千家诗》，识字并不太多。

我乡村学塾师为蒙童点（点：是我乡惯用语，即讲的意思）《千家诗》，只要教会念就行，而不求甚解。那时候白石老人方8岁，哪会懂得诗的意义，只不过"白口子"（谓不识字义而信口念者）念念，"照本宣科"就是了。不过白石老人生成就喜欢读诗，他既有天才，又肯用功。他20岁时，在乡绅齐伯常家做手艺，于得到《芥子园画谱》的同时，也得到一本《随园诗话》。袁枚的诗超逸自然，全是性灵之作，易读易解。白石老人得到这本"诗话"，认为很合他的程度，每于工作之余，展读再四。我乡一般殷实人家，于其子女婚嫁前，必要延请几位木工前来制作粗、细木器的妆奁，木工为了方便起见，都在主家食宿，久至两三个月者。白石老人就在齐伯常家一连几个月里，每晚都要点着油灯，咀嚼《随园诗话》，以至深夜，其一字一句，都能背诵出来。后来他还把这本书，送给先祖父阅读，先祖父晚年鼓励我读书，还经常念着袁枚的两句诗"贫不卖书留子读，老犹栽竹与人看"给我听。

老为儿孙作马牛

白石老人在作诗的这方面，只读过《千家诗》和《随园诗话》，究竟根底有限，所以他在27岁以前画画，还不能题诗。及得胡沁园家的塾师陈少蕃为他点读《唐诗三百首》，才诗思大进。自此，渐渐懂得作诗的诀窍，常常作起诗来。他的第一首七绝诗，是参加胡沁园的"藕花吟馆"赏牡丹花作的，有"莫羡牡丹称富贵，却输梨橘有余甘"的性灵佳句。当日在座的诗人，都是我乡风雅之士，大家对他都刮目相看，惊叹一个木匠，居然也能作诗，而且别具一格。其实他这种诗格，先就是受了袁枚诗的影响，嗣在胡家熟读白香山的《长庆集》，对他的影响也很深。白香山的诗，浅切明白，有如对话，老妪能解，童子喜吟，传说当时延聘娼伎的，亦以能诵他的《长恨歌》而增价，故称他是"大众诗家"。所以王湘绮说白石老人在37岁以前作的诗，有点似"薛蟠体"。

白石老人自从参加胡沁园家的诗会之后，声名渐播，我乡当时无论富绅士子，或是居家士大夫之辈，都不以为他出身寒微，没有一点瞧不起他的意思，他们先后成立的"龙山"和"罗山"诗社，都邀请他参加，并且互推他做社长。其间如王仲言、罗真吾、谭子荃、胡三立、黎松庵、张仲飏诸人，都是我乡饱学之士；而黎薇荪兄弟，又都是仕宦之辈。白石老人曾有文记叙当日的情形说："聚必为十日饮。或造花笺，或摹金石，兴之所至，则作画数十幅。日将夕，与二三子游于杉溪之上，仰观罗山苍翠，幽鸟归巢；俯瞰溪水澄清，见蟹螟横行自若。少焉月出于竹屿之外，归诵芬楼，促坐清谈……月已西斜，尚不欲眠。"从这些记载的文字中，可以概见我乡的文化背景，及其浓重的人情味，都于白石老人的成就有所帮助。诚然不是今日这种现实的社会，势利的眼光，堪与比拟的。

白石老人说他作诗自主性灵，反对死死板板无生气的东西；不愿像小脚女人似的扭捏作态，吟弄些无关真实事体的句子。他批评当时诗人所作的试帖诗，虽是工稳妥帖，圆转得体，但过于拘泥板滞，一点儿不见生气。他于40岁后，几次离乡远游，得与王闿运、樊增祥、易实甫、陈师曾、曾农髯诸君子相唱酬，益见他作的陶写性情，歌咏自然的句子更有功力了。其在二三十年间作诗有数千首之多。

我读过他刊行的《白石诗草》和《借山吟馆诗草》，还有未行辑印的许多散诗。我少年时在乡读书，老人曾以其《示儿辈读书二首之一》的七绝句"卖画买书非下谋，读书须识慕巢由；吾儿莫负乃翁意，老为儿孙作马牛"寄给先祖父，用以勉励我。我觉得他作的诗，都不求藻饰，纯乎天籁，有真性情、真意态，读起来不仅纯活自然，铿锵有力，而且最能感动人。他所作的题画诗句也有同样的感人力量，可说是一个没有专门受过作诗的训练的天才诗人，不穷极声韵，操纵格律；也不追求辞藻华丽，对仗工整，所以他作诗用的字，造的句，往往是那些肆厥排比，不失尺寸的旧诗家所不能作或不喜好的！

如他曾写自己少年时贫苦的生活说：

富贵无身轻快人，亦非能遣十分贫。

五旬以后三年饱，不算完全饿殍身。

又有一首说：

村书无角宿缘迟，廿七年华始有师。

灯盏无油何害事？自烧松火读唐诗。

269

白石老人的诗稿里，这样纯任自然的真实描写最多，如他光绪二十八年远游陕西的《长安远》诗：

> 万丈尘沙日色薄，五里停车雪又作。
>
> 慈母密缝身上衣，未到长安不堪著。

又如他记民国六七年间故乡《兵后离感》诗：

> 白日光寒烟雾开，几家欢喜几家哀。
>
> 长饥邻叟翻怜我，不再提篮乞米来。

这都是他独有的风格，很有意境，也很有韵味。

明朝无米只管写字

白石老人自己说他童年时，就喜欢写字，在8岁至12岁的那几年间，常将用过的账簿拆散，翻转面来，每次以半张写字，半张画画，引起他的祖母叹息说："今既力能砍柴为炊，汝只管写字，明朝无米，吾孙奈何？惜汝生来时，走错了人家！"

我乡一般人家，日常的用度，都要记账，称之为"流水账"，贫苦人家的子弟，在村塾读一二年书，家长们说是只求将来长大成人，能记记"流水账"就好了。记"流水账"的簿子，是用我乡出产的一种"账联纸"订成的，比较普遍通用的"毛边纸"略厚，只是反面稍微粗糙些。白石老人幼年家境贫苦，难得有钱买纸写字，所以就捡拾人家废弃的账簿，将它拆散翻转过来，用来习字画画。

　　许多朋友们都说我们湖南一般人的毛笔字，写得不错（当然是指年事较长者而言），那是得力于从前一般村学的塾师，指导学生习字，有一贯而严格的方法：学生于六七岁时发蒙，要描红字，是用木刻版土朱印刷的"王子去求仙，丹成上九天；山中方七日，世上几千年"的样本。塾师们认为蒙童描红字的笔法已够圆熟了，再进一步指导蒙帖，是用一种"竹纸"蒙在字帖上，照样书写。"竹纸"也是我乡自造的，和现在常见的"玻璃纸"差不多少。字帖的选择也以与蒙童的字体较近似者为之，大都不外颜、王、柳、赵这几种。蒙帖奠定了基础，然后就可以放手书写了，每日要用那种订"账簿"的"账联纸"临帖二三百字。白石老人虽然只读过村学半年，但由于他天才颖悟，这种描红字，蒙字帖的训练，很快就已循序完成。他最早习的字是"馆阁体"，笔致庄重典雅，也很像是临过赵孟𫖯的帖，年少便已奠定了书法的基础。到27岁那年，乡绅胡沁园邀至其家，由塾师陈少蕃指点他读书，胡、陈两人都爱好何绍基的书法，专事临摹研究，白石老人从而受其影响，亦改习何字。他在少年时画赠先祖父的一幅《七子团圆图》所题的款字，似是赵孟𫖯的笔法；在他40岁西安之行前，书赠先祖父"补屋耕田衰老志，读书织布吉祥声"的对联，则酷似何体，两者截然不同。他晚年在北平，曾将他早期收藏的一本何绍基书帖，钩划了一份给我，还说何绍基作书命笔，每用悬腕，若张强弩，取李广猨臂弯弓的意态，故自呼猨臂翁，书写的字体，遒劲中有秀丽。只是他晚年的书法，多有余笔，像拖着老鼠尾巴一样，据说是手臂也得了痼疾，腕力不继使然，不宜轻学，徒自取病。

　　白石老人于临何字数年之后，又曾一度模仿过金冬心的书法，其所写的《借山吟馆诗草》稿本，一笔一画，几与金字无二致，于今偶也能在其早年所题的书款得见之。

　　光绪二十九年，他已41岁，远游西安回家，路过北京，结识画家李筠庵，又跟着他学写魏碑，临《爨龙颜碑》一直到老不衰。

由于他在数十年间，对于前人的书法，皆心摹手追，先后有四次的变化演进，可见他的书法是受过严格训练的，当非一般率两操觚的书家可比。近年来台湾有很多伪造他的假画，只要一看题款的字，就会觉得大不对劲。

第一张画雷公神像

白石老人画画，也是从8岁时就开始了，只是一直瞒着他的祖父、祖母和外祖父，偷偷摸摸地每次用废弃的账簿纸翻过面来，将半张习字，半张画画，直到他15岁那年跟着周之美师傅学雕花木器手艺时，画花样子，才正式公开。那是因为旧社会里我乡一般人家，父兄如有钱给子弟读书，就一心希望自己的子弟，十年寒窗，读尽经、史、子、集，去科举场中，弋取功名；若是家境贫苦的，勉为其难送子弟读书一年半载，认识日常通用的字，能记"流水账"就足够了，父兄们已算是尽了教育之责。至于画画，那只是风雅之余事，在年少读书的时候，是不容许的。

白石老人幼年画的第一张画，是神像"雷公"。画"雷公"原是我乡人的一种迷信，凡是怀胎待产的妇女，或有久病不愈的病人的人家，就要邀请巫师前来"捉法"，用朱笔在一些小张的黄裱纸上或桃木片上，糊乱涂些怪模怪样的，尖嘴长爪，拿着斧头、凿子的凶煞像，名曰"雷公"，张贴每一门首，说可镇压妖魔鬼怪。我小时候也很怕"雷公"，因为曾见我乡真有被雷击毙的人。

白石老人从画"雷公"神像起，后来又画了老渔翁，以及经常看见的花卉、虫鱼、鸟兽，他自己觉得越画越像，也就越画越有兴趣，从此一瞬几年，也不知道画了多少。直到跟着周之美学习雕花木器，在齐伯常家得到《芥子园画谱》，才正式见到画画的样本。自此以后，凡是雕刻花纹，都选《芥子园画谱》上的做样子，自画自刻，渐渐名声就噪起来了。他白天忙着为主家做工，晚上又忙着替女人们画绣花样，画的是人物居多。我乡很多寺庙里的神像，也都是他画的，那个时候他的人物画，就很有根基了，所画仕女尤工，因而引起很多女士们时常围着他取笑，戏谑他是"齐美人"。

先祖父说白石老人少时在家乡做手艺，很多地方表现了他的谦厚和智慧。记得有次他在邻近的尹家冲为尹家祠堂画门神，起先未曾估量门叶的长度，直到傍晚时分收工，尹家祠堂的经理将门关起来，发现对立的门神，脚部距离门槛还有一尺之高，他笑着说："芝师傅，这门神好像是'天吊神'啊！"（天吊神，是形容悬在半空，脚不着地，言其画得不合理也。）白石老人顿觉突然，一话未说，就连夜赶工重新改画过了。还有一次，他在一乡绅家雕刻一张备作新婚夫妇睡的"临波床"，起工的那天，他捧着一只盛满墨水的大瓦缸盖去画花样，走过主家的丹墀，不慎滑跌在长满青苔的地上，将瓦缸盖打得支离破碎，心想这是个不吉利的兆头，何以对主家？随后他在这张新床上设计雕刻一幅《击瓮平安图》。据说后来这家的新娘在生产时不幸死去，而婴儿得保平安，很是巧合。

白石老人从幼时偷偷摸摸画"雷公"起，以迄摹《芥子园画谱》，跟萧乡陔、文少可学画像，师胡沁园习工笔花卉、草虫，在家乡做手艺画各种雕刻花样和一般神像，他的画画基础，便是这样奠定的。再加上他有天才，又能虚心，更有毅力，由于他数十年来的生活演进，画风亦随之而变化。他40岁后，八年之间，曾远游西安、北京、庐山、南昌、桂林、苍梧、广州、钦州、肇庆、端溪、东兴、香港、上海、苏州诸山水，自称是"五出五归"，他的山水画，从此完全改变临摹古人的作风，自创一派接近实境的笔法。笔触矫健，表达胸襟开朗，超然磊落雄奇之气概。他曾有诗说："胸中山水奇天下，删去临摹手一双。"他这几年的远游，郭葆生对他的影响很大，郭于光绪二十八年寄信劝他游西安说："无论作诗作文，或作画刻印，均须于游历中求进境。作画尤应多游历，实地观察，方能得其中之真谛。古人云：'得江山之助'，即此意也。作画但知临摹前人名作，或画册画谱之类，已落下乘，倘复仅凭耳食，随意点缀，则隔靴搔痒，更见其百无一是矣。兄能常作远游，眼界既广阔，心境亦舒展，辅以颖敏之天资，深邃之学力，其所造就，将无涯矣，较之株守家园，故步自封者，诚不可以道里计也。关中凤号天险，山川雄奇，收之笔底，定多杰作。兄仰事俯蓄，固知惮于旅寄，然为画境进益起见，西安之行，殊不可少……"先祖父说郭葆生是在光绪二十七年统军过我乡白石铺，与白石老人结识，他甚爱老人能诗、能画、能刻，相交数天，竟成莫逆。郭葆生后官"钦廉兵备道"，又邀白石老人远游钦州，是其五出中的一次。

画遍天下伪造居多

　　白石老人远游还乡之后，自觉画底子太差，想要再下一番苦功读书、画画、刻印，从宣统二年以迄民国六年，就一直家居，不再远游。这几年间，他的画风作了很大的变化，师法八大山人的大写意。这一年的夏天，我们家乡治安不甚平静，一般殷实户，为避土匪劫掠，都纷纷逃走他乡。白石老人自从远游归来之后，将卖画鬻印所得来的银子，买了田地，筑了房屋，当然也算是"有产阶级"，不能不逃，于是再远走北平，以卖画为活。那时候北平一般风雅人士，还不作兴八大山人的冷逸画格，白石老人就接受了陈师曾的劝告，改变作风，创画红花墨叶一派。我乡蔚儒先生和胡鄂公先生，都是当时的国会议员，也替他作义务宣传，由是名声四播，登门求画的，大有"洛阳纸贵"之势，自是定居北平，达50年之久。

白石老人在这次改变画风时说："余作画数十年，未称己意，从此决心大变，不欲人知，即饿死京华，公等勿怜，乃余或可自问快心也。"可是他又在民国三十四年辑印一本55岁前之写意画册，自题诗说："冷逸如雪个，游燕不值钱。此翁无肝胆，轻弃一千年。"似是对其改变八大山人之画格，颇有"悔不当初"之感。

白石老人在北平卖画的50年间，画的人物、山水较少。他说："余画山水绝无人称许，中年仅画借山图数十纸而已，老年绝笔。"他一般常见的画，多是花鸟、虫鱼。他的工细草虫，少年就已奠定基础，其后经历长时间做直接写生的练习，所以特别传神。他曾记叙旅居北平张园的生活情形说："……他们捕蝴蝶，捉蜻蜓，捕捉到了，都给我做了绘画的标本。清晨和傍晚，又同他们观察草丛里虫豸跳跃，池塘里鱼虾游动，种种姿态，也都成我笔下资料。……"其晚年画的浓淡墨色蟹和虾，生动之极，他题画蟹说："余寄萍堂后，右侧有井，井上余地，平铺茵苔，苍绿错杂，当有蟹横行其上，余细视之，蟹行其足一攀一践，其足虽多，不乱规矩，世之画此者不能知。"他又题画虾说："余之画虾，已经数变，初只略似，一变毕真，再变色分深淡，此三变也。"现在台湾，经常有人伪造他的蟹和虾，其不仅不能知蟹行之一攀一践，不能分虾色的深淡，即蟹虾的肢体也都画得不一致，能不令人笑骂？老人昔在北平，已知有人造他的假画，故自刻"吾画遍行天下，伪造居多"的石印一方，经常出示门客，戒其不要轻中造假画者的圈套，亦可见其用心之苦。

自称"三百石印富翁"

白石老人在篆刻这方面的成就，得力于他少时学习制作雕刻木器，奠定了刀、腕上的根基。他刻印的刀法，和写字的笔法一样，一刀下去，决不回刀。北平陷落之前，他已年近90，我看他刻印，不须先在石上描画字形，一手掌石，一手奏刀，纵横疾驰，好像呼呼有风声。

世多知白石老人篆刻之名高于画，他于民国六年旅居北平，在琉璃厂的南纸铺挂了卖画刻印的润格，陈师曾见着他刻的印章，就去拜访他，还为其题诗说："囊于刻印知齐君，今后见画如篆文。束纸层蚕写行脚，脚底山川生乱云。齐君印工而画拙，皆有妙处难区分。……"实际上白石老人对于刻印一道所用的功力，原就不在习画之下，只是他学习刻印的时期较迟，那是光绪二十二年，他已34岁了。那个时候他结交龙山、罗山诗社的诗友，大多都能写写钟鼎篆隶，会刻印章，他心想自己既能作诗，又能画画，何不也学习刻印。先祖父说他那年在我乡皋山黎家做手艺，黎氏薇荪兄弟，都精于治印，白石老人坚请师承，黎氏初以为他出身木工，不能精篆刻之学，嗣见他刻的"金石癖"一印，颇有根基，才讲了些初步的篆刻方法指导他，自是他便参用自己雕花手艺，发愤学习。他还在皋山后的南泉塘，挑了一担"楚石"回家，一连几个月地刻了再磨，磨了再刻，磨得满屋子都积了一层石浆。皋山离我们家住的地方白石铺，约40华里，那儿出土的"楚石"，色泽乌黑，质地不坚，易磨易刻，一般学习刻印的，最为乐用，但容易崩裂，难于保存，白石老人晚年收藏的印章中，便不见有这种石印。

白石老人跟着黎薇荪兄弟学习刻印的同时，他的另一位诗友黎松庵也指导他篆刻，追循丁龙泓、黄小松两家的途轨。黎薇荪还从四川任所老远寄回丁、黄的印谱给他做范本，所以他早期所刻的印章，是一种精密的刀法。稍后他得到一本《二金蝶堂印谱》，才改攻赵㧑叔的笔意。迄其见到《天发神谶碑》《三公山碑》，在篆法和刀法方面，又都有了变化。识者说他中年刻印刀法的变化，是把汉印的局格，融会到赵㧑叔一体之内。但他自己说最后刀法的一大变化，是喜秦权，纵横平直，一任自然。

白石老人自称"三百石印富翁"，实际上他一生篆刻的石印，不下数千方，这三百石印，只是他早年刻的自用印章而已。我在北平侍居期间，见他用一四方木柜，收藏无数石印，置于铁栅屋画案的侧边，柜子门经常锁着，还贴上一张"请君莫再偷"的封条。据说是为了慎防他的子女们窃去印章造假画。老人可没料到今日在台湾造他假画的人，竟会将他的印章制成锌版，要盖多少都有呢！在老人所刻的数千方印章中，只有两方不是文字的，一方刻的是他自己右手拇指的指纹，一方刻的是"牵牛不饮洗耳水图"，都在夏文珠之手，但他监视甚严，至以某种画须用某一印，与盖在某一位置，老人亦预先为之指点，此外他还在每一幅画上，钤一方钢印，至今或许尚未为世人注意及之，恐亦非造他的假画者所能仿制。老人谓其一生辛苦成名，不欲毁之于人，亦不欲人假以欺世，故如此戒慎之。

百年
中國記憶
BAINIAN
ZHONGGUO
JIYI

附　录

齐白石年表

文 效 仁 恺

1864年（清同治三年 甲子）1岁

1月1日（清同治二年癸亥十一月廿二日）生于湖南湘潭白石铺杏子坞星斗塘一个贫农的家里。祖父齐万秉为他取名纯芝，字渭清，又字兰亭。

1866年（清同治五年 丙寅）3岁

祖父以柴钳画灰写字，教他认识自己的名字。

1870年（清同治九年 庚午）7岁

开始从外祖父周雨若读书于白石铺枫林亭近侧的王爷殿。

3月13日（农历二月十二日花朝节）开始写字。

就学期间，裁用习字本的纸作画。

秋天停学，在家斫柴放牛，自己读《论语》，把家中的记工账簿撕下来作画。

1874年（清同治十三年　甲戌）11岁

3月9日（农历一月廿一日）父母为他娶陈春君为童养媳。

6月18日（农历五月初五）祖父齐万秉去世。

自此到1877年，在家劳动，斫柴、牧牛之外，还要干打草皮、沤凼子、耘田等农活。

和篾匠左仁满做朋友，学吹笛子、拉胡琴，并在夜间用松明火当灯习画。

1877年（清光绪三年　丁丑）14岁

春天，跟齐仙佑学粗木工。后来又改从齐长龄学粗木工。

1878年（清光绪四年　戊寅）15岁

拜著名的雕花木工周之美为师，逐步学会了师傅的看家本领平刀法；又改进了圆刀法，雕刻了很多新颖的人物和图案。

1881年（清光绪七年　辛巳）18岁

出师，仍随周之美在白石铺附近的几十里内做木工。同年，与陈春君"圆房"。

自此以后，到1887年（清光绪十三年　丁亥），他和周之美合作，雕出了很多精致的嫁床、花轿、香案。被人称为"芝师傅"，誉满邻里。

工作余暇，从事绘画，以残本《芥子园画谱》为师，画些花鸟、人物，送给熟识的农民。

1888年（清光绪十四年　戊子）25岁

因齐铁珊的介绍，拜民间艺人萧乡陔为师，学画肖像；擅画肖像的文少可来访，住了几宿，尽传其技法。

冬天，到赖家垅"衙里"做嫁床。

1889年（清光绪十五年　己丑）26岁

拜胡沁园、陈少蕃为师，学诗画，并观摩胡沁园所藏古今书画。

在乡间为人作肖像画，得少许报酬养家。他自得到胡沁园的帮助后，即专习绘画，脱离了木工生活。

从这年起改名璜，字濒生，别号白石山人，又号寄园。

与同辈少年王仲言、黎松庵、黎雨民等相识，一起学习古典文学。

1894年（清光绪廿年　甲午）31岁

与王仲言、罗真吾、罗醒吾、陈茯根、谭子荃、胡立三等七人借五龙山大杰寺结"龙山诗社"，号称七子。齐白石被推选为社长。

1895年（清光绪廿一年　乙未）32岁

与黎松庵等结"罗山诗社"，常常在一起造花笺（在白纸上作画，用以誊诗、写信）、摹刻金石、作画、吟诗、弄笛。

在此前后，与王仲言、黎松庵一起学刻印。他这时候写字学何绍基，很有功夫。

1897年（清光绪廿三年　丁酉）34岁

由朋友介绍，第一次到湘潭县城给人画像，结识清代名将郭松林之子郭葆荪（人漳）、桂阳名士夏午诒，并订为至交。

1899年（清光绪廿五年　己亥）36岁

春节后，进湘潭县城，初次见到王闿运。11月20日（农历十月十八日）

以诗文为见面礼，拜王为师。

在此前后，刻印改学丁敬、黄易，规矩精密，可以乱真。稍后刊出了第一套印谱：《寄园印存》。仍努力作画，日有进境。

1900年（清光绪廿六年　庚子）37岁

从星斗塘迁出，佃居莲花峰下的梅公祠，自称百梅书屋，后来又在院内盖起一间小房，名"借山吟馆"。

1901年（清光绪廿七年　辛丑）38岁

祖母逝世。

在"借山吟馆"致力绘画外，同时还在作诗方面下苦功夫，读书刻不离手，如渴不离饮，饥不离食。

1902年（清光绪廿八年　壬寅）39岁

冬季，应夏午诒的聘请，赴西安教画。风雪过灞桥，远看华山，留下深刻的印象。

在西安认识了樊樊山，尽观其所藏名画，八大山人、金农、罗聘诸家的画册，对他的创作很有影响。樊并为他写订"刻印润例"。

由湘潭赴西安路过洞庭湖时画《君山图》和《洞庭看日图》。

从这一年起，他的花鸟画开始改变作风，走上了写意画的途径。

1903年（清光绪廿九年　癸卯）40岁

春天，从西安到北京，识书法家曾农髯，晤李筠庵，开始临写魏碑。

夏午诒要为他向慈禧太后推荐作内廷供奉，坚辞之。

夏天从北京过上海，6月间回湖南。这就是他"五出五归"中的第一次远游。

在此前后，创作《借山吟馆图》，自画所经历之境，樊樊山等都题了诗。

这一年，在由西安赴北京途中，画有《华山图》和《嵩山图》。

1904年（清光绪卅年　甲辰）41岁

春天，随王闿运赴江西，游庐山、南昌等地，画《滕王阁》。从王学古典文学。

8月17日，也就是农历的七夕——乞巧节，王闿运为撰《白石草衣金石刻画序》，极力推重他的见官就躲的高尚品德。

中秋前后回乡，结束了"五出五归"中的第二次远游。刊出了第二次印草：《白石草衣金石刻画》。

在此前后，书法改学《爨龙颜碑》，题画款识仿金冬心体。

从江西回来后，删去"借山吟馆"中的"吟"字，但名"借山馆"。

1905年（清光绪卅一年　乙巳）42岁

8月（农历七月）赴广西，游览了山水甲天下的桂林，一探阳朔之胜，作有《独秀峰图》《漓江泛月图》。

和蔡锷相识。并与一自称姓张的和尚往来，后来才知道他就是黄兴。《梅花图卷》是他远游广西前数日的作品。

1906年（清光绪卅二年　丙午）43岁

春节过后不久，过梧州经广州到钦州，郭葆荪留他教画。观摩郭所藏徐渭、八大山人、金冬心诸名家的真迹。自己用功作画，也常为郭代笔。

秋天，回到湘潭，这是他"三出三归"。以教画的薪金买下了茶恩寺附近茹家冲的一所旧屋，几十亩水田。

11月7日（农历九月廿一日）周之美去世。

1907年（清光绪卅三年　丁未）44岁

1月4日（农历十一月廿日）全家移居茹家冲。

春天，再赴钦州做客。

春夏之间，小住肇庆，游端溪，登鼎湖山，观飞泉潭。又到东兴，过铁桥到北仑河南岸观越南风景，把"半春人在画中居"的芒市风光收入了《借山图》。

冬，回到湘潭，"四出四归"即是指此。

1908年（清光绪卅四年　戊申）45岁

春天，仍游广东。

以刻印谋生。因为同情孙中山领导的资产阶级民主革命，曾冒着危险传递过革命文件。

秋，回湘潭没住几天，又去广州。临张叔平画。在一幅荷花图上题道："客论画荷花法，枝干欲直欲匀，花瓣欲紧欲密，余答曰，此语譬之诗家属对，红必对绿，花必对草，工则工矣，未免小家习气。"

1909年（清宣统元年　己酉）46岁

在广州过年后又去钦州，初夏乘海轮去上海。以卖画为生。从夏到秋，游苏州，登虎丘；还去南京访大书法家李梅庵，为制石印三方。

10月（农历九月）返湘，归途中画《小孤山图》，结束了"五出五归"的远游生活。

刻出第三次印谱，仍名《白石草衣金石刻画》。

这个时期的作品，时有佳趣。如《芦雁》和《梅花喜鹊》等。

1910年（清宣统二年　庚戌）47岁

开始回到山居生活中来。在茹家冲葺"寄萍堂"，用功学习古文诗词。整理远游中的画稿，作《借山图》。

作《石门二十四景》画册，是远游归来后有数的佳构。

1911年（清宣统三年　辛亥）48岁

春天，赴长沙，请王闿运替他祖母作墓志铭。偶作肖像画，画上留"湘潭齐璜偶然画像记"小印一方。

10月，湖南响应武昌起义，宣布独立，他正在家乡，曾为此表示高兴。

1912年（壬子）49岁

山居。吟诗作画。自此以后，他对八大山人、石涛、李复堂的花鸟画多所取法。草虫写生，多工致，间或以写意出之。

9月（农历八月）迎胡沁园来"寄萍堂"小住。也时往来于韶塘、石潭坝、白泉等处。

1913年（癸丑）50岁

山居。致力于绘画、治印、吟诗。临《郑文公碑》与李北海《麓山寺碑》。

1914年（甲寅）51岁

山居。雨水节前数日，手植梨树30余株。

5月22日（农历四月廿八日）胡沁园去世。撰《哭沁园师诗》14首，挽联一副。

1915年（乙卯）52岁

王闿运逝世，专程往哭奠。

山居。仍致力于诗、书、画、印。

1916年（丙辰）53岁

山居。这几年中，画笔更加简练。《公鸡鸡冠花》《芦蟹》《秋虫》等图，为此时代表作。

在此前后，他刻印学赵㧑叔（之谦），写字学金冬心，都能得其神髓。

1917年（丁巳）54岁

6月间，为避军阀和地方土匪之扰，赴北京。6月30日（农历五月十二日）到达。正碰上张勋复辟的丑剧，段祺瑞出兵马厂，他又冒着火车从弹雨中穿过的危险，匆匆去天津避难。

局势稍定，从天津回到北京，由排子胡同移榻炭儿胡同，再迁法源寺如意寮，和老朋友"知诗者樊樊山，知刻者夏午诒，知画者郭葆荪"往来很密。新交有陈师曾、姚茫父、陈半丁、罗瘿公等人。张仲飏、易实甫、杨潜庵等也经常见面。其中和陈师曾订交，对后来的齐白石有极大的影响。

以《白石诗草》请樊樊山评定，7月21日（农历六月初三日）樊为之题记，极力称赞他的诗"意中有意，味外有味"。

8月（农历六月），陈师曾为《借山图》题诗，劝他"画吾自画自合古，何必低首求同群！"

冬天，离京返湘，11月26日（农历十月十二日）到家。

1918年（戊午）55岁

乡居。在军阀土匪侵扰中，一度避居紫荆山下，作画吟诗，从未间断。

1919年（己未）56岁

春，再来北京，先寓法源寺，后佃居龙泉寺附近，与胡宝珠结婚，从此定居北京。

冬，还家省亲。

1920年（庚申）57岁

春，回到北京，自龙泉寺附近移居宣武门内石灯庵。不久，又迁居象坊桥观音寺。

从尹和伯学画梅花。春日作花果画册，有一页题道："吾画梅学杨补之，由尹和伯处借钩双钩本也。友人陈师曾以为工，真劳人，劝其改变。"后来，在1946年刊行这本画册时，他在题诗后附记说："予50岁以后之画，冷逸如雪个。避乡乱窜于京师，识者寡。友人陈师曾劝其改造，信之，即一弃。"正是这样，在五四新文艺思潮的巨大影响下，在好友的劝告下，他开始了"改造"，在继承优秀遗产的基础上，深入生活发展个性，独创门户。与此同时，在刻印方面也已"去雕琢，绝模仿"，自辟道路。

夏天，因直皖军阀之乱，一度移居东城帅府园6号。

这一年认识了梅兰芳。

11月（农历十月）还乡省亲。

1921年（辛酉）58岁

春，回北京。10月还乡省亲，重阳节（10月9日）到家。不久又回北京。

1922年（壬戌）59岁

春，还湘，居长沙。约在6月间回北京。

陈师曾到日本开中国画展览会，他的作品也同时展出。

1923年（癸亥）60岁

在北京，居西四三道栅栏6号。

陈师曾在南京病逝。数次题诗哀悼好友。

开始记《三百石印斋记事》（是一本不连续的日记）。

1925年（乙丑）62岁

在北京。有人劝游日本，被拒绝。

3月23日（农历二月廿九日）大病，人事不知者七昼夜。半月后，始能起坐。在一个短时期内停止作画、刻印。

梅兰芳从之学画。

1926年（丙寅）63岁

春初，还湘，不久又回到北京。

5月4日（农历三月廿三日）母亲周夫人去世。

8月12日（农历七月五日）父亲齐贳政先生去世。

两度停止作画、刻印。

迁居西城跨车胡同15号。在这以前，曾居高岔拉（高华里）1号。

1927年（丁卯）64岁

在北京。

任教于北京艺术专科学校。

1928年（戊辰）65岁

在北京。

国民革命军到北京，改称北京为北平。

约在这一年前后作《工致草虫》诗，前有短记：

"余平生工致画未足畅机，不愿再为，作诗以告知好。"

印行《白石印草》。

印行《借山吟馆诗草》（手写本影印）。

1931年（辛未）68岁

在北平。

9月18日日本帝国主义发动九一八事变，旋即侵陷东北。他在重九节吟诗谴责国民党反动派的内部腐朽、对外不抵抗政策。

1932年（壬申）69岁

在北平。

徐悲鸿为选印画集，推崇他"由正而变，妙造自然"。

冬天，因日寇侵略，一度迁居。

1933年（癸酉）70岁

在北平。

印行《白石诗草》（八卷铅印本）。

7月（农历六月）亲手拓存《白石印草》，仍冠以王闿运序，并有自序。

因日寇侵略，春夏间再度迁居。

1934年（甲戌）71岁

6月娄师白拜门作弟子。

1935年（乙亥）72岁

在北平。

最后一次还湘省亲，4月3日到家，14日回北平。

这几年的画作有《芦蟹》《蝴蝶兰》《枯树鸦栖》《松树八哥》等。

1936年（丙子）73岁

游四川，5月7日到重庆，16日到成都，8月出川，9月5日回北平。

在川识方旭、黄宾虹。

1937年（丁丑）74岁（自署77岁）

因长沙舒贻上算命，用瞒天过海法，从这一年起，自署77岁。

7月9日北平沦陷。自此在悲愤中突然改变脾气，不轻易见客，不应酬，不照相，送礼的也不回答。

1938年（戊寅）75岁（自署78岁）

《三百石印斋记事》终于这一年。

为长沙瞿氏作《超览楼禊集图》。

1939年（己卯）76岁（自署79岁）

先后贴出告白，谢绝见客，不直接接收定件，最后干脆拒绝作画刻印。

1940年（庚辰）77岁（自署80岁）

妻陈春君去世。撰《祭陈夫人》文。

《白石自状略》撰成。

农历正月书《画不卖与官家》告白，以反抗日寇及汉奸们的骚扰。

1941年（辛巳）78岁（自署81岁）

5月4日，在长安街庆林春饭庄举行胡宝珠立继扶正仪式，并将家产分为6股，立据为凭。

1942年（壬午）79岁（自署82岁）

《九秋图》《渔家乐》约作于这年前后。

1943年（癸未）80岁（自署83岁）

撰《遇丘生石冥画会》短文。

这年《自跋印章》文中，有"不为摹、作、削三字所害"之语。

1944年（甲申）81岁（自署84岁）

1月，继室胡宝珠殁。

6月7日，北平艺术专科学校送来配给门头沟用煤通知，去信拒绝说："白石非贵校之教职员，贵校之通知误矣……"将原件退回。

1945年（乙酉）82岁（自署85岁）

8月15日，日寇无条件投降。

1946年（丙戌）83岁（自署86岁）

10月，先后在南京、上海举办白石作品展览会。

1947年（丁亥）84岁（自署87岁）

8月，胡适写成《齐白石自述编年》四册，交白石审查。

1948年（戊子）85岁（自署88岁）

6月，胡适邀黎锦熙合作编写《齐白石年谱》，自7月起，黎频繁访晤白石，考证谱事。11月胡将初稿交邓广铭订补。

1949年（己丑）86岁（自署89岁）

1月31日，北平解放。他开始了新的艺术生活。

北平解放不久，毛泽东主席写信向他致意。

参加了周总理主持的招待宴会，并刻石印两方献给毛主席。

3月，商务印书馆印行胡适、黎锦熙、邓广铭编《齐白石年谱》。

10月1日中华人民共和国成立，同全国人民一道欢度了第一个国庆。

以愉快的心情画过手执铁锤的工人和一个农民并肩行进的作品，用来歌颂工农联盟。不止一次地刻过"为人民服务"和"学工农"的印章。自此以后，他作画更勤，仍以花鸟鳞介居多。

1950年（庚寅）87岁（自署90岁）

4月，第一次作为毛主席的客人，和毛主席同进晚餐，朱副主席作陪。

4月1日，应聘为中央美术学院名誉教授。不久，被聘为中央文史研究馆馆员。

对新中国充满热爱，这年在给东北博物馆所写的立幅上，大书"愿天下人人长寿"七字。

10月，把自己81岁所作的最好一幅作品《鹰》和一副"海为龙世界，云是鹤家乡"的篆书对联，献给毛主席。

冬天，以作品参加北京市"抗美援朝书画义卖展览会"。

他这年创作的画幅很多，曾为《人民画报》画《和平鸽》。

1951年（辛卯）88岁（自署91岁）

2月，作画10余幅参加了沈阳市举办的"抗美援朝书画义卖展览会"。

为了给世界和平贡献出自己的一份力量，他每日观察家里所养的鸽子，准备新的创作。

这年的作品有《墨蟹》《和平鸽》和《青蛙剪刀草》等，后一幅在宣纸背面用柳炭写"上上神品"四字。

1952年（壬辰）89岁（自署92岁）

10月，亚洲及太平洋区域和平大会在北京召开，他用了整整三天的工夫，在"丈二匹"宣纸上彩绘了《百花与和平鸽》巨幅，赢得了中外和平人士的赞佩。此后，他创作了更多的题为《和平胜利》《和平万岁》的作品。

被选为中国文学艺术界联合会主席团委员。

他的画册由北京荣宝斋用木板水印法复制。这是新中国成立后国家出版机构第一次出版他的专集。他也常去西琉璃厂荣宝斋，与那里的工人谈话。

1953年（癸巳）90岁（自署93岁）

1月7日，恰逢农历壬辰十一月廿二日，是他改订后的93岁的生日。北京文化艺术界举行了庆祝会，并展出作品40多件。出席庆祝会的有文化部副部长周扬、美术学院院长徐悲鸿及美术界人士二百余人。会上李济深讲了话，周扬副部长代表文化部授予荣誉奖状，称他为中国人民杰出的艺术家。

晚间，中华全国美术工作者协会及中央美术学院举行宴会，周总理出席祝贺。

担任北京中国画研究会主席。

9月，参加了中华全国美术工作者协会主办的"第一届全国国画展览会"。

10月4日，当选中国美术家协会第一任理事会主席。

12月，为东北博物馆写《党在过渡时期的总路线》全文；画册页一部；作《祝融朝日》立幅，歌颂伟大领袖毛主席。

这一年，估计作画大小六百多幅，刻印还未计算在内。

1954年（甲午）91岁（自署94岁）

1月，为东北博物馆破例作《折枝花卉卷》，并在他的三子子如所画昆虫册上补花卉。3月，东北博物馆举办了"齐白石画展"，他致信道谢说："白石老年，身逢盛世，国内外人士对余画之喜爱，应感谢毛主席与中国共产党对此道之倡导与关怀。"

4月28日，中国美术家协会在北京故宫博物馆举办"齐白石绘画展览会"。

8月，被湖南人民选为全国人大代表。

9月15日，出席首届全国人民代表大会第一次会议。

10月，参观苏联展览馆，特别在造型艺术馆逗留较久，与苏联的几位名画家会见。

在这一年中，他仍不倦地从事创作。

1955年（乙未）92岁（自署95岁）

2月17日，参加了首都文学艺术界响应世界和平理事会关于发动大规模反对使用原子武器的签名大会，他在会上讲了话，斥责美帝国主义，在告世界人民书上签下了自己的名字。

6月，与陈半丁、何香凝、于非闇等14位画家用半个月的时间集体创作巨幅《和平颂》，由我国出席世界和平大会的代表团带往芬兰赫尔辛基献给大会。

新中国成立以来，特别在这一年中，他热情而诚恳地接待了许多国际名画家。

维·谢·克里马申为他画了一幅神采奕奕的画像。

迁往北城后门雨儿胡同。这是政府专门为他修理的新居。

12月11日，德意志民主共和国总理格罗提渥、副总理兼外交部部长博尔茨来我国访问，代表德国艺术科学院授予他通讯院士的荣誉状。他将自己的精品《鹰》送与格罗提渥总理，《菊花蝴蝶》送给博尔茨副总理。

1956年（丙申）93岁（自署96岁）

1月12日和2月3日，苏联对外文协和艺术工作者，先后在莫斯科和基辅集会庆祝他96岁诞辰。

4月27日，世界和平理事会书记处宣布把1955年国际和平奖金授予中国画家齐白石。

苏联对外文化协会理事会和有关的艺术团体拍来电报，表示祝贺；著名的日本和平人士、国际和平奖金获得者画家赤松俊子和丸木位里也来信表示诚挚的贺意。

9月1日，首都隆重地举行了授予齐白石世界和平理事会国际和平奖金仪式。郭沫若以世界和平理事会副主席的名义主持了这个仪式并致贺词。茅盾代表世界和平理事会国际和平奖金评议委员会授予荣誉奖状、一枚金质奖章和五百万法郎的奖金，并致贺词。周总理也亲自来到会场，向他祝贺，并在一起亲切交谈。先后收到国内不少的贺电、贺信。这年又回到西城跨车胡同15号"白石画屋"居住。

1957年（丁酉）94岁（自署97岁）

5月15日，北京中国画院成立，任名誉院长。

春夏之际开始患病。

政府再度修饰跨车胡同的"白石画屋"。

5月22日下午，毛主席派人来慰问他。

5—6月间，坐特制的安乐椅，最后一次游览了陶然亭。作了最后一幅作品《牡丹》。

9月15日卧病，16日下午3时转剧，4时护送北京医院，6时40分逝世。

成立以郭沫若为主任的"齐白石治丧委员会"。

9月17日遗体在北京医院入殓。照他生前的嘱咐，把刻着自己姓名籍贯的石印两方和使用了快30年的红漆拐杖等一并入殓。

9月21日，北京各界人士络绎不绝地前来祭奠。

9月22日上午7时30分，在嘉兴寺举行公祭，周总理和中央许多负责同志都参加了公祭。参加公祭的，还有外国驻中国大使馆的代表。由郭沫若主祭。祭毕，移灵西郊湖南公墓安葬。周扬同志等参加了安葬仪式。

齐白石逝世后的第二年，即1958年元旦，中华人民共和国文化部和中国美术家协会在北京展览馆文化馆举办了"齐白石遗作展览会"，展出他从1883年到1957年所作的画584件，画稿、手稿、诗笺、画集、印谱和手治石印306件。还由中国美术家协会召开了几次座谈会。全国各大城市也先后举办了齐白石遗作展览和座谈会。

1963年，齐白石被选为世界十大文化名人之一。

图书在版编目（CIP）数据

不教一日闲过：回忆齐白石/启功等著. —北京：中国文史出版社，2018.3
（百年中国记忆·文化大家）
ISBN 978-7-5205-0338-9

Ⅰ.①不… Ⅱ.①启… Ⅲ.①齐白石（1864—1957）—回忆录
Ⅳ.①K825.72

中国版本图书馆 CIP 数据核字（2018）第 127372 号

责任编辑： 高　贝

出版发行：中国文史出版社
社　　址：北京市西城区太平桥大街 23 号　　　邮编：100811
电　　话：010-66173572　66168268　66192736（发行部）
传　　真：010-66192703
印　　装：北京新华印刷有限公司
经　　销：全国新华书店
开　　本：787×1092　1/16
印　　张：19.5　　　　　　　　　　　　　字数：310 千字
版　　次：2019 年 1 月北京第 1 版
印　　次：2019 年 1 月第 1 次印刷
定　　价：59.80 元